二战股市风云录
财富、战争与智慧

[美] 巴顿·比格斯（Barton Biggs） 著

张恒斌 译

中国人民大学出版社

· 北京 ·

推荐序一

拓展我们对市场的认识

大卫·史文森

耶鲁大学首席投资官

　　30 年来，巴顿·比格斯笔耕不辍，在摩根士丹利的《投资展望》这本刊物上，有他写下的金融界最优雅、最有洞察力的文字。比格斯擅长写作，部分原因是他在 20 世纪 50 年代就读于耶鲁大学英文系。他深谙金融市场，部分原因是他在 20 世纪 60 年代末和 70 年代初管理费尔菲尔德基金的投资业务，在 70—90 年代任职于摩根士丹利，以及在 21 世纪初创立特雷西基金。他在特雷西基金的工作尽管繁忙，仍不辞劳苦、耗费心力撰写本书。那些既关心金融市场又热爱英文作品的读者，应该感谢他。

　　比格斯喜欢依据事实得出结论。他保持一贯的理性，总是在深入研究后才动手分析。他的文章内容丰富多彩，不拘一格，既可能是有关登山探险的，也可能是有关市盈率、市净率的。那些熟悉他在摩根士丹利撰写的研究报告，以及他的著作《对冲基金风云录》的读者，对此一定深有体会。然而，无论是哪方面的内容，比格斯笔下的故事总是引人入胜、精彩绝伦，让人们在愉悦中受到启迪。他钻研的深度和阅历的广度交相辉映，相得益彰，使本书成为不可多得的上乘之作。

在本书中，比格斯拓展了我们对市场有效性的认识。我在耶鲁大学的本科生金融课上讲授久经考验的市场有效性。伯顿·马尔基尔把市场有效性分为三个层次，即弱式、半强式和强式。弱式有效，简言之，就是通过过去的股价无法预测未来的股价，或者说动量策略是无效的。半强式有效，是指投资者无法依靠公开的信息战胜市场，换句话说，基本面分析是无效的。强式有效，是指投资者无法从公开信息或内幕信息中获利，也就是说，就算存在内幕交易，内幕交易也是无效的。请留意，以上定义特指股市的有效性。学术界对市场有效性的争论大多数涉及半强式有效，即投资者能否依靠高超的基本面分析获利。

总的来说，金融经济学家较少花时间研究股市的预测能力。影响股票指数表现的变量不计其数，令人生畏。通常，金融学教授会援引保罗·萨缪尔森开玩笑的话——"过去的五次经济衰退，股市预测到了九次"，机灵地反驳了有关股市预测能力的问题①，然而，比格斯的态度却截然不同。他积极研究股市的预测能力，以及能否击败约翰·梅纳德·凯恩斯所谓的"那些掌管我们未来的黑暗力量"。

---

① 使用谷歌快速进行搜索就会发现引用次数最多的是，萨缪尔森曾提到过去的五次经济衰退，股市预测到了九次。他也提到，过去九次的十二次，以及过去四次的九次等。这一串数字让萨缪尔森步入伍迪·艾伦的行列。伍迪·艾伦的名言被引用为"生活中百分之七十、八十或九十的成功，要归功于从不缺席"。

在本书中，比格斯将第二次世界大战中关键人物和重要战役的精彩故事，以及主要同盟国和轴心国的股市走势，穿插交织在一起。他发现了数量惊人的实例，表明股市会对战争的重大转折点做出反应。由此，他得出了令人惊讶的结论：股市多次预见了交战各方前景的巨大转变，但那些同时代的观察家却浑然不觉。比格斯启发我们去考虑一种可能性，那就是股价所反映出来的群体智慧可能超过了当时最敏锐的观察家。

尽管比格斯列举了很多证据，表明股市预见了战争的重大转折点，但他也承认，有些证据不尽如人意。美英股市的预测能力相当出色，而法国股市却表现平庸。

比格斯的研究结果丰富了我们对证券市场长期回报的认识。为了强调股票在长期投资者的投资组合中的重要性，我在耶鲁大学的研究、教学、写作和演讲中引用了股市回报历史数据。罗杰·伊博森在《股票、债券、票据和通货膨胀》一书中呈现了美国股市 80 多年的数据。美国股市自成立以来基本上一直开放。杰里米·西格尔在《股市长线法宝》一书中呈现了全球股市 200 多年的数据。虽然西格尔对美国以外的股市给予了更多的关注，但他的研究重点仍然是美国股市。通常来说，美国股市回报数据尽管被广泛使用，却无法说明那些经历了极端动荡的国家的股市历史。

比格斯提醒我们，尽管美国股市相对保持连续开放，但很多国家的股市却因战争而关闭。他详细研究了这些国家股票、债券和现金的历史回报，他的研究极大地丰富了当前过于粗略的股市回报历史研究。他把那些幸免于战争灾难的国家（美国、英国、澳大利亚、加拿大等）称为"稳定幸运者"。20 世纪，这些幸运国家的资产回报果然不出所料，经通胀调整后，股票跑赢了债券和票据，并且所有资产类别都打败了通胀。他把那些饱受战争灾难的国家（德国、日本、意大利、法国等）称为"不幸者"。相比之下，这些不幸国家的资产回报有些相形见绌。不出所料的是，幸运国家的平均资产回报跑赢了不幸国家的平均资产回报，但令人惊讶的是，不幸国家的资产回报也呈现出我们所熟悉的模式，即股票跑赢债券，债券跑赢票据。更重要的是，唯有股票跑赢了通胀，而债券和票据的实际平均回报为负。根据比格斯的分析结果，即使是在那些风险最大的国家，股票也表现出色，而债券和票据表现不佳。由此，比格斯得出了当下常规的资产配置结论，即股票在投资者的投资组合中占据重要地位，但是他却以非常规方式得出这个结论。①

资产配置、时机选择和股票挑选，是所有投资者的三大工具。对于时机选择和股票挑选，比格斯给出的建议有些出人意料。尽管比格斯一生从事投资组合的主动管理——首先是在费尔菲尔德基金，然后是在摩根士丹利，最后是在特雷西基金，但他却建议投资者避免选择时机，不要挑选股票。他之所以如此建议，是因为他认识到，投资者必须持有股票才能从股市的长期回报中获利。一直待在股市必须勇于在极端逆境中持有股票（甚至买入更多）。无论考虑多么周全，如果在错误的时间抛售股票而买入固定收益产品，那么投资组合的价值可能永远无法恢复。此外，必须持有指数所对应的全部成分股才能取得股市回报。不管考虑多

---

① 为了防范风险，比格斯建议使投资组合高度多元分散，包括购买农场或牧场以及收藏黄金。

么周全，如果挑错了股票，投资组合就会遭受重创，那么投资组合的价值可能永远无法恢复。因此，对于广大投资者而言，长期持有股票指数基金是一个很好的策略。

比格斯独具匠心，别出心裁。在本书中，他将战争叙事与证券历史穿插交织在一起，带给我们愉悦的阅读享受。他启发我们认识到，股市有着令人难以置信的洞察力。他教导我们，长期持有股票指数基金可以取得卓越的投资业绩。感谢比格斯在其卓越非凡的职业生涯中源源不断地带给我们优雅精致的文字，以及富有洞察力的知识。

推荐序二

战争与财富

杨天南

北京金石致远投资公司 CEO

最美人间四月天来了，满目姹紫嫣红的春色，不由得让人想起这句话的出处。恰巧看到有新闻报道，在时隔 97 年之后，宾夕法尼亚大学将追授林徽因建筑学学位。作为中国第一位女建筑学家、新中国国徽设计者之一，林徽因除了因后世流传的诗词文章知名外，更是一位严谨的学者。她与丈夫、清华大学建筑系创始人梁思成一起，被业界并称"梁林"。

人生有时巧得很，近日在老北京历史悠久的胡同里见到了梁林后人。如若从百年前名满华夏的梁启超先生算起，他们应该是梁家的第四代、第五代了。在古色古香的四合书院里，沐浴在春暖花开的氛围中，听他们畅谈古今中外，遗迹见闻。无论是当年的忧国忧民，还是如今的文化传承，华夏一脉就是在这样斗转星移的时空中绵绵传递，不至湮灭。

谈到有些地方由于人口渐渐稀少，甚至沦为无人村落，以至于建筑废弃、坍塌毁坏，难免令人无奈与惋惜。没有人就没有人的一切，人没了，民族存亡都成问题，何谈复兴？这也是我们多年以来推动"多子计划"的根本原因。

在这样平和古朴的院落里，聆听清华传人的故事，可以说是一种莫大的享受，只是当今世界并非处处和平。从俄乌到巴以，从红海到台海，战争的危险不断升级。如何在风雨飘摇的人世间，做出对未来的判断？恰好另一位清华人给我们带来了一本或有启发的新书，谈的正是战争与财富的故事。

这本书的全名为《财富、战争与智慧——二战股市风云录》，译者是清本美硕的张恒斌先生，他是著名的"清华师兄弟"专栏的骨干，以真诚写实而著称。他曾有篇广为流传的文章《我就是那个普通人家的普通孩子》，是值得所有望子成龙、望女成凤的家长一读的成长秘籍。

该书作者巴顿·比格斯曾出任摩根士丹利首席战略官30年，多次被著名的《机构投资者》杂志评选为"美国第一投资策略师"。他管理的基金既有过春风得意的辉煌，也有过黯然失色的郁闷。他有句名言："很多人的友谊都毁在大萧条的日子里。"没有经历过生活毒打的人，怎会明白这句话的刻骨铭心。比格斯比巴菲特小两岁，可惜79岁便因病离世，可以说比巴芒少活了一代人。

这本《财富、战争与智慧——二战股市风云录》，顾名思义，记录了人类有史以来卷入国家最多、参战人数最多的战争——第二次世界大战给人类带来的影响，尤其是对各国股市的影响。书中讲到二战中的苏美英法，讲到德日意，从希特勒打到莫斯科的巴巴罗萨，到美日在珊瑚海、中途岛的决死海战，甚至朝鲜战争。

战争摧毁财富，所谓"大炮一响，黄金万两"。二战将整个世界都打烂了，尤其是老牌欧洲更是被打得稀烂。二战直接摧毁了老牌帝国主义在全球的殖民体系，战后建立的新强权体系一直持续到今天。

这样一场摧毁世界的大战，到底对人类财富的影响几何？这引起了比格斯的兴趣。他自称算不上是一个纯粹的历史学家，也没有做过有关二战的原创研究，甚至这本书也谈不上是一本严格意义的史料图书，但回顾过去的意义在于，"只要有市场和人类，就会存在恐慌、癫狂、崩盘。你对它们了解得越多，你从中生还的可能性也就越大"。

令比格斯震惊的是，尽管股市上的投资者各自为政，但作为一个整体，股市是否有独特的智慧？通过研究，他发现，股市具有独特的直觉，市场先生也有其聪明才智，并非人们一般认为的一无是处。

他的结论并非空穴来风，因为在浩如烟海的历史资料中，他发现，英国股市的最低点发生在 1940 年夏，那是纳粹德国对英国发动不列颠之战的前夕；美国股市触底大反转的拐点发生在 1942 年 5 月下旬，那是在史诗般的中途岛海战前后；德国股市的最高点发生在 1941 年 12 月上旬，那是德国进攻苏联的最高潮，当时德军先头部队已经看到莫斯科教堂的尖塔。这些是第二次世界大战的三大转折点，然而在当时，除了股市之外，没人洞察到这些转折点。

面对战争这样的终极测试，作者想的是，如果财富无法保值和增值，那么拼命存钱就毫无意义。这本书的目的就是想搞清楚，在一个动荡的时代，有产者应该如何把财富传给子孙后代。

对比格斯的佳评甚多，例如，在机构投资界享有与巴菲特比肩盛誉的耶鲁大学首席投资官大卫·史文森，除了欣赏他在投资方面的能力之外，还称赞他的文字在金融界最优雅、最有洞察力。比格斯擅长写作，部分原因是当年他就读于耶鲁大学的英文系，这也使得本书读起来引人入胜、津津有味。他还有一本广为人知的名著——《对冲基金风云录》，将华尔街奇特冒险的商业文化、形形色色的生存之道描写得出神入化。

既然涉及战争，自然就会有胜负输赢，历史的答案是，股票跑赢债券，债券跑赢票据，胜利国家的资产回报高于不幸的失败者。比格斯指出：投资者必须对世界经济时事做出长期的、渐变的判断，历史懂得越多，决策做得越好。因此，投资者必须了解历史，还要是统计学家、心理学家和有天分的直觉主义者。

鉴往知来，在世界并不太平的今天尤其具有意义。当然，不战而屈人之兵，上之上者也。避免战争的手段之一便是自身的强大，毕竟若打得过，谁谈判呢！

如何才能强大？我认为秘密就藏在译者的名字里，那就是在正确的方向上持之以恒，成为文武双全的强者。这就是不战而胜的强大秘诀。

译者序

以文笔优美见长的投资大师

在美国投资界，巴顿·比格斯是与乔治·索罗斯、朱利安·罗伯逊等齐名的金融投资大师。

比格斯1932年出生于美国纽约。他出身金融世家，父亲曾担任纽约银行首席投资官长达数十年。比格斯1962年开启自己的投资生涯，1973年以合伙人和董事总经理的身份加入摩根士丹利，以一己之力开创投资管理部，并担任该部门主席，直到2003年以71岁高龄退休，在此期间摩根士丹利从一家小型投资银行成长为世界顶级投资银行。

比格斯深谙金融市场，以善于预测市场走势而闻名遐迩，多次被《机构投资者》杂志评选为"美国第一投资策略师"，而最终确立他金融投资大师地位的是，他在20世纪末准确地预见了美国股市泡沫，尤其是科技板块。身为摩根士丹利首席策略师，他对金融市场的评论足以引起华尔街乃至全球投资者的震动。

然而，比格斯还有一些鲜为人知的经历。他1951年进入耶鲁大学英文系学习，师从美国著名作家和诗人罗伯特·潘恩·沃伦。从耶鲁大学毕业后，他曾在一所知名私立中学教授英文，甚至打算以写作为生。后来，由于担心自己不懂投资，将与从事投资的父亲和弟弟渐行渐远，他才决意转入投资行业。在父亲的建议下，他认真学习了价值投资之父格雷厄姆撰写的《证券分析》，并以优异成绩获得了纽约大学斯特恩商学院硕士学位。

比格斯写作科班出身，文字功底扎实，因此他的文章里经常出现弗罗斯特和叶芝的经典诗句，并且他在摩根士丹利工作期间所撰写的研究报告，一向以文笔优美、富有哲理而著称。平心而论，读到一本出自投资大师之手的书已实属不易，更何况是出自享有作家美誉的投资大师之手，这样的投资经典几乎绝无仅有。

本书首次出版时，比格斯已年逾古稀，可以说，本书积淀了他长达半个世纪投资生涯的智慧。众所周知，站在巨人的肩膀上可以看得更远，因此每个投资者都应该花时间好好读读这本书，汲取他的投资智慧。

比格斯一生热爱阅读，笔耕不辍。他认为投资者除了掌握必要的投资知识以外，还必须熟知历史、哲学、心理学、统计学等学科，换句话说，投资者必须成为终身学习者。宋代大诗人陆游在给他的儿子传授写诗经验时曾这样写道："汝果欲学诗，功夫在诗外。"在比格斯看来，投资真功在"诗外"，也就是说，投资者必须在投资以外的知识上下更多功夫，才可能获得长期投资的成功。

比格斯在本书中讲述了很多第二次世界大战期间财富湮灭、家破人亡的悲惨故事，说明投资之难，难于上青天。对于每个投资者而言，投资都是一场漫长而残酷的战争，甚至可以说是一场贯穿终身的战争。在这场没有硝烟的战争中，投资者所要承受的不仅有资金方面的考验，而且有勇气、自信和智慧方面的考验。在比格斯看来，战争中那种险象环生、岌岌可危的情形，在投资中可以说是屡见不鲜、层出不穷，因此投资者必须熬过艰难日子，挺过痛苦挫折，才能夺取投资胜利。如果只是抱着"玩一玩"的心态，在股市试手气，而没有掌握投资真谛，那根本不可能"在别人贪婪时恐惧，在别人恐惧时贪婪"，从股市的长期回报中获利。

行文至此，我的脑海里浮现出投资界另一个响当当的名字——戴维斯，而在投资界如雷贯耳的"戴维斯双击"，就出自戴维斯家族。戴维斯也是文科出身，擅长写作，最终成为投资大师。他以妻子5万美元的嫁妆作为投资本金，经历朝鲜战争、美苏冷战、数轮牛熊更迭等重大考验，坚忍不拔，集腋成裘，历时47年，成就9亿美元的财富。《戴维斯王朝》的译者杨天南先生对戴维斯的投资成功曾评价道："没有谁的成功是容易的。如果我们觉得别人的成功是容易的，那是因为没有看到别人背后的付出。"

比格斯在撰写本书时，耗费巨大心力研究第二次世界大战的历史以及20世纪上半叶全球金融市场的表现，再加上他长达半个世纪的投资实战经验，因此本书处处闪烁着投资智慧的光芒。从对本书的翻译中，我主要得到了两方面的收获：

第一，股市蕴含着伟大智慧。尽管股市里充斥着贪婪的交易者，经常被人们讥讽为赌场，但由于交易者为数甚众、零落分散、互不干涉、独立决策，因此股市构成了一个复杂自适应系统。它在整合所有交易者独立判断的过程中自动抵消那些错误偏见，并提炼出群体的真知灼见，比如股票价格指数。

索罗维基在《群体的智慧》一书中列举了很多复杂自适应系统的例子，有力地证明了群体比个体预测得更准，也就是说，群体比个体更有智慧。参与者越多、越分散，群体决策就越可靠，而股市就是一个参与者众多且高度分散的群体。比格斯强调道，尽管个体投资者是非理性的，但不能由此推断股市也是非理性的。实际上，从长期来看，股市是理性的，有着先见之明。

比格斯以二战期间伦敦股市的表现为例。1940 年夏初，英国军队从敦刻尔克狼狈撤离，陷入谷底的伦敦股市随即反攻。尽管当时不列颠之战尚未打响，全世界包括英国对战争前景充满绝望，但伦敦股市却推断出英国将免于被德国征服的厄运。实际上，直到四个月以后的 1940 年 10 月，才有迹象表明德国不可能入侵英国，以及一年半以后的 1941 年 12 月，美国因为珍珠港事件参战，才让英国有望获胜。然而，当时除了伦敦股市，那些知名新闻媒体人、评论家和战略家都没能预见到这是战争转折点。

时至今日，几乎所有的投资者都认为股市群体愚昧疯狂，因此反向投资策略蔚然成风。然而，正如拿破仑曾经说过的一句名言："唯一比任何人更聪明的人，就是所有人。"比格斯认为，股市作为所有投资者的整体，有着伟大的直觉智慧。如果投资者忽视这一要点，就将处于危险境地。

第二，世界末日般的"黑天鹅"事件势必再次出现，人们必须未雨绸缪，早做准备。历史告诉我们，没有什么东西是永恒不变的。下一次毁灭性的全球危机究竟以何种形式出现？答案无人知晓。

在极端混乱的时局下，为了实现财富保值和增值，人们必须始终保持资产多元分散。

首先，有产者应该拿出小部分资产，购置一处偏僻的农场，这样，即便兵荒马乱，也仍然可以立命安身，维持生计，而不至于颠沛流离，忍饥挨饿。正如乔治·桑塔亚那说过的一句名言："那些忘记过去的人，注定会重蹈覆辙。"在第二次世界大战期间的战败国或被占领国，无数有产者惨遭掠夺，财富湮灭，甚至性命难保。

其次，从长期来看，股票可以实现财富增值。著名投资家大卫·史文森曾说过这样一句话："在当今世界通货膨胀已成为常态，因此投资者应该致力于成为股权所有者而非借款者。"即便是在人类历史上最具毁灭性的第二次世界大战中，尽管战败国或被占领国的股票无法保值，但战胜国的股票却可以保值。有产者应该拿出大部分资产投资于股票，忽略短期波动，耐心长期持有，抓住股票的长期复利效应，实现财富增值。

股市里没有所谓的"长期持有型"股票，因为任何企业的竞争优势都无法永远保持，并且竞争优势维持的期限正在缩短。对于普通人来说，投资股票长达一代人甚至数代人的时间，就意味着要么长期持有指数基金，要么找到卓越可靠的投资管理公司。然而，相比于投资管理公司，指数基金却拥有两大优势：第一，换手率低；第二，管理费极低。

当下全球时局陷入混乱，比如俄乌局势僵持、巴以冲突愈烈、红海航道危机乍现等。在如此混乱的时局下，财富如何才能长期保值和增值？这是每个投资者都需要密切关注的问题。比格斯在本书中给出的投资建议，可谓是这个问题的终极答案。

比格斯一生从事主动型投资，但却诚恳地建议普通投资者投资被动型指数基金，这一点非常耐人寻味。在本书中，他认为从长期来看，股市通常是理性的，是一位充满智慧的老者。股票价格指数是股市群体智慧的反映。如果我们想象指数是一位持有全部成分股的投资者，那么"他"是一位坚定不移的长期投资者，在牛市时不贪婪，在熊市时不恐惧，一直都在，始终满仓。尽管"他"偶尔调整持仓，但"他"决策的依据是某只股票的规模和流动性，而不是价格走势预测。

尽管股市上聪明人很多，但究竟有多少人可以战胜股票价格指数呢？对此，比格斯给出了明确的答案：许多研究表明，就长期而言，美国普通投资者无论是买入个股，还是投资主动型股票基金，回报都远低于标普500指数；而统计结果则表明，大多数专业投资者无法战胜标普500指数。因此他建议普通投资者不要择时，放弃选股，而应该长期持有股票指数基金，从股市的长期回报中获利。

对于广大普通投资者来说，获得长期投资成功的关键是，拥有源源不断的现金流，定期投资指数基金。然而，源源不断的现金流从何而来？答案就是专注主业，发挥所长，努力提升赚钱能力。在排除了运气的因素后，绝大多数普通投资者不可能取得超越指数基金的回报，因此必须彻底摒弃在股市里赚快钱的幻想。对于每个人来说，取得投资成功从来没有捷径可言，唯有专注主业，终身学习，才能勇夺自己投资战争的胜利。

我清华本科毕业后留学美国四年，后来与外国好友合伙创业十余年，英文已成为我生命的一部分。发挥所学所长，为社会做些力所能及的贡献，一直是我的梦想。非常感谢中国人民大学出版社给予我翻译投资经典的宝贵机会，让我的梦想得以实现。在本书翻译过程中，我得到了中国人民大学出版社编辑的鼎力相助以及真知灼见，给本书中译本增光添彩，再次表示感谢！

　　非常感谢杨天南先生在百忙之中为本书撰写精彩的推荐序。在我翻译之初，他详细审阅了我的初稿。当时是 2022 年 12 月中旬，北京正值新冠疫情肆虐的最高峰。尽管他也被病毒感染，却强忍不适，手把手教我如何做到用词准确、表达合乎习惯等翻译要点。那感人的场景今日回想起来记忆犹新，也促使我在翻译时全力以赴，毫不松懈。

　　正如杨天南先生在本书推荐序中所说：如何才能强大？那就是在正确的方向上持之以恒，成为文武双全的强者。我衷心希望每位读者在读完本书后，不仅能成为投资强者，更能成为人生强者。

导　言

> 我一看，看见一匹灰色的马：那骑马的名叫死亡，阴间紧跟着他。他们得了权，管辖四分之一的土地，要用战争、饥荒、瘟疫来杀人……
>
> ——《圣经·新约·启示录》

长期以来，有两件事让我着迷。第一件事是，股市的短期波动是随机的、非理性的、不可捉摸的，但是，关于股市的长期起伏以及重大拐点，真的有直觉智慧存在吗？或者，股价大多数时候仅仅是群体的愚蠢共识？

第二件事是，大灾难至少百年一遇，就像《圣经·新约》里面的天启四骑士——瘟疫、战争、饥荒和死亡——降临人间，毁灭世界。他们一旦来袭，无数财富将灰飞烟灭。第二次世界大战是最近一次死亡骑着灰马，阴间尾随其后，肆虐残害世界。

当天启四骑士现身时，你如何才能保住财富？历史告诉我们，在美好的时代，股票可以让财富增值，但是，当国家战败、被外敌占领时，股票可以让财富保值吗？如果不能的话，有产者应该怎么办？在剔除通胀因素后，就实际购买力而言，股票的表现究竟怎样？

如果有一种资产或投资工具，无论在顺时还是在逆时都能让财富长期保值和增值，那么它就可以成为家族财富或者机构资本的终极之选。如果积累的财富不能保值，就会大幅贬值。如此看来，随着财富的增长，避免财富贬值起码变得跟让财富增值同等重要。

研究财富的长期保值不仅仅是出于学术目的。世界饱受灾祸之苦，大量财富付之东流。18 世纪以前，战争、天灾、饥荒和瘟疫接连不断。18 世纪和 19 世纪的大革命让社会陷入混乱，财富湮灭，生灵涂炭。而 20 世纪可能是有史以来最具毁灭性的一个世纪，其间发生了第一次世界大战、恶性通货膨胀、经济大萧条以及最为惨痛的第二次世界大战。第二次世界大战是一场真正意义上的世界大战。现在回想起来，当时西方文明岌岌可危。

我长期着迷于研究第二次世界大战。这场战争留给人们很多的教训，包括生活、政治、金融市场、财富方面，尤其是生存方面。我出于业余爱好研究了很多年。毫无疑问，第二次世界大战是一场百年大战，甚至可能是一场千年大战，因为它几乎席卷、蹂躏和折磨全世界。这场战争给被占领国以及后来的战败国造成了极端负面的影响。在一场旷日持久的国家灾难中，股票或其他资产是否可以保住财富的购买力？对于这个问题，第二次世界大战是一次终极测试。这场战争也是一部波澜壮阔的斗争史诗，轴心国先占上风，后来同盟国取得了最终胜利。

20 世纪 30 年代和 40 年代，是全球历史上的至暗时刻。除非你深入研究了那段历史的真实记录，否则不会意识到事态有多可怕，以及世界离新的黑暗时代有多近。因此，我在本书中详细记述了战争的波澜起伏，以及交战双方领导人的性格和管理风格。我认为，我对希特勒、丘吉尔、墨索里尼和其他领导人有一些非同寻常的见解。这本书的焦点是在 1938 年至 1943 年发生的事件，而不是后来同盟国的胜利，因为重要的是战争转折点。这本书也涉及了朝鲜战争，因为它对日本金融市场非常重要。

投资者以及普通大众，必须熬过艰难的日子。这本书将 20 世纪 30 年代末和 40 年代初那些可怕的失败和挫折，与双方领导人——丘吉尔、希特勒、斯大林、麦克阿瑟，尤其是山本五十六——如何熬过失败和挫折以及如何跟人打交道的故事，穿插交织在一起。所有的专业投资者都必须熟习和忍受危机管理。这也是投资者要读历史和人物传记的原因之一。

以今天的视角回顾过去，我们可以轻易地辨认出重大的战争转折点。然而，在战争的迷雾里，当时没人可以看清局势已经逆转。充满着无与伦比的群体智慧的股市，能"戴着深色的眼镜"看到这些转折点吗？我认为，有证据表明股市做到了，但是，当时大多数新闻媒体、所谓的专业评论员和战略家却对此浑然不觉。我们应该非常尊重股市的群体智慧。股市从来只做不说，我们要善于观察。（更多关于股市智慧的见解，请见第一章。）

我第一次对股市智慧着迷，缘于我偶然发现英国股市的最低点出现在 1940 年夏、不列颠之战前夕；美国股市的彻底向上反转出现在 1942 年 5 月下旬、史诗般的中途岛海战前后；德国股市的最高点出现在 1941 年 12 月上旬、德国进攻苏联的最高潮，当时德军先头部队已经看到莫斯科教堂的尖塔。这些是第二次世界大战的三大转折点，然而当时除了股市之外，没人洞察到这些转折点。我认为，这证实了股市群体非凡的智慧（却未被发现）。

由此，引出了下一个重要的问题。今天，几乎所有的投资者都是反向投资者。所有人都知道集体思考的危害，以及群体的疯狂。尽管投资者各行其是，但股市作为一个整体是否有独特的直觉智慧？我认为，股市确实有独特的直觉智慧。市场先生是一位充满智慧的老者。在第二次世界大战期间，他经常（但并非总是）预见到重要的战争转折点，但当时的社会精英们却很少能做到这一点。股市的涨跌起伏反映了投资者群体的整体观点。在本书中，我认为股市有大智慧。如果投资者忽视这一点，就会处于非常危险的境地。

本书的另一个主题是，财富在战前和战时都发生了什么变化，以及有产者应该采取哪些措施保住财富，从而免受世界末日般"黑天鹅"事件的冲击。对于股票和债券能否保值和增值的问题，我不仅研究了从 1930 年至 1945 年的极端动荡时期，而且研究了20 世纪其余时间的历史回报数据。如果没有伦敦商学院埃洛伊·迪姆森、保罗·马什和麦克·斯丹顿的大量研究成果，我将无法得出结论。我发现，通常来说，股票在整个 20 世纪的确可以保值，尤其是在对的国家持有对的股票（第九章和第十五章专门讨论了这方面的内容）。战胜国股票（以及债券）的回报更高，而在战时和被占领期间，战败国和被占领国的股票无法保值，债券的表现更糟糕。此外，在 20 世纪上半叶，法国和德国的股票在剔除通胀因素后收益为负，而政府债券的收益则是一场灾难。

使资产多元分散很有必要。土地、财产、黄金或企业等实物资产比股票的表现稍好，但并非完美。一个正在耕种的农场，既能让财富保值，又能维持生计。你也可以把资金转移到更安全的国家，但自然也就无法维持生计。

据我所知，这样的市场数据以前从未有人整理或发布过。本书也涉及了当时其他资产的表现，比如债券、土地、黄金、珠宝和财产（同样，第九章和第十五章讨论了这方面的内容）。每个有产者都必须关心这些内容。如果财富无法保值和增值，那么拼命存钱就毫无意义。本书明确指出，在一个动荡的时代有产者应该如何把财富传给子孙后代，尽管我承认下一个世界末日可能有所不同。

我还发现，在这部波澜壮阔的战争史诗中涌现出了众多著名人物，并发生了许多引人入胜、扣人心弦和充满戏剧性的传奇故事。有些人可能不赞同我对战争转折点的判断，对主要领导人及其举动的解读，以及对当时社会情绪的见解。

投资者与交易者及投机者截然不同。投资者必须对世界经济时事做出长期的、渐变的判断。历史懂得越多，决策做得越好。投资者必须了解历史，还要是统计学家、心理学家和有天分的直觉主义者。

尽管我绝对算不上是一个纯粹的历史学家，也没有做过有关第二次世界大战的原创研究，本书也绝不是一本真正的历史书——无论是股市还是第二次世界大战的历史，但我仔细研读了大量著作（详见参考文献）。那些真正的历史学家和勇士撰写了本书参考文献列表中的鸿篇巨制，而我只是借用了他们的想法、见解和回忆。尽管我阅读了大量著作，却未能找到有关金融市场和财富在战争年代的真实资料。我找到了一些市场统计数据，却查不到相关的背景资料。为了找到本书所呈现的社会信息，我查阅了旧报纸，采访了经历过那个时代的人。书中有许多标注了历史事件的市场状况图。希望本书对那个时代并非全面的印象与解读能够对当今社会有所启发。

巴顿·比格斯

目　录

第一章
聆听股市群体

唯一比任何人更聪明的人，就是所有人。

——拿破仑·波拿巴

本书讲述了在全球历史上最为惨痛、最具毁灭性的灾难即第二次世界大战中，财富发生了什么变化。本书重点关注股票及其能否保住和增强货币的购买力，并且探讨了有产者应该如何实现投资多元化，配置不同类型的资产，以保住财富的购买力。

在研究上述内容时，我发现了惊人的证据，表明主要参战国——美国、英国、德国和日本的股市有着惊人的洞察力，并觉察到重大的战争转折点。今日的常规认识是，大众群体冲动狂躁，尤其是股市群体。然而，当研究历史和阅读社会学文献时，你会得出这样的结论：群体蕴藏着伟大的智慧，并且股市本身就是智慧群体的典范，我们应该密切关注股市发出的信号，尤其是当股市趋势逆转时。

很多文章严厉抨击了"群体的狂热"，事实上，这种常规认识已根深蒂固。然而，詹姆斯·索罗维基在他富有洞察力的原创著作《群体的智慧》中指出，我们应该尊重群体的**整体判断**和**直觉智慧**。

所有的专业投资者都应该读过查尔斯·麦基的投资经典《大癫狂：非同寻常的大众幻想与群众性癫狂》。毫无疑问，麦基这本书里最著名的一句话是："常言道，人们成群结队地思考和发疯，而只有当独处时，才能缓慢地恢复理智。"弗里德里希·尼采曾写道："在个体中，疯狂见所未见，但在群体中，疯狂司空见惯。"

还有一本有关群体行为的经典著作，那就是古斯塔夫·勒庞的《乌合之众：大众心理研究》。这本书首次出版于 1895 年。如果有可能的话，勒庞将是一位贵族独裁者。他认为群体总是错误地决策，并且愚蠢地行事。他写道："群体永远无法明智地行动，而且总是不如独立的个体。"他对群体的定义很广泛，包括任何可以做出决策的群体。

这种鄙视群体的观念根深蒂固。一句不明出处的古话是这么说的："任何一个人都比我们所有人聪明。"自诩投资天才的伯纳德·巴鲁克，引用德国诗人和哲学家弗里德里希·冯·席勒曾说过的话："任何一个人，作为独立的个体，都相当明智和理性，然而，一旦作为群体的一员，就立刻变成了笨蛋。"苏格兰历史学家托马斯·卡莱尔宣称："我不相信个体的无知可以汇聚为群体的智慧。"

当群体为所欲为、暴戾恣睢时，就会变成暴民。"暴民"一词源自拉丁语"mobile vulgus"，其字面意思是群体容易被操控，变得邪恶和危险，尤其是暴民。群体获得这样的恶名并不冤，但人们却不知道当群体成员独立地做出理性判断时，群体的智慧令人印象深刻，也就是说，勒庞等人的贬低和嘲讽大多数是不正确的。

在当今投资界，"群体"一词带有贬义色彩。所有人都不愿成为群体的一员，因为群体总是错得离谱。"不惜一切代价避开拥挤的交易"已成为对冲基金行业的格言。专业投资者、策略师、经济学家，甚至是媒体从来都不相信群体的智慧。

相反，反向交易变得非常流行，换句话说，跟群体的做法相反，因为群体愚不可及、几乎总是出错。如果所有人都看好股市，那么反向交易者就看跌，反之亦然。为了反其道而行之，反向交易者密切关注投资情绪指标。策略师和经济学家经常在他们报告的序言中强调自己的观点与大众共识相反，好像这比他们全部的分析内容更为重要。针对蔚然成风的反向交易，被誉为世界上顶级投资家之一的乔治·索罗斯曾自称"反向-反向交易者"。

不言而喻，人类是反应性模仿者，容易受到兴奋和绝望等极端情绪的影响。投资者和投机者盲目追捧市场和价格，其情绪从贪婪变为恐慌，有时这将引发过度交易，最终导致泡沫的产生。即便如此，这也无法否定这本书的结论，即投资者群体对长期事件经常有着卓越的洞察力，人们应该尊重和遵循股市的直觉判断。

摒弃专家的意见：他们的预测离谱

另外，越来越多的证据表明，听从专家的建议将必输无疑。菲利普·泰特洛克在他的作品《狐狸与刺猬：专家的政治判断》中总结道，人们应该忽略专家对政治、经济和商业的看法，因为他们甚至不如非专家预测得准。泰特洛克跟踪在数年里做出82 361次预测的284位专家。筛选和评估如此多的预测是一项辛苦的工作。无论如何，他发现了一个令人羞愧的事实，那就是这些所谓专家的预测多半是错的，而且对于那些有多种可能性的事件，他们甚至不如扔飞镖的猴子预测得准。正如丹麦物理学家尼尔斯·玻尔所说的，"预测很难——尤其是预测未来"。

泰特洛克在研究了这些庞杂纷繁的数据后得出结论：为了可靠地预测事件或经济，人们需要掌握适度的信息，但是那些懂得很多的、所谓的专家、智者或大师，实际上更不靠谱。专家所知道的事实、信息和历史越多，就越可能形成自己偏爱的理论，并且在预测时把因果关系复杂化。泰特洛克认为，这就是专家不如非专家预测得准的原因。事情的最终结果往往趋于简单浅显。泰特洛克说道，越有名气、越自信和越资深的专家，越有可能预测错误。

那些经常在电视上露脸的专家错得尤为离谱。造成这种现象的原因之一，就是他们哗众取宠，换句话说，他们仅仅是为了显得与众不同而标新立异。最吸引人们眼球的，是那些显示某人聪明绝顶、让人感觉匪夷所思的预言。这些专家与脱口秀节目、美国消费者新闻与商业频道以及美国有线电视新闻网的签约期限（以及他们的酬劳），往往不取决于他们的预测水平（因为预测太多，以至无法追踪），而是取决于他们的娱乐价值。尽管他们甚至可能拒绝承认这一点，但他们却把事情复杂化，以至自相矛盾、漏洞百出。

泰特洛克在研究了这些专家的预测记录后也得出了其他一些有趣的结论：第一，专家在犯错时很少承认自己犯错。第二，专家倾向于忽略那些与他们先前的观点或做法不符的新消息。这就是所谓的认知失调，这也是乔治·W.布什政府的弊病之一。第三，在评估新信息的有效性时，专家对那些驳斥他们理论的信息比那些支持他们理论的信息采取更严格的态度。虽然这更令人失望，但并不令人意外。

最后，泰特洛克借用以赛亚·伯林的比喻，将专家分为刺猬和狐狸两类。刺猬型专家是那些对某些大事了如指掌，并倾向于由此分析复杂问题的人。在他们有限的能力圈内，他们被认为是杰出的。狐狸型专家是那些"知道很多小事的思想家，对宏伟计划持怀疑态度，把解释和预测当成灵活的练习，并且对自己的预测能力相当谦虚"的人。泰特洛克发现，狐狸型专家比刺猬型专家预测得更准。狐狸型专家知识面更广，更善于分析复杂的问题。

例如，投资界有很多学历高、非常聪明的量化对冲基金经理。他们博士毕业，并且精通强大的计算机技术。他们在一段时间内采用创新的模型，取得优异的投资业绩。然后，众多模仿者应运而生。没过多久，量化对冲基金从业人数越来越多。最初，那些杰出的先行者发现估值异常的机会，创建投资组合，从而获利丰厚。但是，随着从业人数的激增，这种估值异常的机会越来越少，以至无法继续获利。这就是投资界最新版的"创造性毁灭"。

泰特洛克所使用的数据相当有说服力。有些怀疑者认为，即便泰特洛克对所有专家的整体看法可能是正确的，但某些领域的专家仍然值得尊重，尤其是科技领域。几乎没有任何专家对政治或股市的预测是靠谱的，就算某次预测是正确的，也很难说下次仍然是正确的。实际上，对于专业投资者来说，情况恰恰相反。尽管那些口齿伶俐、博学多才的预言家讲得很有趣，有时甚至振奋人心，但我们却不能幻想他们的预测总是正确的。我在抨击那些预言家和策略师时总是带着一丝懊恼之情，因为我自己也曾获得"预言家"的称号。

全球股市洞察二战局势

人们在预测时，直觉、预感和常识非常重要。但正如我们将看到的，你应该尊重股市的智慧，而不是那些大师的预测。众多投资者在股市里独立做出判断，由此产生的整体判断就是股市的智慧。1940 年夏初，甚至在不列颠之战之前，伦敦股市就推断出英国无法被征服，即便当时整个世界和许多英国人都陷入绝望。1940 年 6 月初，伦敦股市创下历史新低，尽管到了 10 月才有明显的迹象表明德国不会入侵英国，以及 18 个月后的珍珠港事件才表明英国终将获胜。

同样地，尽管德国股市处在警察国家的监管下，但在 1941 年 10 月却不知何故洞察到德军攻势已达到巅峰。这种洞察力令人难以置信。当时，德军看似战无不胜。他们从未输过任何一场战斗，也从未被迫撤退。当时没有任何迹象表明德国对苏联的进攻开始走向失败。事实上，1940 年 12 月初，德军巡逻队瞥见了莫斯科教堂的尖塔，当时德国的版图比神圣罗马帝国的欧洲版图还要大。没有人预见到这是战争的转折点。

纽约股市认识到，1942 年 5 月的珊瑚海海战和 6 月的中途岛海战，是太平洋战争的转折点，因此从当年春天的低点彻底反转，但是当时的报纸或军事专家却没有流露过这样的想法。当时，美军的一连串失利和投降行为引起人们对战争管理和战场指挥官的激烈批评。那些聪明的媒体人整天忧心忡忡，以至对珊瑚海海战和中途岛海战的重要意义视而不见。这两场战役发生在日本建立帝国以及攻击美国的鼎盛之时。

事实上，美国媒体从一开始对这场战争的报道就是错误的。在珍珠港事件发生后的几周里，《纽约时报》在美国战争部的影响下故意夸大盟军的小规模胜利，而淡化太平洋舰队的损失。例如，在日军偷袭珍珠港五天后，即 1941 年 12 月 12 日，《纽约时报》发表了头版头条《**日军在地面战中蒙受损失；三艘日本战舰被击沉，另有一艘战列舰被击中**》，并称沉没的三艘日本战舰里有一艘战列舰，然而这纯属虚构。事实上，只有一艘无足轻重的驱逐舰被击沉。

市场胜过专家或计算机

现在回过头来讨论群体理论。1945 年，经济学家和政治哲学家哈耶克写了一篇有分量的文章，驳斥当时流行的社会主义集中计划学说。哈耶克认为，集中计划不如价格机制有效。他说道，制定出高效的、"好"的经济决策，需要基于散布在庞大人口中的纷繁信息，但无论是人为设定的还是计算机生成的，集中计划者都无法收集到这些信息。可是，价格机制却能做到。市场能够有效运行的原因之一，是价格机制汇总了包括主观偏好在内的所有相关信息，并由此产生了唯一的市场估值。虽然价格机制可能并不完美，但还是比人为设定甚至计算机生成的任何数字要好。

为了获取哈耶克所谓的"隐性知识"，非常重要的是信息来源分散化。隐性知识是人们的直觉知识，或者是从特定的地方、工作或生活中获得的知识。由于隐性知识是直觉和本能的，所以很难总结和表达出来。实际上，人们甚至可能没有意识到自己拥有隐性知识，但它很有价值，因为它反映了世界各地人们深刻的生活经验。

这种洞察是有效市场理论的基础，但有效市场理论始终只是一种观察，而不是结论。乔治梅森大学法学院名誉院长亨利·曼尼指出，有效市场理论并未解释大量信息如何反映在商品和服务的价格中。他问道："加权平均是如何完成的？"[1]同样地，有效市场假说几乎完全来自经验观察，并未从理论上解释市场如此有效的原因[2]。曼尼的答案似乎是一种群体智慧。

索罗维基在《群体的智慧》一书中令人信服地提出，群体做出的决策往往比那些才华横溢的专家更正确，换句话说，"多数人比少数人聪明"。他指出：专家有偏见和盲点；另外，一个专家对自己所做预测的信心与预测的准确性几乎无关。一个分散、独立和积极的群体做出的估计或决策可能（但不一定）比一两个专家更好。其他心理学家已经证明，对于一道判断题，询问一群人的看法，然后取平均值，这个结果将比寥寥数个专家的判断好得多，无论这群人的素质、审慎和消息灵通程度如何。

群体和股市必须多样化。众多投资者从外部环境以及自身经历中获得信息。股市是一个有效的整合系统。如果每个参与者出于合理的动机做出决策，那么这个整合系统就是最有效的。股市是所有投资者的总和，从本质上说，也就是社会科学界所谓的"复杂自适应系统"。正如市场策略专家迈克尔·莫布森在他精彩的文章中所指出的，复杂自适应系统的重要经验之一，就是不能将各个部分简单相加，而要理解整体。换言之，整体大于各个部分之和。

很多人试图从专家或其他精明的投资者那里了解股市，但如果股市真的是一个复杂自适应系统，那么个体就无法影响股市。

我认为，这就是聆听股市如此重要的原因。换句话说，对于重大的转折点，人们应该观察股市的行动，而忽略专家和评论员的看法。

证明群体智慧的实验

索罗维基举了一个有关复杂自适应系统的例子，英国某郡集市举办了一场著名比赛，让人们猜测一头牛有多重。800 人参加了这场比赛，其中一部分人是有经验的农民，而其余大多数人毫无经验。所有人猜测结果的平均值是 1 197 磅，这不仅几乎完全正确（这头牛的实际重量为 1 198 磅），而且比所谓的畜牧专家的估计还要准。索罗维基还做了一个实验，让 56 名学生猜测一个罐子里有多少颗软糖。所有学生猜测结果的平均值是 871 颗。只有一名学生的猜测更接近实际数量 850 颗，而其他所有学生的猜测都比平均值更偏离实际数量。

索罗维基做了很多类似的实验。他在《群体的智慧》一书中提到，他在纽约时代广场随机采访路过的行人，让他们猜测一个塑料瓶里有多少颗软糖，或者他的体重是多少。那些人一定以为他疯了。有一次，索罗维基在观众面前简单地描述了自己的书房，然后让他们猜测这个书房里有多少本书，当时他自己也不知道准确数量。无一例外，群体猜测结果的平均值都非常接近实际值，并且比绝大多数个体的猜测更准。索罗维基认为，那些猜错的个人判断在相互抵消后剩下的就是群体的认知。顺便说一下，群体人数越多（如前所述），分散程度越高，决策就越可靠。显然，股市是一个非常庞大且分散的群体。

曼尼继续指出，"虚拟"或"预测"市场的相关文献证明了，参与者越多，他们越了解情况，他们猜测结果的加权平均值就可能越准确。索罗维基记述了艾奥瓦电子市场（IEM）所取得的惊人成功。在这个市场里，参与者对总统大选结果下注。他们的"预测"比政治专家和民意调查更准。艾奥瓦电子市场中的下注者不是在预测他们自己的行为，而是在预测全国选民的行为。在每次民意调查结果发布的当天，艾奥瓦电子市场的市场价格在3/4 的时间内比民意调查结果更准确。

在最近的五次总统选举中，就投票率的平均绝对误差而言，艾奥瓦电子市场比专家预测的低约 30%。在 2004 年澳大利亚总理大选前，专家认为两位竞选人势均力敌，而澳大利亚版的艾奥瓦电子市场——森特贝特，则表明约翰·霍华德遥遥领先。最终，霍华德轻松获胜。美国艾奥瓦电子市场和澳大利亚森特贝特的出色预测，证实了预测者在真金白银的激励下，做出的预测最准确。

集体决策和群体思考

曼尼和索罗维基都认为，参与者应该高度分散，独立判断，"认真参与"，并且有物质激励。参与者不能随便预测，相互讨论，交换意见，最终达成共识。否则，他们的群体判断就会变成集体决策，并导致众所周知的弊病。通常来说，集体决策不如群体思考明智。只要安排妥当，群体思考将产生明智的决策。

詹姆斯·莫尼特写了很多行为金融学方面的精彩文章。他认为，上述研究结果的有效性取决于三个严格的条件：第一，人们必须不受其他人的影响；第二，一个人预测准确的可能性，与其他人预测准确的可能性无关；第三，即便参与者的投票有决定性的作用，他们也必须不会因此而受影响。我再补充一点，如果大多数参与者不知道或者根本不关注其他人的想法，那么群体决策的效果就会更好。换句话说，尽管群体的先见之明与生俱来，但必须巧妙地收集。从长期来看，股市的定价机制是一种高效的收集机制。

从某种程度上说，这难道不是普选民主制度的基本原则吗？民主制度的基本信念，就是多数人比少数统治精英能做出更好的决策。实际上，股市是投票机。我认为，对于人类历史的跌宕起伏，尤其是关键的转折点，股市经常有先见之明。索罗维基这样写道："群体智慧不是意味着，群体总能给出正确答案，而是意味着，就平均而言，群体的答案总是比任何个体的答案更好。"在第二次世界大战期间以及朝鲜战争初期，日本股市表现得很明智，但在1941年法国股市却大错特错，竟然预测德国的占领行为将带来繁荣。

关于群体是否蕴藏着智慧，股市应该是一个很好的案例。这种智慧不是弄懂繁文缛节，而是洞察重大事件的跌宕起伏。股市群体人数众多，高度分散，即便是在第二次世界大战期间，全球各大股市至少也有数十万活跃的参与者。由于投资者群体高度分散，因此股市里有很多隐性知识，以及各种各样的直觉。此外，投资者群体更聪明，更有见识。尽管投资者不是高智商的火箭科学家，但也不是彻头彻尾的白痴。投资者持有不菲的资金，这说明他们绝非平庸之辈。此外，股市群体完全符合动机标准，因为他们的决策直接影响他们自己的收益。他们是一群"狐狸"，而不是一群"刺猬"。

因此，股市是一位聪明而睿智的老者。他偶尔冲动、恐慌和疯狂，并且众所周知的是会欺诈，制造泡沫。尽管个人投资者是非理性的，但从长期来看，股市通常是理性的。莫布森写道："我们必须非常小心，避免将个人的非理性推断为市场的非理性。"

事实上，投资者的极端恐惧和贪婪导致牛市和熊市交替出现、周而复始。但无论是 19 世纪的铁路还是 20 世纪末的科技，凡是改变人们生活的事物，都会引发股市狂热。回顾过去，即便是 2000 年，整个股市仍然保持一定程度的理性，尽管科技和互联网成长型股票的估值高得离谱，而其他不受青睐的主要价值股的股价却低得可笑。我从来不认为股市是个别行业或股票的优秀诠释者。

尽管战争的硝烟以及统计数字的迷雾让人感觉是雾里看花，但股市却有敏锐的嗅觉以及惊人的洞察力。当面对低迷的市场环境或坏消息时，那些明智老练的交易员会说"市场表现良好"，或者当面对高涨的市场环境或好消息时，他们却说"市场表现不佳"。在 20 世纪最严重的危机以及 20 世纪 40 年代轴心国的兴衰中，全球各大股市的反应就是这方面的典型案例。

我认为，股市集合了为数众多的独立、分散和积极的参与者，因此它与暴徒或者集体完全不同。这并不意味着股市是万能的，在预测短期事件时不会出错。我的意思是，总的来说，股市的判断力不错，值得关注。第二次世界大战是一个充满了焦虑和恐惧的时代，是对股市智慧以及股票能否保值的最终考验。在下一章中，我将描述当时深陷恐惧的世界，以及萎靡不振的股市。

第二章

全球深陷恐惧：
1929—1945 年的德国和日本

为了理解 20 世纪 30 年代末以及 40 年代初股市的萎靡不振和低落情绪，必须了解当时糟糕的全球局势。众所周知，1929 年的股市大崩盘引发了全球通货紧缩和经济大萧条。错误的财政和货币政策加剧了人们的绝望情绪，而资本主义制度似乎无力应对。财富遭到严重破坏，股价跌至历史新低。尽管到了 1936 年世界经济和金融市场开始复苏，但在 20 世纪 30 年代末和 40 年代初世界经济和金融市场再次下滑。资本主义制度似乎不灵了，许多有思想的人想到了共产主义或社会主义制度。但是，投资者产生沮丧之情还有其他原因。

从 1940 年春到 1943 年春，欧美民主制度以及西方犹太-基督教的自由主义传统，陷入实行专制极权国家的夹击之中，显得岌岌可危。这些国家有奉行法西斯主义、以阿道夫·希特勒为首的德国，这也包括了意大利以及后来的东欧诸国，以及奉行军国主义、野心勃勃且咄咄逼人的日本。

德国蹂躏欧洲

西班牙落入弗朗西斯科·佛朗哥的魔爪，中国再度遭到日本的蹂躏，捷克斯洛伐克被德国入侵。贝尼托·墨索里尼渴望建立帝国，命令战机使用芥子气袭击埃塞俄比亚部落村庄。一些满不在乎的意大利人低声嘟囔道："啊！你想怎么批评墨索里尼都行，但起码他让火车准点发车。"

到了 1940 年，最迫在眉睫的威胁是法西斯，或者所谓的轴心国（德国、日本、意大利及其附庸国）。它们似乎打算统治世界至少一代人的时间。这最终险些成为现实。在 20 世纪 40 年代初，作为衡量投资者情绪的敏感指标，金融市场持续震荡和暴跌。到了 1942 年，德国控制了欧洲大部分地区，其势力范围从北海延伸到莫斯科和列宁格勒的大门。日本在亚洲扩张的巅峰时期控制了世界陆地面积的 10％，以及这些地区最宝贵的自然资源。

1938 年，战斗正式打响后，世界上没有哪一支军队能够匹敌强大的德国军队。正如约翰·卢卡克斯在《决斗》一书中所指出的，1940 年，希特勒领导的德国军队征服了整个西欧，而所花费的人力和装备甚至不如德国在第一次世界大战中为了夺取几英里战壕而付出的代价。在德军的猛攻之下，欧洲小国仅能抵抗数日。尽管法国拥有庞大的军队以及号称坚不可摧的马其诺防线，但仍然无法抗衡德军的闪电战。英国远征军在敦刻尔克几乎全军覆没，并且英国皇家海军在北海、北非和挪威遭受重创。虽然英伦诸岛顽强抵抗，但被德国 U 形潜艇围困而缓慢饿死。摆在人们眼前的事实是，无论英国军队多么英勇，都无法打败德国军队。

也许更令人可怕的是纳粹主义及其领导人希特勒的邪恶本性。希特勒精力旺盛、神志错乱。纳粹德国对犹太人、吉卜赛人和斯拉夫人的大屠杀，以及优等种族的观念，既令人恐惧，又令人沮丧，但似乎没人站出来反对。即使是最坚强的人，一旦想到"千年帝国"，也会深感沮丧。

在 20 世纪 40 年代初，希特勒像恶魔一样笼罩着世界。他性格暴躁，却极富魅力。他依靠武力、恐怖行动，当然还有设想，让德国摆脱了失业和饥荒。在世界现代史上，没有人能如此彻底地催眠数百万人。在演讲时，希特勒活力十足，热情洋溢。德国民众被他的狂热言论所鼓舞。作为一名演说家，希特勒可以与听众进行不可思议的、超越语言的情感交流。希特勒深谙盛大华丽的重要性。他与丘吉尔一样，深知广播的巨大威力。希特勒在第一次世界大战中是一名下士，曾两次负伤。他在战斗中表现英勇，两次获得一级铁十字勋章，而这种勋章很少授予普通士兵。

尼采热情洋溢地赞美"超人"的概念。希特勒在第一次世界大战中是一名前线传令兵，日子过得风生水起。对于别人无法活着完成的任务，希特勒不仅成功完成，而且活着回来。希特勒行事谨慎，并且很勇敢。他仔细研究地形，做好准备工作。他在战壕里利用执行任务的间隙学习卡尔·冯·克劳塞维茨（18 世纪90 年代末 19 世纪初的一名普鲁士士兵，后来成为有影响力的军事理论家）的军事著作。希特勒认为克劳塞维茨是独一无二的大师。希特勒一贯正确和无懈可击的光环，吸引了很多人的眼球。在许多人的眼中，希特勒身披德国超人的披风。

希特勒身材中等，身高约五英尺九英寸，体重约为一百五十磅。他长得不算帅气，鼻梁太厚，衣着朴素，但看起来很利落。他手形优美，手指修长。他在演讲和聊天时喜欢用手势。然而，在这张普通的脸上，他的眼睛却格外引人瞩目。当他注视别人时，这双眼睛有着催眠般的穿透力。希特勒的眼睛是浅蓝色的，但深邃如渊。

哥伦比亚广播公司和《环球新闻》的驻外记者威廉·夏伊勒冷静稳重，见多识广，但却从未见过这样的眼睛。夏伊勒写道："这双眼睛让我想起了以前看过的美杜莎的画，她的一瞥可以把人变成石头，或者变得无能为力。"[3]希特勒的眼睛让女人着迷，却把男人变成了石头。人们说希特勒通过自己的眼睛可以预见未来。当你看着希特勒时，你会被他的眼睛所吸引。这双眼睛深邃如渊，有着强大的力量和洞察力。

像很多德国人一样，希特勒认为德国领导人在第一次世界大战后在德国背后捅刀子。他坚信，德国领导人背叛了国家，并导致了恶性通胀、经济萧条和政治混乱，德国人民因此受苦。希特勒曾经生活贫困，甚至饥肠辘辘。

从1935年到1943年，希特勒的军事和政治洞察力几乎万无一失。他算准了对手的弱点，以及不愿作战的心理。他的战术决策和大胆一搏接连成功，德军总参谋部对此大惑不解。希特勒对人性有着非凡的理解，对对手的弱点有着本能的洞察力。艾伦·克拉克对德国进攻苏联进行了史诗般的研究，并著有《巴巴罗萨》一书。他在该书中写道："魔鬼之手指引着希特勒，就像在后来保护他一样。尽管希特勒的细节把控、历史观、记忆力、战略眼光都有缺陷，但从军事史的客观角度来看，他在这些方面表现得相当杰出。"

当时，威廉·巴特勒·叶芝的伟大诗歌《第二次来临》广为流传。这首诗形象地描绘了20世纪30年代末弥漫的绝望情绪。当时，希特勒和纳粹主义似乎决心征服欧洲。

在不断扩展的旋涡中旋转、旋转，

猎鹰再也听不见驯鹰者的呼唤；

万物都已解体，中心难再维系；

世界一片混沌，

血染的潮流奔腾汹涌，

到处都有纯洁的礼仪淹没其中，

优秀的人缺乏信念，

坏蛋则充满了炽烈的狂热。

W. H. 奥登在他的诗歌《1939 年 9 月 1 日》中表达了相似的情感。

我坐在第五十二街

一家小酒吧间里，

心里不定而且害怕，

一个低劣的、不诚实的十年就快结束，

一切聪明的希望也都破灭。

愤怒和恐惧的潮水

流荡在地球上明亮的

或阴暗的地区，

烦扰着我们的个人生活；

死亡那不堪形容的气味

冒犯了这个九月的夜晚。

那些无辜无助的人浑身颤抖，而那些穿着黑色衬衫、腋窝潮湿、身材臃肿的人在鹅卵石路上游行，高呼种族主义口号，渴望打败任何挡路的人。

此外，在第一次世界大战的堑壕战中，上千名士兵就像被送去屠宰场的牛群，为了攻取区区一百码泥泞不堪的阵地，不得不白白送死，然而，他们舍命夺来的阵地可能第二天就会易手。这种疯狂大屠杀让大部分西方国家的人对战争深恶痛绝。威尔弗雷德·欧文在他广为流传的诗歌里宣称贺拉斯的名言"为国家而亡是甜蜜和正确的"是"古老的谎言"。很多人无论如何也不愿为"国王和国家"而战。在19世纪，战争曾经是军乐队、爱国主义和荣耀的象征，但这种情形已不复存在。诗人们反对战争。路易斯·辛普森这样写道：

> 在凡尔登和巴斯托涅，
> 后坐力巨大，
> 血苦到骨子里，
> 扳机触动灵魂。
> 死亡枯燥无味，
> 英雄成了傻瓜。

在上述诗句中，后坐力是指枪的反冲力，用来暗示射击对枪支使用者的伤害。但也许斯蒂芬·克莱恩的《战争是仁慈的》一诗形容得最好。

> 军团沙哑的战鼓声隆隆，
> 小伙子们渴望战斗。
> 这些男子汉原本为操练和战死而生，

未经解释的荣光笼罩着他们。

伟大的是战场之神，伟大啊他的王国

一片原野，倒伏着上千具尸身。

别哭，宝贝，战争是仁慈的。

为了你的父亲在黄土沟壑里翻滚，

满腔怒火，哽咽着了却一生。

不必哭泣，

战争是仁慈的。

日本蹂躏亚洲

与此同时，在世界的另一端，日本的坚船利炮正改变亚洲的面貌。1937 年，日本全面侵华。最臭名昭著的是南京大屠杀，导致数十万中国平民丧生。美国的"中国游说团"对此深感震惊和愤怒。富兰克林·罗斯福在芝加哥的一次演讲中将日本比作纳粹。

日本在偷袭珍珠港前已经向南扩张。到 1942 年夏，日本控制了东南亚最富有的国家（第七章将详细描述）。日本不仅控制了亚洲丰富的自然资源、战争军费的来源，而且击溃和羞辱了西方殖民列强。日本永远结束了西方帝国主义和炮舰外交的旧时代，打破了白人至上的神话。

从长期来看，日本残酷的占领和盘剥行为让这些国家民众最初的好感荡然无存，并最终引起了他们的仇恨，但这种情形在 1942 年并不明显。此外，新加坡，以及后来的印度尼西亚、马来西亚、菲律宾、泰国，尤其是印度，变得焦躁不安，并渴望独立。帝国主义扩张的时代真正结束了。

美国在珍珠港事件中血流成河。除了太平洋中部的中途岛基地以外，美国所控制的亚洲领土都被日本占领。美军的失利屡见不鲜。到了 1942 年春，菲律宾沦陷，65 000 人在科雷吉多被俘。同盟国海军在新加坡海峡、印度洋和爪哇海海战中损失惨重。马来西亚不堪重负，新加坡的牢固堡垒被轻易包抄，并屈辱投降。澳大利亚和新西兰岌岌可危，它们的总理对丘吉尔非常不满。

欧洲惨遭蹂躏

20 世纪 40 年代初，欧洲绝大部分国家陷入可怕的饥荒，人们对未来充满绝望。德国占领者将大量粮食要么运回德国，要么就地使用。由于所有被占领国家以女性居多，整个欧洲的农业生产已经崩溃。例如，仅仅是法国，除了战斗伤亡之外，260 万战俘被迫到德国从事强制劳动。欧洲很多地方的人相信，德国将会世代统治欧洲，因此，他们心照不宣地选择顺从，毕竟反抗将招致盖世太保的残酷镇压，或者搭上性命。到了 1942 年春，"吉斯林"这个姓氏变得常见（意思是通敌者和叛徒）。集中营夺走了人们的生命。盖世太保在整个欧洲令人不寒而栗。

当时，许多所谓的聪明睿智、见多识广的人都相信，盟军在欧洲和亚洲已被打败，德国不仅赢了这场战争，而且理应获胜。他们质疑未来，并谈到"新黑暗时代的深渊"，丘吉尔对此警告道，这可能会"变得更加险恶，也许因为堕落的科学之光而更加持久"。资本主义和民主政体已经失败，德国和日本的法西斯主义可能是更加令人满意的答案。毕竟，西方世界大部分地区深陷经济萧条、通货紧缩、失业率飙升和社会动荡的恶性循环之中，资本主义似乎无力解决这些问题。那些悲观主义者认为民主政体低效无能，不如法西斯政权。

大英帝国正在分崩离析。印度作为大英帝国最重要的组成部分，开始变得焦躁不安，渴望独立，详情参见《自由与荣耀：1947 年印巴独立实录》。甘地威胁英国政府，印度为了谋求独立将与日本谈判，给日军提供安全通道，方便与希特勒合作。丘吉尔担心日本入侵印度。即使是美国，也有很多人不同情大英帝国。1942 年初，《生活》杂志（当时美国的主流杂志）刊登了一封致英国人民的信，并警告道："我们绝对不会为了维系大英帝国而战。"

西方民主国家的军队看起来力量薄弱，装备不足，并指挥不善，与德国和日本军队形成鲜明反差。由装甲车、半履带车和摩托化步兵组成的德国机械化师，在欧洲大陆轻易碾压了所有的抵抗。德国坦克在波兰毫不费力就击溃了对方的骑兵。德国和日本空军迅速获得了战场的制空权。日军率先认识到，舰炮对海作战已是明日黄花，而航空母舰才是未来海战的关键，舰载机可以击沉最强大的主力舰。1941 年底，日本战机在新加坡打击了英国皇家海军的骄傲，击沉了"却敌"号和"威尔士亲王"号，而日本海军仅仅损失了几架鱼雷轰炸机和俯冲轰炸机。德国和日本的战略家意识到突袭、装甲和规模的巨大优势。他们似乎是现代、聪明、大胆的战术家，而盟军的指挥官看起来年迈羸弱，只知道防御。

大西洋两岸的悲观主义者为数甚众。就连丘吉尔自己也承认，即便双方势均力敌，德军也似乎总能获胜。到了 20 世纪 30 年代末，希特勒打造了欧洲最成功的经济体。德国工业生产上升，而失业率几乎为零，尽管这是军备开支造成的虚假繁荣，但当时很少有人认识到这一点。

希特勒吸引了中欧的匈牙利、罗马尼亚以及后来的芬兰等盟友。日军的突然袭击和精准打击，让盟军招架不住，节节败退。墨索里尼似乎重振了意大利经济。自由的力量如何才能占上风呢？

美国的无知放纵

对于上述所有苦难，美国仍然奉行孤立主义，自我放纵。世界上很多人认为，美国人民狭隘、软弱、无力抗争。1937年，美国经济再次崩溃。1938年，失业率从14%飙升至19%以上，美国汽车工人联合会成员静坐罢工，通用汽车公司被迫停产，警察朝手握弹弓的工人开枪。1937年10月1日是著名的"黑色星期二"，股票和商品市场都陷入恐慌。投资银行在发行伯利恒钢铁公司债券以及纯石油公司优先股时，持有大量无法卖出的承销头寸。证券交易所关闭的谣言四起。

具有讽刺意味的是，在整整50年后，也就是1987年10月19日，纽约股市再次崩盘。

日本海军上将山本五十六曾就读于哈佛大学，担任过日本驻华盛顿特区大使馆的海军武官。他曾评价道，美国海军是"高尔夫球手和桥牌手的俱乐部"。他们竟然让珍珠港的美国战列舰像绝望的鸭子那样一字排开，遭到日本战机的狂轰滥炸。山本五十六怀疑美国海军可以匹敌日本海军。他非常赞赏美国的工业实力，但却质疑美国军官队伍的素质。日本军事规划者没有考虑美军潜艇的威胁，因为"美国人天生不适合潜艇战，他们无法承受这样的身心压力"。

美国在亚洲的驻军同样不受重视。他们是一支"老式军队"，官兵打马球和高尔夫来消磨时间，聘请当地廉价佣人，在军队俱乐部里混日子。詹姆斯·琼斯在他史诗般的小说《从这里到永恒》中描述了美军的这种不思进取。日军装备更佳，成功入侵菲律宾，这足以证明美军不是他们的对手。美军指挥官道格拉斯·麦克阿瑟专横跋扈，刻意把自己塑造成美国英雄的伟大形象。

别人却不买麦克阿瑟的账。正如我们后面将看到的，哈里·杜鲁门不喜欢麦克阿瑟。杜鲁门说道："麦克阿瑟身边的人从来不说真话，他们全是马屁精。那些不愿拍马屁的人压根儿无法靠近他。"德怀特·艾森豪威尔评论道："我跟着麦克阿瑟学了九年的表演，其中在华盛顿学了五年，在菲律宾学了四年。"

麦克阿瑟应该是一位能干、鼓舞人心的领导者。他自大傲慢，自诩"有史以来最伟大的军事家"。他是一个大胆的战术家。为了报美军在菲律宾失利的仇，他采用"蛙跳"战术，构思了后来在韩国仁川登陆的行动。尽管如此，他虚荣做作，总带着马鞭。他以全班第一名的成绩毕业于西点军校。麦克阿瑟的母亲控制欲极强，住在西点军校附近的酒店里，干涉他的生活，这令他非常尴尬。麦克阿瑟的父亲是一名将军，在南北战争中是一名英雄，并且获得了"荣誉勋章"。麦克阿瑟在第一次世界大战中两次获得"荣誉勋章"。他在第一次世界大战结束时担任师长。他在政治上一贯精明，野心勃勃，在军队中晋升很快。

在被派往菲律宾后，麦克阿瑟在马尼拉过着皇帝般的生活。1941 年初，他向华盛顿吹嘘，称自己可以指挥数量庞大的当地军队保卫菲律宾。这简直是天方夜谭。当时，菲律宾军队的装备极其落后，士兵们仍然使用一战时的旧步枪，甚至从未接受过实弹训练，就匆匆投入战斗。事实上，许多士兵没有头盔或鞋子。一位气愤的美国中士说道："这些家伙几乎不知道如何敬礼，更不用说如何开枪射击了。"

麦克阿瑟命令部队穿过巴丹岛，撤退到科雷希多。他的这道命令，说得好听点叫不现实，说得难听点叫自取灭亡。麦克阿瑟每次视察前线时，那些挖防空洞的海军陆战队员都称他为"防空洞道格"。在美日开战后的数日里，麦克阿瑟的参谋长专横跋扈，不让麦克阿瑟知道外部情报，导致麦克阿瑟在珍珠港被偷袭后没能及时调遣或疏散空军。相反，当日本入侵舰队逼近时，美国战机还整齐地停在飞行跑道上。在珍珠港被偷袭 24 小时后，日军彻底摧毁了这些美国战机。

1941 年，菲律宾政府授予麦克阿瑟陆军元帅头衔，以及一根纯金指挥棒。他不服从任何规定。更令人惊奇的是，1942 年，当他从巴丹岛逃往澳大利亚时，他收下了菲律宾政府的一大笔钱，这简直是受贿。在他逃到澳大利亚后，罗斯福觉得美国需要一位英雄。于是，罗斯福冷漠地授予麦克阿瑟"荣誉勋章"。这激怒了留守在科雷希多血腥洞穴中和岩石上的美国官兵，他们觉得自己被抛弃了。如果你对麦克阿瑟复杂的个性感兴趣，可参阅詹姆斯·韦伯的历史小说《天皇的将军》。

丘吉尔坚信美国必将参战

在珍珠港被偷袭，以及美军在太平洋其他战场失利后，美国媒体开始报道美军在太平洋战场的无能，以及国内军品生产的不畅。人们经常提及捆绑政府官方文件的"红带子"，以此暗指政府低效的官僚作风。尽管如此，丘吉尔一直相信美国最终将被唤醒，并且成为改变二战结局的决定性力量。20 世纪 40 年代初，相较于其他许多人，丘吉尔对美国的评价要高得多。他在《命运的铰链》一书中写道：

> 那些愚蠢的人——人数甚众，不仅在敌国——可能低估了美国的实力。有人说美国人天性软弱。还有人说他们喜欢内斗，他们远远地开玩笑，永远不参战，不愿流血牺牲。他们的民主政体和轮换选举制度，使他们的战争努力陷入瘫痪。对于敌人的同伙来说，他们是远方地平线上的模糊形象。现在我们应该只看到了他们的缺点，尽管他们人口庞大、富有、健谈。

有趣的是，究竟是什么人在丘吉尔耳边喋喋不休，以至他称美国人为"健谈的民族"。尽管在他长达六卷本的《第二次世界大战回忆录》中，我们能看出丘吉尔一直强作镇定，但实际上他很容易被挫折打击。他曾把自己的抑郁症称为"黑狗"来访。这只"黑狗"在丘吉尔的一生中周而复始地困扰着他。这只巨大的、毛茸茸的、散发着恶臭的动物会突然出现，沉重地趴在丘吉尔的胸膛上。它那种陈腐的、病态的气息让丘吉尔无法呼吸。

丘吉尔的私人秘书约翰·科尔维尔在《权力的边缘：唐宁街日记十篇》一书中讲述了，1940 年和 1941 年首相低落、气馁、易怒的情形。1942 年 1 月，丘吉尔抱怨道："对于身处英国诸岛的我们而言，一切似乎都在变得更糟。"下议院对丘吉尔进行了信任表决，尽管他赢了这次表决，但蒙受羞辱，这让他怒不可遏。1942 年，他提到"主宰我们命运的失败和毁灭的无情浪潮"。他经常斥责英军指挥官的荏弱无能和过度谨慎。1942 年 1 月 31 日，北非沙漠战场上的英军总指挥官发给丘吉尔一条令人难以置信的消息："我不得不得出结论，如果我们打算击败德国装甲部队，那么我们的装甲部队至少要有二比一的优势。"1942 年 3 月 5 日，丘吉尔在给罗斯福的信中悲哀地抱怨道：

> 现在回想起来，我一直渴望和祈祷美国参战。我发现，从 12 月 7 日起，英国的局势迅速恶化。我们在新加坡遭遇了历史上最大的灾难，并且其他不幸也将纷至沓来。

接着，丘吉尔又列举了马耳他、锡兰、印度面临的危险，以及隆美尔在非洲战场的胜利。更危险的是德国潜艇对大西洋航运的封锁。随着事态的发展，1942 年上半年，德国潜艇所击沉的英美船只总量几乎相当于 1941 年全年的总量，也超过了同盟国计划的造船总量 300 万吨。英国皇家海军在印度洋惨遭日本战机的重创，很明显，落后的英国舰队无法匹敌先进的日本海军。4 月 1 日，一向乐观坚忍的丘吉尔在给罗斯福的私人信件中写道："尽管我的个人状况很好，但我回到英国后感觉战争压力比以前更大。"换句话说，那只"黑狗"一定骚扰过他。

美国的孤立主义

人们对美国持悲观态度的原因有很多。在珍珠港事件之前，那些怀疑世界未来命运的人认为，美国将保持中立，而日本将保持克制，避免与美国为敌。即便日本迫切需要工业原料，它也会夺取英国和荷兰的远东殖民地，而不去招惹美国。与此同时，德国 U 形潜艇将逐步扼杀英国，迫使英国求和。随后，美国和加拿大将不得不单独面对轴心国。即使英国投降了，美国在浩瀚的大西洋的保护下也仍将安全繁荣。最终，这些"软弱"和"健谈"的美国人，将与德国人和日本人谈判，并且达成妥协。

事实上，美国国内的孤立主义势力强大。虽然英国战争救济音乐会在纽约卡内基音乐厅举行时座无虚席，但美国优先集会在更大的麦迪逊广场花园举行，人满为患。美国孤立主义的呼声响亮刺耳。美国王牌飞行员查尔斯·林德伯格争辩道，第二次世界大战只不过是欧洲列强传统争斗的一部分。他质问美国男孩为什么要为大英帝国牺牲。1938 年，他造访了德国，并说道："英国和法国的空军太弱，无力自保。人们有必要认识到，大多数英国人迟钝、愚蠢和冷漠，而只有小部分人是天才。"他的妻子安妮·莫罗·林德伯格美丽动人、富有诗意和性格敏感。她写了一本畅销书，将这场战争描述为"过去的力量（同盟国）"与"未来的力量（德国）"的较量。摩根大通的重要合伙人拉塞尔·莱芬韦尔说道："盟军无法打败德军，因为德军的邪恶者甚众，并且能力颇强。"

许多美国国会议员主张严格的中立政策。直到 1941 年春，美国国会才以一票的优势勉强通过了强制军事训练法案。如果该法案无法获得通过，那么美国军队实际上将被解散。在初次征召的 200 万人中，有一半因为身心不达标而被劝退。那些孤立主义者的质疑声沸沸扬扬，他们质疑华尔街和大企业为了利润而发动战争。对于这种情况，威斯康星州国会议员托马斯·奥马利提议立法，要求美国最富有家族的成员率先入伍。他还说道："在接下来的战争里，将有列兵福特、洛克菲勒和摩根。"

此外，美国民众对珍珠港被偷袭以及美军在菲律宾战场失利深感震惊，惶惶不安。到了 1942 年春，外国间谍蓄意破坏，甚至日军入侵美国西海岸的谣言四起。有时，报纸也有这方面的报道。德军夜间登陆长岛以及纽约港发现小型潜艇的奇闻比比皆是。备受尊敬的《纽约时报》评论员沃尔特·李普曼预言，敌人将开展大规模的破坏活动。1942 年 2 月 19 日，美国实施了关押所有日裔美国人的决定。为了节约汽油，美国在全国范围内对车速的限制降至每小时 35 英里。美国颁布了新税法，个人税后收入不得超过 25 000 美元，相当于现在的 250 000 美元。当时的形势严峻、令人绝望，难怪投资者极度沮丧。

第三章
股市苦苦挣扎：
从经济大萧条到第二次世界大战

当战争来临时，第一个倒下的是真理。

——亚瑟·庞森比

到了 20 世纪 30 年代末，全球经济和股市从 20 世纪 30 年代初的大萧条和低点开始适度复苏。尽管如此，经济复苏仍然脆弱，大多数股市最初反弹，随后却步履蹒跚。以美国为例，到 1937 年初，道琼斯工业平均指数从 1932 年的低点上涨近 4 倍，但仍比 1929 年的高点低约 60%。全球各地的投资者仍在亏损。美国和欧洲股市的市盈率只有 5～8 倍，股价低于每股账面价值，股票的收益率远高于债券。唯一的例外是德国。在 20 世纪 30 年代，德国经济蓬勃发展，柏林股市持续强劲增长。

但总的来说，经济大萧条的创伤却像一团巨大的乌云笼罩着投资者。那个时代的沃伦·巴菲特就好比哥伦比亚大学商学院的本杰明·格雷厄姆教授。格雷厄姆撰写了著名的投资教科书《证券分析》，并教授人们在买入股票或债券时必须进行严格的财务分析以确保安全边际，因为大熊市给人们的教训是亏损的风险很高。格雷厄姆坚持认为，资产负债表至少跟利润表一样重要，并且股票的收益率必须高于债券，因为股票的风险更高。最重要的是信用评级。美国国债的信用评级达到 5A（AAAAA）。当经济萧条、通货紧缩和长期熊市出现时，以上这些是金融分析的原则。

伦敦股市和英国经济

伦敦股市的情况有所不同。在 20 世纪 20 年代末，相较于纽约股市，伦敦股市的投机氛围没那么浓烈，这主要是因为在整个 20 年代英国经济和公司业绩持续低迷。根据英国《金融时报》的报道，尽管 1929 年股市大崩盘"带给这座城市一些沮丧和恐慌"，但也带来一些"平静的满足感"，因为多年来英国投资者一直因为错过了之前的牛市而愤愤不平。对于投机的危险性，他们沉溺于"我早就告诉过你了"这句话。然而，正如经常发生的，那些最激进的英国投资者在纽约股市惨遭重创，包括经济学家凯恩斯和福尔克共同管理的对冲基金。他们将基金分为两个独立的部分，各自管理，并专注于自己擅长的领域。1928 年，福尔克看跌纽约股市，但却不顾凯恩斯的建议在 1929 年夏买入美国股票，几乎惨遭市场淘汰。当年，福尔克掌管的基金下跌 63%。

而凯恩斯掌管的基金仅下跌 15%。多年来，凯恩斯一直用自己的账户投机期货，并取得了惊人的成功。到 1928 年底，他已经非常富有，然而 1929 年初橡胶、玉米、棉花和锡的价格暴跌，于是，他做多这些商品。到 1929 年底，凯恩斯不得不卖出股票，追加期货投机的保证金，仅剩下无法出售的新股，以及大量流动性不足的奥斯汀汽车股票，其股价从 21 美元暴跌至 5 美元。凯恩斯的传记作者罗伯特·斯基德尔斯基称，1929 年底，凯恩斯的净资产从 1928 年的最高点下跌 75%。具有讽刺意味的是，即使凯恩斯对纽约股市过度投机的看法是正确的，他也无法避免损失。这表明无论你多早预见到大熊市，要想避开它都很难。所有证券的价格都在下跌，最胆小的是流动性———一旦麻烦露头，它就开溜。

纽约股市崩盘后，投资者担心美国银行倒闭，认为英国国债是避风港，于是，他们将资金从纽约转移到伦敦，从而使伦敦股市一度受益。然而，到了1930年秋，英国像美国一样，经济萧条，失业率飙升，工业生产崩溃，保护主义严重打击了贸易。突然间，格拉斯哥和曼彻斯特的街头出现了领救济品的队伍，并且英国大部分地区都陷入贫困。经济紧缩开始了。20世纪30年代初，当英国首相外出办事时，他走出唐宁街10号，自己拦出租车。

1932年英国经济和股市触底，但到了20世纪30年代中期开始复苏。到了1936年底，金融时报指数翻了一番多，并创下历史新高。比如，凯恩斯在这轮周期性牛市中乘风破浪，获利颇丰。1937年，随着经济复苏的结束，股市再次下跌，美国和英国再次陷入经济衰退。此外，德国更加咄咄逼人，欧洲股市对国际局势非常敏感。股市大幅震荡，投资者备受折磨，而凯恩斯再次满仓投资，并使用财务杠杆，导致净资产大幅受损，进而导致他情绪低落（他自己的"黑狗"不断到访），严重失眠。

当时的英国首相是内维尔·张伯伦。他为人善良，却相当天真。历史上的重大误判之一，就是张伯伦认为希特勒是个"正派、诚实的人"。希特勒告诉张伯伦，除了苏台德地区，德国没有野心吞并捷克斯洛伐克更多的领土，张伯伦竟然相信了希特勒。1938年9月28日是个极具戏剧性的日子，张伯伦告诉下议院，称希特勒接受了墨索里尼的提议，愿意通过谈判解决苏台德地区德国人的问题，实际上，德国却打算利用这个问题吞并捷克斯洛伐克。议会和走廊里响起了热烈的掌声以及幸福的欢呼声，张伯伦谦虚地低声道："我相信，这是我们这个时代的和平。"当天，英镑兑美元上涨了 13 美分，伦敦股市飙升。这次，英国股市像下议院一样，暂时被愚弄了，相比之下，丘吉尔却没有被愚弄，仍然保持清醒。丘吉尔认为这是希特勒的绥靖政策。他既没有鼓掌，又没有向张伯伦表示庆贺。丘吉尔说道："政府在耻辱和战争之间做出选择。他们选择了耻辱，但却得到了战争。"

与此同时，伦敦的社论作家和市场评论员经常贬低丘吉尔，并对希特勒抱着谨慎乐观的态度。当时，投资者和公众从报刊、书籍中了解信息。希特勒的自传《我的奋斗》广泛流传。希特勒在这本书中赞扬英国人的战斗精神，以及英国对印度有力的帝国式管理。他希望缔造东欧帝国，并效仿英国的做法。希特勒在接受媒体采访时谈到北欧种族联盟，英国将继续统治海洋以及远东地区，而德国将作为英国平等的伙伴统治欧洲大陆。希特勒显然是在暗示，英德的共同敌人是苏联。德军总参谋部的一些日记表明希特勒的确希望如此。

美国经济：1929—1937 年

1929 年，道琼斯工业平均指数为 380 点，而三年后，当股市泡沫破灭时，道琼斯工业平均指数只剩下 50 点，跌幅高达 86.8%。对于富兰克林·罗斯福当选总统，股市最初的反应是担心他过于自由。许多投资者认为，罗斯福背叛了他所在的阶层，难堪重任，但这位新总统却发表了鼓舞人心的就职演讲，并提出："我们唯一应该恐惧的，就是恐惧本身。"随后，罗斯福采取强有力的措施解决银行业危机，导致全国银行歇业。1933 年 3 月 13 日，银行重新开张，3 月 15 日，纽约证券交易所（3 月 3 日关闭）重新开市，道琼斯工业平均指数放量飙升 15％，创下历史上最高的单日涨幅。投资者不知何故觉察到，这位不受欢迎、被人鄙视的新总统，凭借大胆的举措和"新政"，掌握了经济复苏的试金石。1932 年的低点是长期熊市的低点，即使是 1942 年股市大跌也没有那么低。

随着美国经济逐步复苏——尽管起初平淡无奇，但的确在复苏，1935 年，纽约股市强劲增长。在 1936 年总统大选前，股市反复盘整。随着经济增长的加速，以及通货紧缩的消退，股市再次反弹。到了 1937 年 1 月，纽约证券交易所上市公司的总市值从底部的 197 亿美元上涨至 625 亿美元。回想起来，1932 年美国上市公司的总市值，相当于今天一家中型公司的市值。

如表 3.1 所示，道琼斯工业平均指数反弹后的高点，大约只有 1929 年高点的一半。美国经济仍在苦苦挣扎。98％美国家庭的年收入低于 5 000 美元，拥有住房的人寥寥无几。大多数人都没有缴纳所得税。1937 年，根据美国国税局的记录，高收入者有：米高梅的路易斯·B. 梅耶，年收入为 1 161 735 美元；IBM 的托马斯·J. 沃森，年收入为 419 398 美元；乔治·华盛顿·希尔，年收入为 380 976 美元。

1937 年，经济再次衰退，罗斯福试图增加最高法院大法官的总人数，削弱保守派的势力，为推行新政扫清障碍，投资者对此深感不安，股市失去上涨动力，股价大幅下跌。此外，凯恩斯主义者认为，由于经济仍然处于萧条之中，因此政府的平衡预算计划是不明智之举。如图 3.1 所示，当年，股市以蓝筹股大跌收盘。另外请注意，当年年末的股息率是非常大的数字。克莱斯勒的股息率超过 20％，通用汽车和伯利恒钢铁的股息率约为 10％。当然，蓝筹股大跌的原因是投资者怀疑股息将大幅降低。的确如此！第二年，克莱斯勒的每股股息为 2 美元，通用电气的每股股息为 0.96 美元，通用汽车的每股股息为 1.50 美元。

表 3.1　1937 年蓝筹股的跌幅

股票（股息）	价格（美元）			年度涨幅（%）
	最高价	最低价	年末收盘价	
美国电话电报（9 美元）	187	140	144	—40
伯利恒钢铁（5 美元）	106	41	58	—17
克莱斯勒（10 美元）	135	46	47	—68
通用电气（2.20 美元）	65	34	41	—14
通用汽车（3.75 美元）	70	28	30	—34
美国钢铁（1 美元）	126	49	54	—20

资料来源：*New York Times*；Robert Sobel，*The Big Board：A History of the New York Stock Market.*

图 3.1　1929—1940 年的道琼斯工业平均指数

资料来源：Dow Jones & Co.；Global Insight.

美国经济：1934—1939 年

对于那些经历了 1929 年股市大崩盘的投资者来说，20 世纪 30 年代后半期仍然形势严峻。人们对股票和债券的研究相当肤浅。人们不关注季度收益，而是关注良好、稳健的资产负债表。在 20 世纪 20 年代操纵股票的资金池此时已消失。投资业惨不忍睹，无法吸引雄心勃勃的年轻人。华尔街、经纪人、投资银行和基金经理名声扫地。

然而，两种截然不同的投资信条从经济废墟中升起。一方面，1934 年，格雷厄姆和戴维·多德注重账面价值、当前收益率，并且强调在买入债券和股票时总是留有足够的安全边际；另一方面，1937 年，T. 罗·普莱斯在《巴伦周刊》上发表了有关公司生命周期的文章。普莱斯建议，投资决策的关键不是当前估值和收益率，而是买入那些收益和股息持续增长的股票，并不惜一切代价避开"那些似乎其收益到了顶峰的没落企业"。这两种投资信条终将迎来高光时刻，但未来的岁月仍然艰难。

在 20 世纪 30 年代末和 40 年代初，纽约证券交易所仍然萎靡不振。所谓的"金融街区"是一片荒凉的景象，那里全是半空的建筑、歇业的餐馆。投资活动萎靡，日子沉闷乏味。随着丑闻对市场情绪的打击，日均成交量不到 100 万股，低于 1936 年和 1937 年的 150 万股。1940 年 8 月 19 日，股市成交量跌入谷底，只有 129 650 股。股票经纪和投资银行业务在缓慢消亡。战争的威胁让人们担忧更加不确定的未来、高税收、政府监管和无盈利前景。

那些曾经富有的、被认为是贵族的人正在拖欠贷款和挪用公款，比如理查德·惠特尼。一向威严的 J. P. 摩根遭到负责调查华尔街的参议院委员会的盘查，以及在一间听证室里被一个小个子男人羞辱。如果你打算了解当时纽约和长岛的社会压力，可阅读路易斯·奥金克洛斯精彩的小说《贪污者》。该小说生动地记述了理查德·惠特尼的兴衰历程。罗斯福的平等主义新政，以及自由主义者的改革呼声，未能从本质上改变美国头重脚轻的财富结构。1939 年，61 000 名股东拿走了上市公司全部股息的 50%。纽约证券交易所仍然是贵族式的"老男孩"俱乐部，摩根士丹利的承销量占总承销量的 23%。

1939 年 9 月 1 日，希特勒命令德军入侵波兰，英国首相张伯伦声音颤抖，宣布英国与德国正式开战。第二天，纽约证券交易所经历了三天的恐慌性买盘，道琼斯工业平均指数上涨 20 点，涨幅为 7%。股市成交量创下两年以来的最高，因为投资者预计军备订单将创造经济繁荣。到 1939 年末，尽管军备订单重振了经济和增加了就业，股市却越来越担心战争局势。随着投资者对欧洲局势日益担忧，股市上涨随之终结。从 1940 年起，战争消息主导了股市走势。起初，投资者相信盟国能够遏制希特勒，并取得欧洲战场的胜利。后来，投资者担心长期战争会影响贸易，导致经济再度萧条。

在接下来的几个月里，股市停滞不前。尽管船舶、装备和军备订单正在提振经济，但德国占领波兰，吞并东欧，股市情绪因此焦躁不安。希特勒——原来只是一个荒诞不经的下士、奥地利农民——仅仅用了四年半，就将没有军队、混乱不堪、濒临破产的德国，从欧洲最弱的大国变成了最强大的国家，并且几乎没有人因此丧生。希特勒的生存空间设想令人不寒而栗，犹太难民讲述着大屠杀和集中营里的可怕故事。意大利和日本的侵略活动也是不祥之兆。世界似乎充满了仇恨和愤怒，变得危险和不确定。1939 年，纽约股市无精打采，没有长盛不衰的题材，日均成交量自 1923 年以来首次跌破 100 万股。（见表 3.2，并将相关股价与表 3.1 中两年前的股价进行比较。）

表 3.2　1939 年精选股票的股价变化

股票（股息）	价格（美元）			年度涨幅（%）
	最高价	最低价	年末收盘价	
美国电话电报（9 美元）	171	148	171	21
伯利恒钢铁（1.50 美元）	100	50	81	2
克莱斯勒（5 美元）	95	54	90	7
通用电气（1.40 美元）	45	31	41	－3
通用汽车（3.50 美元）	57	36	55	5
美国钢铁（1 美元）	83	42	66	－3

资料来源：*New York Times*，January 4，1940.

1940 年：全球股市创下新低

在 1939 年末至 1940 年初的冬天，欧洲军队似乎陷入了所谓的"假战"和"静坐战争"，然而实际上，德军正在暗中备战。当德军制订作战计划，并进行军事训练时，法国和比利时军人在家享受圣诞假期。如图 3.2 所示，在这几个月里，伦敦和纽约股市成交量上涨，但股价却横盘整理。1940 年 5 月 9 日，希特勒发动了所谓的"低地闪电战"，5 月 10 日，英镑创下新低。一天后，丘吉尔接替张伯伦出任首相，他没有举行庆祝活动。作为一名军事战略家，丘吉尔曾在第一次世界大战中惨败，因此被许多人视为失败者。在随后的日子里，法国和比利时军队崩溃，荷兰军队抵抗四天后投降，英国远征军看起来是被德国装甲部队切断并包围。到了 5 月 27 日，道琼斯工业平均指数从 150 点跌至 114 点，到了 6 月初，又跌至 112 点，跌幅达到惊人的 25%（见图 3.2）。

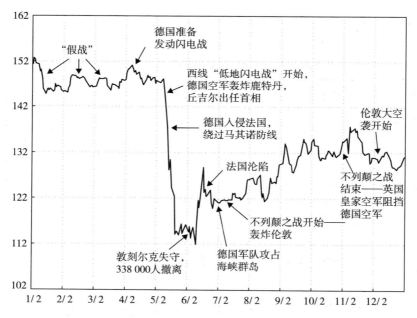

图 3.2 1940 年的道琼斯工业平均指数

资料来源：Dow Jones & Co.；Global Insight.

然而，让人感觉莫名其妙的是，到了 5 月，面对来自法国战场的可怕消息，美国股市却触底。在英国远征军从敦刻尔克成功撤离后，道琼斯工业平均指数大幅反弹约 40%。然而，对于英国的悲惨处境，纽约、华盛顿和芝加哥的报纸发表了大量悲观的评论。德国随时可能跨过海峡入侵英国。专家指出，到目前为止，德军势不可挡。《纽约时报》当时著名的军事评论员汉森·鲍德温提出，德国空军一直证明他们优于英国皇家空军，德国战机和飞行员水平更佳。他指出，英国皇家空军缩短了在飞行学校的培训时长，并且有经验的飞行员比德国空军少得多。他还反复指出（正如《泰晤士报》的社论），美国陆军和海军的训练严重不足，大多数飞机、坦克和舰船都已过时。

在巴黎沦陷和法国投降后，美国股市走势疲软。在德国占领海峡群岛后，股市更加害怕德国入侵英国。与此同时，哥伦比亚广播公司和《环球新闻》的威廉·夏勒警告人们警惕纳粹的军事实力。他写道："希特勒可能是继亚历山大、恺撒和拿破仑之后的下一位冒险征服者。"评论员爱德华·R. 莫罗仍然满怀信心。每天晚上，当大本钟敲响时，莫罗就吟唱"这里是伦敦"，开始他精彩的播报。

那年夏天，面对所有这些坏消息和绝望情绪，纽约股价表现出一定程度的弹性。世界甚至在不列颠之战开始前似乎就觉察到，英国皇家空军可以阻挡德国空军获得制空权，迫使德国无法跨海入侵。随着德国跨海入侵的可能性减小，纽约和伦敦股市开始上涨。丘吉尔极力赞扬英国飞行员："在人类战争史上，从来没有一次像这样，以如此少的兵力，取得如此大的成功，保护如此多的民众。"

1940 年末，战争消息不断恶化，英国的处境更加危险，纽约股市再次下跌。德军发动的无休止的夜间空袭，令人彻夜无眠。大量基础设施遭到破坏，像伦敦这样的大都市能撑住吗？虽然有迹象表明美国经济在增长，以及制造业就业人数在大幅增加，但股市仍在下跌。新增就业岗位同比增长 10%，就业人数增长 16%。当时和现在一样，战争引起大宗商品价格上涨，仅仅是在 9 月，原材料价格就大涨 25%。1940 年，美国国民生产总值和公司利润分别略低于 1929 年的 1 044 亿美元和 96 亿美元，但股市总值却仅有 1929 年的三分之一，日均成交量进一步下滑，仅为 751 000 股。1940 年，道琼斯工业平均指数下跌 12%。

英国股市的情况相似。1940 年上半年，德军横扫欧洲大陆，通过海空两个渠道入侵英国似乎迫在眉睫，股价暴跌至 1932 年熊市的低点。相较于 1929 年的高点，伦敦股市仅仅下跌 43%，下跌幅度比纽约股市小得多。事实上，1936 年底，伦敦股市创下新高。1940 年，英国岌岌可危，英国远征军甚至无法从敦刻尔克撤离。1940 年春末，伦敦股市跌入谷底，较 1936 年的高点下跌 56%。请见图 3.2 所示的历史最低点，没有出现双底形态。这是最后的恐慌和千载难逢的买入机会。

另外，在 20 世纪 40 年代初，英国投资者蒙受了额外损失，尽管这是爱国主义的表现。由于英国从美国政府和公司买入大量战争物资，因此英格兰银行急需美元。在美国通过租借法案以前，交战国必须以付现自运的方式从美国购买武器。为此，英国财政大臣下令，持有美国证券的英国公民必须告知英格兰银行。随后，英格兰银行将这些证券打包，交给摩根士丹利秘密出售，筹到的资金用来购买军火。卖家则收到英格兰银行提供的信用额度，以英镑计价。

这种运作必须非常巧妙，否则一旦消息泄露，可能引起纽约证券交易所股价大跌。当然，英国政府的这种做法绝对是有必要的，但侵犯了英国投资者的投资权利。当时，对这种做法的抱怨被视为不爱国的表现，但仍有些人故意隐瞒自己持有美国证券。

这确实表明了，即使是在资本主义民主国家，当国家发生重大危机以及处于紧急关头时，资本的自由也可能受到威胁。1940年，虎视眈眈、凶狠残暴的德国军队就在20英里以外的海峡对岸，任何一名手头宽裕的英国人肯定都想在美国持有一些资产。

令人印象深刻的是，当英国军队从法国狼狈撤退时，伦敦股市随即触底。如此看来，敦刻尔克大撤退似乎是英国历史上的史诗级灾难（见图3.3）。丘吉尔警告道，绝不能误认为敦刻尔克大撤退是一场胜利。然而，不知何故，投资者觉察到了这个分水岭事件，英国军队的核心力量得以保全，并守卫英国本岛。此外，

图 3.3　1928—1940 年英国股票价格

资料来源：Citigroup；*Financial Times*；Global Financial Data，Inc.

虽然英国在几个月后才打赢不列颠之战，并且德军随时可能发动跨海入侵，但伦敦股市却开始转好。

1941 年：美英股市对结盟的反应

英国股市从 1940 年中期的长期低点开始走高。尽管在 1941 年初战争坏消息越来越多，英国股市停滞不前，但却再也没有回到 1932 年和 1940 年的低点（见图 3.4）。在整个 1941 年，伦敦股市好像觉察到了不断深化的英美同盟关系，并对此做出回应。伦敦股市甚至比丘吉尔对美国参战更有信心。当然，英军在战场

图 3.4　1935—1945 年英国股票价格

资料来源：Citigroup.

上接连失利，没有值得庆祝的好消息，稍后有更多的叙述。相比之下，一年后，当美国版的"不列颠之战"——中途岛海战发生时，美国股市才触底。

如图3.4所示，股价再次证明，大熊市才是熊市的底部。从那以后，新消息实际上不必是好消息，只要比先前的坏消息更好就可以了。（第四章讲述了1940年的故事，以及当时伦敦股市的跌宕起伏。）

与此同时，命运攸关的1941年开始了。罗斯福与"美国优先"集团的政治斗争，以及美国的孤立主义倾向，令丘吉尔颇为担忧。他迫切希望美国与英国并肩作战，但又担心日本人过于聪明理智，以避免激怒美国。尽管丘吉尔从未承认过，但他肯定怀疑过大英帝国能否岿然独存。德国U形潜艇严重威胁了英国的海上生命线。即便德军无法成功入侵英国，英国也很有可能因为饥饿和轰炸而屈服。丘吉尔在《大同盟》一书中记录了他当时的想法：

> 一旦日本与英美开战，它将会自取灭亡。日本似乎不可能宣战。我确信，如果日本这样做，那将毁掉一代人。事实也的确如此。然而，政府和人民并不总是理性的，有时会做出疯狂的决定。我毫不犹豫地重申，我不相信日本会发疯。

丘吉尔在《大同盟》中也写道，1941年12月7日晚，得知珍珠港被偷袭后他才睡了一个好觉。他知道英国仍将不得不忍受许多意想不到的失利和重大损失，其中一些即将发生，但随着美国的参战，他不再怀疑英国能否幸存。

现在回想起来，在这个致命危险的黑暗时刻，同盟国的处境相当严峻：

• 德国占领几乎整个欧洲。

• 意大利、匈牙利和罗马尼亚加入轴心国。

• 芬兰在冬季战争中重创苏联。

• 到1941年春，德军转战希腊，拯救墨索里尼领导下的不争气的意大利军团。尽管希腊顽强抵抗，但最终仍落入意大利手中。

• 因此，德国入侵苏联的巴巴罗萨行动被迫推迟三个星期，但这三个星期却至关重要，正如我们即将看到的，这次行动的推迟可能完全改变了战争结局。（第六章细述了巴巴罗萨入侵行动。）

• 在其他战场上，隆美尔的部队发起猛攻，把英军赶回距离埃及亚历山大港75英里以内的地区。美国陆军情报部门告诉罗斯福，称隆美尔将在三个星期后抵达苏伊士运河。

尽管英国皇家空军在不列颠之战中成功阻止德军取得制空权，因此德军无法通过海陆两个渠道实施入侵，但英国却仍然处在危险之中。英军惨遭重创，精疲力竭。德国战机从黄昏时分开始轰炸伦敦和其他城市，直到黎明时分，建筑物化为废墟，数百人伤亡。随着德国U形潜艇对大西洋海运的封锁，英国国内食物和其他必需品极度短缺。一周之内，同盟国在大西洋损失了40艘商船。与此同时，英国皇家海军在地中海和太平洋战场惨遭重创。

到了 1941 年 12 月，德军装甲部队和先头部队深入苏联境内 500 英里，而此时来临的寒冬似乎挽救了莫斯科。事实上，1941 年 12 月初，德军巡逻队就在远处看到了莫斯科和列宁格勒教堂的尖塔。正如第四章所述，德军没有携带冬装，坦克和大炮也没有做防寒处理，因此苏军的反击削弱了德军的攻势，并迫使德军撤退。然而，在这场也许是世界历史上规模最大的战役中，苏军在六个月内阵亡 100 万人，被俘 100 万人。

事实上，从 1935 年到 1943 年，希特勒的军事和政治洞察力几乎总是准确无误。他算准对手的弱点，以及不愿参战的心理。他的战术决策和大胆冒险接连成功。由于希特勒在德国所取得的成功，以及对苏联的进攻，当伦敦和纽约的诸多社会名流喝醉时，他们流露出对希特勒不为人知的钦佩之情，其中许多人见过希特勒，并对他着迷。他们似乎故意对希特勒发起的大屠杀行动视而不见。

其他明智的人对希特勒的谋杀、焚书行动、种族仇恨以及操纵德国人民心理的能力深感恐惧。W. H. 奥登在诗中表达了这一点，其中林茨是希特勒的出生地，施以邪恶指的是第一次世界大战结束时德国被迫接受的战争赔款条款，以及随之而来的毁灭性的恶性通货膨胀，这些都帮助希特勒上台。

> 谨严的学者能够挖出
> 这整个冒犯的根源，
> 从路德直到现在，
> 怎样造成了整个文化的疯狂，

了解在林茨发生了什么，

什么巨大的成虫

变成了一个精神上错乱的上帝。

我同公众都了解

所有孩子学到的道理：

凡受恶行之害的

回头也用恶行害人。

股市触底

华尔街却无心欣赏诗歌。图3.5显示了1941年道琼斯工业平均指数的走势。珍珠港被偷袭引起抛售行为，但没有出现单日恐慌。股市从12月5日到12月9日下跌了5.7%，但从当年夏末股市就一直大幅下跌。报纸将股市下跌归咎于日本偷袭珍珠港，到了年底，股市大幅反弹。投资者认识到，美国表面上对外宣称"中立"，实际上已经参战两年，但常规认识却是战争对股市不利。如表3.3所示，整个1941年，个股遭到沉重打击，而且正如我们即将看到的，1942年初，日本的持续胜利打压了市场情绪。

1941年，同盟国（及其股市）惨淡收场，但至少双方局势已经明朗。现在回顾当时英美媒体的评论，发现令人震惊的是当时两国精英对同盟国能够战胜轴心国相当沮丧。但这并不意味着他们已经放弃，而是他们对能否获胜以及多久才能获胜持怀疑态度。

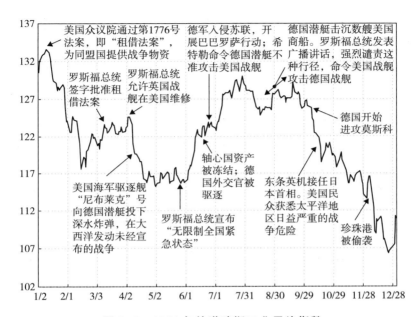

图 3.5 1941 年的道琼斯工业平均指数

资料来源：Dow Jones & Co. ；Global Insight.

表 3.3 1941 年的精选股票

股票（股息）	价格（美元）			年度涨幅（％）
	最高价	最低价	年末收盘价	
美国电话电报（9 美元）	169	115	129	－39
波音（一）	25	12	20	2
伯利恒钢铁（6 美元）	90	51	65	－21
杜邦（7 美元）	164	126	143	－21
通用电气（1.40 美元）	35	25	26	－7
通用汽车（3.75 美元）	49	23	31	－17
美国钢铁（4 美元）	71	47	53	－16

资料来源：*New York Times*，Jan. 2，1942.

　　然而，这一年发生了两场重大战役：一场是在太平洋中途岛附近，另一场是在斯大林格勒及其周边。尽管有关纽约证券交易所的权威历史著作《大交易场》一书的作者罗伯特·索贝尔以及当时的金融评论家都没有提到其中任何一场战役是影响市场的重要因素，但这两场伟大的胜利却阻挡了轴心国的攻势，并扭转了战局。大批德军在斯大林格勒投降后，纳粹开始从欧洲战场撤退。中途岛海战是日本攻势达到顶峰的标志。如图 3.6 所示，美国股市本能地理解了中途岛海战的重要性，远早于专家意见或常规认识。

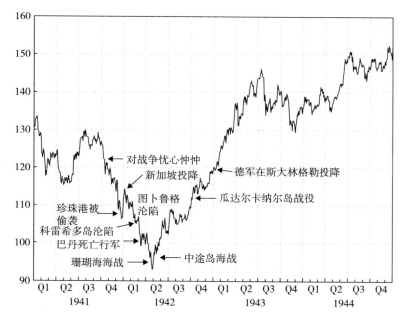

图 3.6　1941—1944 年的道琼斯工业平均指数

资料来源：Dow Jones & Co.；Global Insight.

　　事实上，出现在 1942 年第二季度的美国股市底部的是 1929 年以来长期大熊市的终点。那年春天，新的长期牛市诞生了，持续近 20 年。美国股市在战后繁荣中爆发，创下无法想象的新高。当然，在这期间还有间歇性的周期性熊市，但庞大、愚蠢、笨拙的股市却不知何故觉察到了长期熊市已结束，新时代已来临。

第四章

1940 年，英国的至暗时刻

丘吉尔高度概括道："1940 年是英国漫长历史上最壮烈、最致命的一年。"[4] 这是英国的至暗时刻。尽管英军的多数惨败发生在 1942 年上半年，但 1940 年英国孤立无援，面临轴心国的入侵和猛攻。虽然英国生死未卜，但英国人民却团结一心、坚定不移，这种情形也许前所未有。"假如大英帝国再延续 1 000 年，人们仍然会说这是他们最辉煌的时刻。英联邦和大英帝国的堡垒牢不可破。"[5]

更确切地说，卢卡奇在《决斗》一书中生动地指出，纳粹德国与英国战争的转折点发生在 1940 年 5 月 10 日至 7 月 31 日的约 80 天里，尽管他只不过是事后诸葛亮。这是英德之间胜败攸关的时刻。希特勒知道，德军必须在英吉利海峡和英国南部沿海获得制空权才能入侵英国。从很多方面来说这场角逐演变为两个非凡人物——丘吉尔和希特勒之间的较量。最终，希特勒动摇了。令人惊讶的是，1930 年至 1945 年的英国金融时报指数长期走势（见图 4.1）表明，伦敦股市觉察到了纳粹德国与英国战争的转折点。1940 年春末，德军发动闪电战，击溃了法国和低地国家的盟军，伦敦股市急剧下挫。荷兰、比利时和丹麦在数日内投降。德军装甲先头部队和"斯图卡"俯冲轰炸机，击溃了士气低落的法国军队。英国远征军是英国陆军最精锐的部队，在此次溃败中遭受重创，一度处于被包围和歼灭的边缘。敦刻尔克撤退的伟大奇迹使英国远征军免于灭绝。

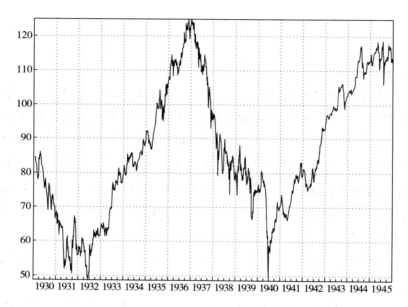

图 4.1　1930—1945 年的金融时报指数

资料来源：*Financial Times*；Global Financial Data，Inc.

6 月，从法国撤回的英国远征军重新集结，严阵以待，抵御德军入侵大不列颠岛，伦敦股市跌至 1932 年大萧条时期的最低点，呈现出巨大而完美的双底形态。1940 年夏，不列颠之战爆发，德国海军集结入侵舰队，伦敦股市趋于平稳。到了 8 月和 9 月，尽管英国皇家空军陷入困境，但股价却有所反弹。或许英国投资者受到丘吉尔演讲的鼓舞，或许这只不过是本能的反应，认为英国不会走下坡路，不会被征服，但股价呈锯齿状上涨。

在那年的夏天和秋天，社会主流人士根本不看好英国。许多自诩睿智老练的英美评论员都对英国的前景深感绝望，然而，股市却看好英国。如前所述，1940 年夏，欧洲被占领国家的许多人相信，德国是世界上军力最强大的国家，希特勒将永远统治欧洲。

现在回顾 1929 年至 1945 年的伦敦股市长期走势，如图 4.1 所示。股价在 1941 年秋和珍珠港事件后再次上涨，但在 1942 年初却因盟军失利而下跌。毫无疑问，1942 年也是非常悲惨的一年，但美国已参战，并全力以赴，英国的生存毋庸置疑。当时面临的问题更多的是最终取胜还要多久，以及所要付出的代价有多大，因此股市理应为此担忧。击败轴心国的战斗将会延长，战争把大英帝国撕开了一道巨大的裂缝。此外，打赢这场战争的代价如此之高，以至战争结束时英国一贫如洗，几乎破产。

丘吉尔在至暗时刻出任首相

在 1939 年末沉闷的冬天，以及 1940 年春末胶着的"假战"后，德军势如破竹，席卷所谓的低地国家以及法国，震惊整个世界。5 月 10 日，丘吉尔出任首相，就在当天，英镑汇率跌至最低点。自 20 世纪 30 年代初以来，这个好斗、浪漫但又富有远见的人，就警告过人们纳粹德国的危险性。多年来，丘吉尔就像英国的良知一样，一直待在下议院，然而，议长席上方的大钟滴答响着，浪费了宝贵的时间。奥登描绘了丘吉尔忧郁的心情。

在黑暗的噩梦中，

> 欧洲所有的狗都在吠叫，
>
> 活着的民族等待着，
>
> 每个人都沉浸在仇恨之中。

丘吉尔警告人们复仇心切的德国即将发难，以及英国需要重新武装，然而，他的警告却没有得到重视。潮湿血腥的一战佛兰德战壕，耗尽了人们对荣誉的热爱以及爱国主义的骄傲。有时候，当丘吉尔发表令人沮丧的言论时，他会遭到人群的质问。在20世纪30年代，剑桥大学和牛津大学举行了一场辩论，题目是"下定决心：我们不再为国王和国家而战"。维多利亚时代大英帝国的赞歌一直深受丘吉尔的喜爱，但是现在已不再激动人心。[6]

> 女王的士兵，我的孩子们，
>
> 谁曾是小伙子，谁见过小伙子，
>
> 为英国的荣耀而战，小伙子们，
>
> 让我们歌唱她全世界的荣耀！

丘吉尔的财务窘境

与此同时，丘吉尔以口才好而著称，但他尖酸刻薄的言语得罪了许多人。在一次晚宴上，他与非常漂亮且思想自由的阿斯特夫人争论政治话题，后者恼怒地说道："丘吉尔，如果我是你的妻子，我会在你的咖啡里放砒霜。"[7] 丘吉尔则答道："阿斯特夫人，如果我是你的丈夫，我会喝了它。"丘吉尔的机智可能有点尖酸刻薄。丘吉尔非常厌恶工党议员贝西·布拉多克夫人。她体态肥胖，曾质问丘吉尔。在另一次晚宴上，布拉多克夫人大声冲着丘吉尔嚷道，"丘吉尔，你又喝醉了，烂醉如泥。"[8] 丘吉尔打量了她一番，回答说："布拉多克夫人，尽管我今晚喝醉了，但明天就清醒了，但你依然无法变成窈窕淑女。"

工党领袖安奈林·贝文是一位坚定的社会主义者。有一次，在下议院的专用厕所里，贝文站在小便池旁，此时丘吉尔走了进来，并走到最远的小便池边。贝文问丘吉尔："咱们今天是不是有点疏远？"[9] 丘吉尔回答道："没有，只不过当你们看到任何强大的东西时，你们都想收归国有。"

然而，贝文对丘吉尔的幽默不感兴趣。克莱门特·阿特利也来自工党，是丘吉尔的竞争对手（丘吉尔曾称他为"披着羊皮的羊"和"谦虚的人"）。阿特利对丘吉尔评价道："他是一位少年，外向，善于思考。他的价值观是十七八岁男孩的，但他老练的言谈让这些价值观听起来像是成熟的判断。"[10] 他还称"丘吉尔一半是天才，而另一半是蠢材"[11]。

在两次世界大战之间，丘吉尔为了维持生计，不得不在美国和加拿大进行巡回演讲。他讨厌没完没了的招待会，有时还得喝很多鸡尾酒。在加拿大的一次漫长活动中，丘吉尔在人群中与一位固执啰唆的卫理公会主教闲聊。这时，一位年轻貌美的女服务员走到他们跟前，端着托盘，里面全是雪莉酒。丘吉尔拿了一杯酒，然后，这位女服务员把另一杯酒递给了主教。他大吃一惊，气呼呼地说道："小姐，我宁可通奸，也不喝这醉人的酒。"接着，丘吉尔向这位女服务员招手："回来吧，小姑娘，我不知道我还有其他选择。"当然，他是在开玩笑，但这个故事广为流传。

除了口才好，丘吉尔遇到了严重的经济压力。威廉·曼彻斯特在为丘吉尔写的传记《最后的雄狮》中有详细的记述。丘吉尔花钱总是大手大脚，一掷千金。到了 1938 年，他的稿费和著作版税远远赶不上他的日常开销。尽管丘吉尔曾担任财政大臣，但他在股市中还很稚嫩。1937 年底，丘吉尔被上涨的股市所吸引，于是将自己的积蓄作为保证金投入美国股市。他在美国进行巡回演讲期间给妻子留下了这张过于天真的便条：

> 最近，我交上了好财运。在我启程前，哈里·高恩爵士非常认真地问我，如果有机会，他是否可以在未与我商量的情况下以我的名义购买股票。我回答道，我可以拿出 2 000 英镑或 3 000 英镑。我的意思是，这是我购买股票的投资上限。显然，他以为这是我的保证金上限。因此，他运作的资金规模是我投资上限的 10 倍左右，所以我们在几周内小赚了一笔。这笔收益让我松了一口气。[12]

到了 1938 年 3 月，纽约股市暴跌，丘吉尔不仅身无分文，而且经纪人维克斯·达·科斯塔通知他，他已欠下 18 000 英镑，这在当时是一笔巨款。令人沮丧的是，他考虑从议会辞职，而不是出售他家人喜爱的查特韦尔庄园。这座乡间别墅占地 80 英亩，有望变现为 25 000 英镑。伦敦臭名昭著的"黄色媒体"欢呼雀跃，指出丘吉尔经常批评政府无法平衡预算，而他也无法平衡自己的预算，濒临破产。

最终，丘吉尔永存的天分被 W. H. 奥登描述为"贵妇的教堂"，他的身体因生活方式而衰颓。他抵押了财产，向富裕的朋友借钱，查特韦尔庄园得救了。凭借新书《英语民族史》的版税，丘吉尔最终还清了债务，但这实属侥幸。丘吉尔从这本书中赚了 2 万英镑（约合今天的 200 万美元）。十年后，丘吉尔凭借他六卷本的二战史赚到了大约相当于今天 4 000 万美元的版税，成为历史上单部作品收入最高的作家。他至今仍然保持着这个纪录！克林顿总统凭自己的回忆录赚到了 1 200 万美元；艾伦·格林斯潘收到了 850 万美元的预付款。

丘吉尔的个性：刻薄、多彩、大度

　　丘吉尔当选首相并不特别受人欢迎。丘吉尔机智过人，笔触辛辣，得罪了许多有权势的议员。有时，他似乎陶醉于尖酸刻薄的言辞，而对对方长久的敌意视而不见。斯坦利·鲍德温曾出任英国首相，来自丘吉尔所在的保守党。丘吉尔曾这样评价鲍德温："他偶尔会被真相绊倒，但很快就会振作起来，好像什么事都没发生过一样。"[13] 还有一次，在议会开会期间，一名议员长篇大论，演讲冗长乏味，丘吉尔则瘫倒在座位上，闭着眼睛。这位议员以为丘吉尔睡着了，就问道："这位可敬的绅士在我说话的时候，一定睡着了吧？"[14] 丘吉尔睁开眼睛，回答道："我没睡着，实在是身不由己。"

　　很多人认为，在这个关键时刻，更适合出任首相的另有其人，尤其是深受国王青睐的哈利法克斯勋爵。有人找过哈利法克斯，但是他未能胜出，因为人们不相信上议院议员能够成为一名卓有成效的首相。彼得·德鲁克写道，1940 年，丘吉尔"可能本来是一位年近古稀、无能为力的老人，一名演讲慷慨激昂但却让听众感到厌烦（或许正是因为慷慨激昂才让人感到厌烦）的卡珊德拉；一个失败了两次的人，无论作为反对派表现多么出色，都证明自己无法胜任首相一职。"威廉·曼彻斯特提到，丘吉尔所在的保守党的一些成员认为，被免职的首相张伯伦在辩论中受到了粗暴的对待，当时嘲笑和侮辱像子弹一样飞过整个会议厅。结束后，当张伯伦走出会场时，他身心俱疲。

英国公众和媒体再次提及在第一次世界大战中丘吉尔作为第一海军大臣的错误决策，尤其是在达达尼尔海峡的惨败。苏格兰和英格兰的许多家庭仍然对自己孩子的无谓牺牲深感痛苦。英国外交部的 R. A. 巴特勒声称丘吉尔是"一个美国混血儿，他的主要支持者是低效的多嘴之人"[15]。在政府高官参加的精心准备的晚宴上，有时人们会说丘吉尔是一个白兰地喝多了的能言善辩的失败者。事实上，1940 年 3 月，罗斯福总统的亲信萨姆纳·威尔斯向罗斯福总统报告时，称丘吉尔"精神不稳，饮酒过量"[16]。

丘吉尔的确爱喝酒。他在中午前就开始小酌，一直喝到深夜——早上喝雪莉酒，午餐喝威士忌，晚上喝尊尼获加红牌威士忌，深夜喝香槟和白兰地。酒精似乎没有让他变得迟钝或疲倦，而且他从来没有喝醉过。事实上，丘吉尔鄙视那些喝醉的人。他每次喝酒时还要抽哈瓦那雪茄——每天大约 10 支，尽管大多数只抽一点。有时候，他只是咀嚼雪茄。后来，长期担任他私人医生的莫兰勋爵说道："温斯顿·丘吉尔今天过 80 岁生日，对于有如此生活习惯的人来说，这是一项了不起的成就。漠视常识是他尘世朝圣的标志。"[17]

丘吉尔不是那种寻常的英国贵族：一方面，他对反犹太主义笑话毫无兴趣；另一方面，他的妻子克莱门汀直言不讳，有时甚至激进。丘吉尔从来都不是真正的保守党人，其他贵族人士偶尔对他和他的自由主义思想感到不安。

　　尽管丘吉尔和克莱门汀声称他们彼此相爱，但他们极少同吃同住或者一起度假。克莱门汀喜欢旅游观光，逛逛画廊，而丘吉尔则相当厌恶这些活动。随着年龄的增长，她开始喜欢长途旅行。在20世纪30年代后期，她在一次长达5个月的南海航行中遇到了志趣相投的特伦斯·菲利普。菲利普年轻得多，长相英俊，是一位富有的艺术品商人，两人深深地坠入爱河。他们回到伦敦后显然还保持着关系。克莱门汀建议丘吉尔也去旅行，但他断然拒绝。克莱门汀和菲利普之间的事似乎已经淡化。丘吉尔传记的伟大作家马丁·吉尔伯声称丘吉尔"并非好色之徒"。

　　人们普遍认为，希特勒也并非好色之徒。卢卡奇引用轶事作为证据，表明许多仰慕希特勒的漂亮女人希望亲近他，但却无功而返。[18]令人着迷的是，作为20世纪最为活跃的领导人，他们两位都不是"好色之徒"。

　　克莱门汀对丘吉尔一往情深，除了与菲利普的那次外遇。克莱门汀深信，丘吉尔注定成大气候。正如稍后所述的，她在战争年代极力保护丘吉尔，并尽最大努力让他免于遭受任性且令人尴尬的子女所带来的痛苦。丘吉尔和克莱门汀称呼对方的昵称，他的昵称是"哈巴狗"，她的则是"猫"。然而，丘吉尔是个"夜猫子"，自我放纵，很难相处。克莱门汀向莫兰勋爵描绘了她丈夫富有洞察力但却不讨人喜欢的模样：

　　　　丘吉尔做事总是心无旁骛。他总是紧盯着他决心要达到的目标。他对其他事情视而不见。他对普通人的生活一无所知。他从没坐过公共汽车，只坐过一次地铁。丘吉尔很自私，但并非有意为之。他生来如此。我认为，他像拿破仑一样，是个利己主义者。他一直都有能力过上自己完全想要的生活。[19]

丘吉尔在自己的回忆录中描述了他在战时的作息表。他一般早上八点左右醒来。在接下来的几个小时里，他躺在床上和浴缸里，阅读文件和发布命令。丘吉尔和罗斯福都非常自信，不介意躺在床上或者刚洗完澡就接见下属。如果可以的话，丘吉尔喜欢午后小憩，最好穿着睡衣，然后大部分时候工作到午夜，通常是凌晨两三点。丘吉尔像希特勒一样，经常在深夜召见他的高级顾问们，这严重影响了他们的新陈代谢、睡眠和家庭生活。

到了战争后期，当需要动员"民众"（他自豪地称之为英国人民）时，丘吉尔就会乘坐专列环游英国本岛。他的专列里有办公室、餐厅、卧室以及一个大浴缸。对于喜欢泡澡的丘吉尔来说，后者相当重要。

丘吉尔喜欢穿戴奇异的服装、制服和帽子。克莱门汀开玩笑说，丘吉尔的帽子比她的还多。丘吉尔的身体里藏着一个调皮鬼。艾伦·布鲁克爵士将军在他的回忆录中描述道：一天早上，他去拜访丘吉尔，首相身着东方风格的睡袍，躺在床上，头靠在枕边，嘴里叼着雪茄，身旁是早餐盘，床上散落着文件和调令。布鲁克说道："这件红金龙袍本身就值得走几英里去看，只有丘吉尔想到要穿它。他的秘书、打字员、速记员或忠实仆人索耶斯的召唤铃声，一直响个不停。"

作为首相，丘吉尔向来事无巨细，事必躬亲。他几乎每天写10～20份"私人备忘录"，下发给不同的部长、将军和政府官员，要求他们采取行动或反馈信息。这些备忘录的开头一般是"请告诉我为什么"或"请今天回复"（这些备忘录后来被称为"丘吉尔的请求"）。丘吉尔等了很久才掌权。他熟悉英国公务员以及地形，精心策划战争和平民生活。尽管丘吉尔在哈罗和桑德赫斯特度过了焦虑、难受、被欺负的童年，但事实上，他认识了许多关键人物（因为英国仍然是一个由富豪当政的封闭国家）。丘吉尔不时骚扰、干预和激励他的手下。他不放过任何细节和小事。

1941 年和 1942 年，战争正发展到最黑暗的时刻，丘吉尔面临议会的信任投票。下面是当时丘吉尔的"私人备忘录"，他事无巨细的程度令人震惊。倒霉的第一海军大臣似乎收到了太多的备忘录。

首相致第一海军大臣

1942 年 7 月 6 日

（抄送工程与规划部长）

1. 皇家骑兵卫队阅兵场不是海军部的财产，建造如此大面积的自行车棚应该先征得内阁的同意。

2. 至于你想保留的建造海军要塞所需的建筑物，你应请工程与规划部长拟订计划，给出理由，并呈交战时内阁。

首相致第一海军大臣

1942 年 1 月 27 日

真的有必要每次都把"铁毕兹"写作"冯·铁毕兹海军上将"吗？这让信号员、密码员和打字员浪费了大量时间。可以确定的是，"铁毕兹"对德国野兽来说已经足够。

首相致财政大臣

1941 年 8 月 28 日

我们在大不列颠岛或者在我们控制下的南非还有多少黄金？请不必惊慌，我不打算向你索要任何东西。

首相致农渔业部长

1943 年 1 月 12 日

请拟订一个生产更多鸡蛋的计划。有人告诉我，全国农场可生产 100 万吨燕麦或大麦，而喂养所有母鸡只需要 67 000 吨。这将对产蛋量有巨大的影响。你在其他工作上做得如此出色，却在这一点上出现如此明显的纰漏，似乎令人遗憾。

首相致第一海军大臣

1942 年 12 月 27 日

这些潜艇的名字肯定远远好过它们的数量。请查阅我的建议。毫无疑问，在字典的启发下多动脑筋会让别的改进成为可能。

现在请继续工作，在接下来的两周内获知它们的名字。

希特勒与丘吉尔的对比

对比丘吉尔和希特勒的军事指挥风格是一件很有趣的事。他们都密切参与策划了自己国家的军事活动。丘吉尔在伦敦指挥，过着英国领主般的生活，有着众多仆人和助手。约翰·基根在《命令的面具》一书中评论道，丘吉尔每天早餐所吃掉的鹧鸪或野鸡就超过了英国学童每周摄入的蛋白质。

基根注意到，希特勒的风格截然不同。希特勒不是一个外向开朗、毫不费力就可以感染他人的人。他经过长期学习才成为一名有天分、有感染力的演说家。在 20 世纪 30 年代末和 40 年代初，他精力十足，喜欢交际。他喜欢在高级军官餐厅与政治伙伴、助手以及将军共进晚餐。他在 1939 年和 1940 年的战争期间巡视军队，亲自授勋，并经常邀请对方共进晚餐，侃侃而谈，追忆往事。

希特勒的情妇伊娃·布劳恩对当时的新型电影拍摄机非常着迷。后来，人们发现了希特勒的家庭录影，其中大多数是趁他周末度假时在阳台上拍摄的（可能是因为那里光线不错），而不是在舞台上。希特勒衣着得体随意，总是穿着运动夹克衫和休闲裤，戴着帽子。在这些录影里，希特勒抚摸着狗，跟他手下的孩子一起玩耍，与他的助手打招呼，亲切地喝酒聊天。其中，还有布劳恩和其他女士一起晒日光浴的画面。她穿着较为单薄的泳衣在湖边做体操，迷人地挂在一棵小树上。

这些录影都是无声的。经过唇语专家的分析，人们发现其中大部分对话毫无恶意。最有趣的一幕是，希特勒和布劳恩正与对面的人热烈聊天。布劳恩背对着镜头，但显然她是在告诉希特勒她找不到参加晚宴要穿的衣服。希特勒生气地答道："当我不得不担心我的军队是否会遭到敌军包围时，你却在向我抱怨一件衣服！"

这些录影的观感令人不可思议。其中，希特勒不再是那个人们所熟悉的咆哮不止、狂言乱语、蛊惑人心的政客。希特勒在演讲时，手势夸张，语调激昂，引起人们歇斯底里的反应。相反，希特勒看上去就是一个普通的中年人，穿着外套，打着领带，戴着帽子，像电影明星亨弗莱·鲍嘉一样，从过去的迷雾中令人安心地出现。突然，他摘下帽子，在帽子的阴影下，他那标志性的黑色胡子变得清晰起来，但这个幻影是魔鬼化身的面孔。他做着手势，古怪地旋转，举起的是一只鹰爪而不是一只手。然后，转过身掀起夹克衫，露出一条有力、深色、长满刺的尾巴，证明他就是路西法，然后迈开腿走向未来。

希特勒在德军战败于斯大林格勒以及德军将领屈辱投降后变得深居简出。他在战争的最后几年一直待在偏远的指挥所里。他在木制营房或混凝土掩体里吃着少得可怜的素食，坚持用军队野战菜谱。希特勒不喝酒，不抽烟，如果别人当着他的面抽烟，将会招来他恶毒的目光。

尽管希特勒惨无人道地屠杀了数百万人，麻木不仁地牺牲自己的军队，但他对周围人却非常在意。1944 年 6 月 20 日，尽管暗杀希特勒的计划未遂，但会议室里参会者的身亡却令希特勒深受感动。他跟这些死者的遗孀一起痛哭流涕。希特勒的秘书也是他的伙伴和知己。希特勒经常和她们一起吃饭聊天，她们在日记中写道：希特勒分享自己的抱负，讨论艺术话题，甚至抱怨他手下的将军，但是，没有任何证据表明希特勒与她们有亲密的肢体接触。基根说道，希特勒的"感情生活仍然是个谜。希特勒在跟异性交往时有一种强烈的情感倾向，一种半肉体的多愁善感，这种情感更像是年轻男子和年长女子之间的友谊，而不是情侣之间的激情"。

很难想象希特勒，这个世界历史上最凶残、最无情的恶霸，竟然在简陋的指挥所吃着简单的土豆和蔬菜，以及不新鲜的蛋糕，与一群女秘书和助理喝茶放松，但显然事实的确如此。尽管实际上，伊娃·布劳恩性格轻浮，她跟希特勒的秘书非常相似，但直到最后时刻才获准进入这些偏远的指挥所。当然，布劳恩不是南希·里根，既不是幕后策划者，又不是掌权者。

发动战争"抵抗暴君"

再来说说丘吉尔。他从一开始掌权就遭到媒体的批评。有人指出，张伯伦在辞去首相职务后于5月13日再次走进下议院，议员们起身鼓掌，热烈欢迎，尤其是保守党议员。相比之下，接替张伯伦出任首相的丘吉尔则不受欢迎，尤其是不受自己所在政党的欢迎。然而，丘吉尔却不气馁，他后来写道，在这个"生死攸关"的时刻，他的毕生追求就是担任国家领导人。

这是一个生死攸关的时刻。1940年5月10日，人们公认法国军队是世界上最精锐的军队，马其诺防线坚不可摧，而拥有强大海军的英国是世界领先的军事强国。毕竟，英法联手赢得了第一次世界大战。但仅仅是过了一个星期，法国就一败涂地，束手无策，马其诺防线成了笑话，英国陆军在敦刻尔克为生存而战。这是历史上最惊人的逆转之一，全球各地股市遭受重创。1940年5月13日星期一，丘吉尔以首相的身份在下议院发表了首次演讲，请求议会对新内阁投出信任票。就是那一次，丘吉尔发表了著名的宣言："我能奉献的，唯有热血、辛劳、眼泪和汗水。"[20]他接着说道：

你若问我们的政策是什么，我的回答是：在陆上、海上、空中作战，尽我们的全力，尽上帝赋予我们的全部力量去作战，对人类黑暗、可悲的罪恶史上空前凶残的暴政作战，这就是我们的政策。你若问我们的目标是什么，我可以用一个词来概括，那就是胜利。不惜一切代价去夺取胜利，不畏一切恐惧去夺取胜利，无论前路多长多苦，都要夺取胜利，因为没有胜利就无法生存！[21]

他得到了信任票。丘吉尔在战争剩余的近五年里，无论是生病还是健康，不仅是首相，还是国防大臣。那些年，他把英语作为战斗武器，他那雄辩、热情和果断的广播讲话和演讲，鼓舞和激励着包括英国人民在内的全世界的自由人民。

但是，1940 年春的形势严峻。5 月 14 日，西欧战场上的闪电战正式开始。这种作战方式闻所未闻。德军在闪电战中采用新的战术和技术，以及精湛的计划和训练。尽管如此，人们本不该对闪电战感到惊讶。

1937 年，海因茨·古德里安将军出版了《注意，坦克！》，这本书提倡将坦克、摩托化步兵与空军组成"矛头"，突破敌军防线。德军在西线战场的进攻完全是采用这种作战方式。第一轮进攻使用"斯图卡"俯冲轰炸机，轰炸法国牢固的阵地。德国工兵紧随其后建造浮桥，装甲师席卷而来。每个装甲师都有自行火炮和一个摩托化步兵旅。德国空降部队在黎明时分悄无声息地出现在荷兰后方，趁着负责炸毁桥梁和运河的荷兰守兵目瞪口呆之际，夺取了这些桥梁和运河。

德国五天击败荷兰

荷兰人一直认为他们的水闸系统快速高效，只要一通电话就能瞬间筑起一道无法逾越的水墙，足以退却入侵者。丘吉尔写道，这完全是"胡说八道"。如果荷兰堤坝和边防的守兵被出卖或被杀，那么只用一天就可以突破他们的防线。例如，在马斯河的亨讷普桥上，两名荷兰纳粹分子和一名德国人身穿荷兰军队的制服，出其不意地袭击边防哨所，杀死守兵。随后，11 名德军突击队员乘坐一辆没有任何标志的救护车迅速赶到，占领桥梁，而一个步兵营藏在货运列车中顺利过桥。

这趟货运列车一路驶入荷兰，沿途每经过一个城镇就有 10～20 名突击队员下车，假扮成牧师、商人、农民或普通市民。他们依靠伪装杀死警察，袭击军队哨所。在荷兰其他地方，德军使用伞兵、滑翔机甚至水上飞机（降落在运河上）。荷兰城市里全是有关叛徒和德军伞兵的谣言，引起了人们的恐慌和混乱。在鹿特丹遭到猛烈轰炸后，荷兰的抵抗崩溃了。短小精悍的荷兰五天就投降了。

比利时沦陷

比利时的命运大抵相同。一系列现代化要塞扼守着通向比利时腹地的要冲。比利时有人数达 70 万的强大军队。在 1939 年末至 1940 年初的冬天，德军仿造了比利时的桥梁，以及扼守山谷入口的埃本埃马尔要塞，进行有针对性的军事训练和演习，然而，比利时军官和守兵却在庆祝圣诞假期。埃本埃马尔要塞固若金汤、坚不可摧，修建在坚固的岩石山顶上，拥有深嵌加固的火炮阵地，还有人数达 1 500 的比利时精锐部队，其炮火可以封锁所有的桥梁。希特勒对这次行动特别感兴趣，建议制造一种空心装药装置，这种装置可以在炮塔内爆炸，炸死炮兵，并使地下走廊充满令人窒息的烟雾。

80名德军突击队员在最后的进攻中完成了不可能完成的任务。他们乘坐滑翔机降落在要塞的顶部，杀死了顶部的比利时守军，并将炸药塞进炮台的狭缝，将催泪瓦斯扔进空气循环系统。他们将希特勒建议的空心装药装置塞进巨大的炮塔中，烟雾渗入下面的坑道。德军使用便携式火焰喷射器，对付其他炮口和观察哨。德军伞兵增援部队随即赶来，双方在地下坑道中展开激烈的白刃战。中午时分，比利时军队举旗投降，1 000名茫然失措的比利时士兵鱼贯而出。德军借助要塞强大的火力击溃了守卫桥梁的比利时军队。

荷兰和比利时在战前都严格坚持中立立场。它们徒劳地相信，只要不招惹希特勒就可以安然无恙。正如丘吉尔所说的："关门养虎，虎大伤人。"荷兰和比利时遭到了德国长期而残酷的占领。在袭击开始前几周，有条不紊的德国人犯了一个离奇的错误。两名德国空军军官喝得酩酊大醉，以至他们驾驶的轻型飞机迷航并坠毁在荷兰境内，其中一位随身带着袭击荷兰和比利时的详细计划。但荷兰和比利时的最高指挥官不予理睬，因为这些计划看起来过于离奇，令人难以置信。

希特勒还有一个疯狂的想法，给新式的德军俯冲轰炸机配备发声装置。"斯图卡"轰炸机是令人恐惧的幽灵。"斯图卡"轰炸机是容克87型俯冲轰炸机的通称。可怕的容克87型俯冲轰炸机能够在15 000英尺的高空突然脱离编队，左翼急剧倾斜，机身半滚半转，从空中坠落，以近乎垂直的角度冲向轰炸目标。但是，

"斯图卡"轰炸机的发声装置在轰炸机俯冲时发出刺耳的尖啸声，令双手扣在扳机上的敌军士兵痛不欲生，禁不住地颤抖。到了1940 年 6 月，法国军队一旦遭到"斯图卡"轰炸机的攻击，就会惊慌失措。他们一听到空袭警报便立即冲向最近的壕沟。

法军失利和撤退

在德军闪电战开始后的几周内，法军整个前线遭到无法挽回的摧残。马其诺防线一直被认为是"无法逾越的"，结果却是要么被德军突破，要么被侧翼包抄。尽管法国军队一直被认为纪律严明、训练有素，但 200 多万名法国士兵却绝望地撤退。法国最高统帅部的人老态龙钟，烦躁不安，统帅部弥漫着失败主义和绝望情绪，毫无打硬仗的昂扬斗志。当时，法国军事领导人被认为是世界上最富有经验的军事思想家，法国军官队伍英勇善战。在第一次世界大战中，法军与德军势均力敌。

然而，当真正的战斗打响，法国最高统帅部对坚固的阵地和骑兵过于自信，瞧不起德国的坦克和机械化部队，而且法国军队缺乏战略装备，这些招致了灭顶之灾。尖叫着的德军"斯图卡"轰炸机恐吓、扫射和轰炸开阔地面上的法军，然后德军装甲部队将他们撕成碎片。法军的撤退变成了溃败。法军坦克速度较慢，巡航里程较短，并且没有无线电通信。在德军压倒性的装甲和空中力量面前，尽管有些法国部队顽强抵抗，但也无济于事。

敦刻尔克大撤退

英国远征军仍在法国，身陷囹圄，遭到德国空军的无情扫射。

英国皇家空军向法国派遣了474架飞机，损失了268架，无力为英国远征军提供空中掩护。丘吉尔在出任首相的六周内就面临着一场大灾难。英国孤立无援，大部分军事装备丢弃在法国，空军数量处于劣势，德军可能随时通过海空两个渠道入侵。丘吉尔立即意识到，必须不惜一切代价将有40万人的英国远征军撤回英国。他们是英国陆军的精英。如果没有他们，那么英国本土防御可能受到致命的削弱。

英国远征军开始奋力冲向港口城市敦刻尔克（位于法国最北部），一路上遭到德国军队的追击和骚扰。撤往敦刻尔克的路上挤满了难民、比利时和法国士兵，场面非常混乱。部队散乱，纪律瓦解。一些法国和英国士兵趁机频繁抢劫。当这支庞大而混乱的部队抵达海边以及敦刻尔克时，海因茨·古德里安将军指挥的五个德军装甲师正在分割包围他们，意欲一举歼灭他们。

1940年5月24日傍晚，希特勒穿着棕色夹克和马裤，乘坐一辆黑色的敞篷大奔驰，出人意料地出现在格尔德·冯·伦德斯泰特将军领导下的B集团军总部。当时，伦德斯泰特将军是古德里安将军的上级。希特勒直接冲进指挥部，然而，伦德斯泰特以及他的参谋却在抽烟喝酒。希特勒非常讨厌这些，尤其是抽烟，所以这座被征用的别墅里发生了恐慌。伦德斯泰特等人慌忙开窗通风，幸运的是元首当时心情愉快，宽宏大量，随后召开了战争会议。

当时的会议记录表明，伦德斯泰特和他的参谋谨慎地考虑到，德军装甲先头部队的补给线已过度延长，而且坦克在一路长途跋涉后需要保养。他们提到，敦刻尔克的沼泽地形不适合装甲部队作战，因此装甲部队的主要目标应该是巴黎，而不是敦刻尔克。

此外，空军元帅赫尔曼·戈林曾承诺德国空军将把绝大多数英军绞杀在撤回英国的路上。相比之下，古德里安将军强烈要求立即进攻。他说道，这是摧毁英国陆军精英部队的宝贵机会。只要再进攻一天，他的坦克部队就能包围英国远征军。现在干掉他们比以后打败他们要容易得多。

希特勒决定停止进攻，放弃包围英军，而是继续用大炮和空中扫射干扰他们的撤离行动。目前尚不清楚希特勒这样做的目的是出于军事考虑，还是出于政治考虑。一些历史学家认为，希特勒可能不太情愿将这场伟大的胜利交由他出身普鲁士的将军来夺取，因为他们与自己的关系不融洽。或者，戈林让希特勒相信德国空军能更轻易地消灭英国远征军。但无论如何，这毫无疑问是重大战略失误之一。如果英国远征军在法国全军覆没，不列颠群岛就几乎没有任何防御部队。

超过35万名英法士兵挤满了敦刻尔克周边七英里的狭小空间。这次撤离是一个史诗般的事件。英国皇家海军只有41艘驱逐舰，因此紧急寻求外部救助。英国作为一个航海国家，动员了渔船、救火船、拖船、驳船、内河轮船以及成百上千艘游艇和摩托艇紧急出海。敦刻尔克港口水深有限，无法使用运兵船，因此只能使用浅底船。此次集结的船队包括"蚊子"号长江炮艇、"加隆河"号泰晤士河驳船、"坎特伯雷"号跨海渡轮、"格雷西·菲尔兹"号岛上渡轮、"德古拉伯爵"号汽艇，以及挑战过美洲杯的"奋进"号帆船，甚至就连船龄达100年的敞篷帆船"邓普凌"号也往返数次。民用船只的船长通常是业余游艇手，其中有些年龄非常大。据估计，大约900艘船参加了此次撤离行动，其中243艘被击沉或摧毁。

当英国远征军抵达敦刻尔克时，这座城市的大部分地区陷入了火海。他们在前进途中遭到德国空军的俯冲轰炸和扫射。敦刻尔克上空浓烟笼罩，海滩上到处是烧毁的车辆以及尸体。我们从当时拍摄的照片里可以看到瘦骨嶙峋、疲惫不堪的人站成蜿蜒的长队，从码头一直延伸到远处。我们从别的照片里看到，士兵们不得不蹚过齐胸高的海水，爬上拥挤的救援船。我们还可以从一张照片里看到港口乱七八糟，停有四艘曾在第一次世界大战服役的驱逐舰，以及一艘古老的桨轮船"印度女皇"号。

第二天和第三天，一些船只在装载人员时被击沉，港口变得更加混乱。一架"斯图卡"轰炸机点燃了"朱顶鹰"号桨轮船，当时船上有600人，大多数人在烧毁的船体漂到海滩上之前就已经丧生。装满士兵的"榴弹炮"号驱逐舰也被"斯图卡"轰炸机击沉，一度堵住了港口的入口。一艘满载的医疗船，尽管有红十字会标志，仍然遭到"斯图卡"轰炸机的攻击，在港口外爆炸，死伤者漂到海滩上。此时，英国皇家空军力不从心，招架不住，德国空军几乎占据绝对的空中优势。当英国士兵撤回英国时，他们咒骂英国皇家空军的羸弱无能。

穿越海峡返回英国一点也不轻松。只要英国舰船驶离港口，德军远程火炮就朝它们开火，而且德军空袭持续不断。德国海军惧怕英国皇家海军，没有参战，但即便参战也没事，因为英国驱逐舰上挤满了人，无法开炮还击。在黑夜、浓雾以及恶劣天气的帮助下，英国远征军从敦刻尔克成功撤退，最终338 226名战士获救，其中有123 000名法国士兵。

我们坚持到底

但是，正如丘吉尔 1940 年 6 月 4 日在议会演讲时所说的：
"我们必须非常慎重，不要以为这次营救（撤离敦刻尔克）是一
场胜利。战争不是靠撤退打赢的。"[22]然后，他继续他最伟大的战
斗演讲之一。

　　即使欧洲大片土地和许多知名古国，已经或即将落
入盖世太保以及一切可憎的纳粹可恶机器之手，我们也
不会气馁、不会屈服。

　　我们将战斗到底，我们将在法国作战，我们将在海
上作战，我们将以越来越大的信心和越来越强的力量在
空中作战，我们将不惜一切代价保卫本土。

　　我们将在海滩上作战，我们将在敌人的登陆点作战，
我们将在田野和街道战斗，我们将在山区作战，我们决
不投降。

　　虽然我一点也不相信我们这个岛屿或这个岛屿的大
部分已被敌人占领并陷于饥饿之中，但就算这样，我们
也将在由英国舰队武装和保护的海外帝国继续作战，直
至上帝认为时机到了，新世界以其所有的力量，挺身而
出拯救和解放旧世界。

当丘吉尔结束演讲时，下议院受到极大的鼓舞，全体议员起
立并疯狂欢呼。丘吉尔在伊丽莎白时代的用语和口才至今仍在回

荡。尽管如此，几周后，法国投降了。18 个月后，到了 1942 年春，丘吉尔所捍卫的大英帝国实力大减。

德国占领法国

德军的装甲师和摩托化步兵是当时最先进的军事创新。从来没有人见过这样的军事创新。法军的撤退演变成了溃败。随着德军坦克蜂拥而至，法国民众有些乘坐马车，有些推着手推车，道路被堵得水泄不通。与此同时，德军装甲部队几乎没有遭到任何抵抗，冲过开阔的乡村向巴黎进发。那些阴郁而温顺的法国战俘在尘土飞扬的道路上结队而行，其中许多人还拿着步枪，德军常常收缴这些步枪并用坦克将它们碾碎。德国军官穿着时髦，戴着墨镜，坐在敞篷车里。当他们驶过法国城镇时，会若无其事地向当地居民挥手致意。

英美大使馆的官员认为，保罗·雷诺总理的情妇海伦·德波特斯伯爵夫人在这个关键时刻对这位法国领导人产生了负面影响。德波特斯伯爵夫人幻想自己可以统治法国，就像 200 年前法国国王路易十五的情妇蓬巴杜侯爵夫人那样。有时候，她看起来好像掌管了法国。后来，美国大使馆第一秘书 H. 弗里曼·马修斯对本书作者说道，在那些决定性的日子里，他曾到访法国总理办公室，结果发现总理先生在另一个房间"休息"，而德波特斯伯爵夫人坐在总理先生的办公桌前，"被一群将军和高官包围，大部分时间都是在讨论和制定决策"[23]。德波特斯伯爵夫人作为希特勒的崇拜者，坚信德国将统治欧洲和法国数百年。她赞成立即投降，因为她相信，随后德国人将任命雷诺为被占领区的总理，而她将成为雷诺的总理。

　　尽管丘吉尔没有对德波特斯伯爵夫人做出过任何评论，但他在他的著作《第二次世界大战回忆录Ⅱ：最辉煌的时刻》里的"法兰西之战"一章中对法国领导人的评价令人难堪。丘吉尔对他们的无所作为和失败主义备感沮丧。尽管德国最高统帅部没有成功的信心，但他们仍然坚决地利用位于法国前线的 60 英里宽的楔形地带。德军在进攻中投入了全部可用的机动车辆。十天后，德军挺进法国的距离，就超过了他们在第一次世界大战期间用了四年才达到的距离。阿尔弗雷德·约德尔将军形容道：希特勒听到这个消息时"欣喜若狂"。这一点也不奇怪，正是因为希特勒的大胆计划，德军才能够分割包围英法联军，并一举歼灭了数量庞大的法国军队。

伦敦股市崩溃

　　与此同时，如图 4.2 所示，伦敦股市跌回 1932 年的长期熊市低点。要了解伦敦股市以及当时的低点，就必须了解 1940 年夏天的绝望气氛。德军可能在某个漆黑的夜晚随时从海上或空中入侵。尽管英国人民意志坚定，但也难免跟世界其他地方人民一样，对纳粹试图征服欧洲而深感恐惧。在新闻短片里无数的德军坦克、机动火炮和卡车在巴黎街头游行，狂妄自大的德军冲锋队大摇大摆，庞大的黑色轰炸机和带有德国钩形十字架的运输机在人群头顶呼啸而过。在许多照片里可怜的难民凝视着已成废墟的家园。悲观主义者预测英国将面临类似的命运。

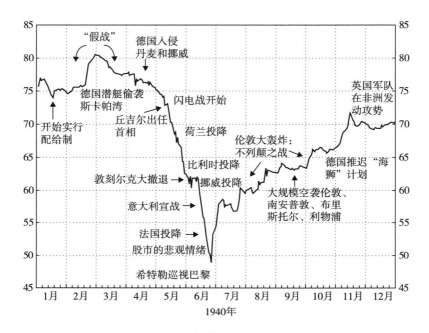

图 4.2　1940 年的英国金融时报指数

资料来源：*Financial Times*；Global Financial Data，Inc.

令人惊奇的是，6 月下旬的股市低点出现在英国对战争的悲观情绪达到顶峰的时候。当时，丘吉尔郁郁寡欢。虽然丘吉尔桀骜不驯，坚定果断，但他的演讲却流露出现实主义甚至悲观的语气。6 月 4 日，他提醒下议院德军伞兵部队可能会空降偷袭，并且"有必要对外国人""可疑人物"[24]甚至英国民众加以更严格的管控。6 月 17 日，他在英国广播公司的广播节目中警告称"来自法国方面的消息糟糕透顶"[25]，并提及"过去两周的灾难性军事事件"[26]。第二天，他向下议院描述了法国面临的"巨大军事灾难"[27]。7 月 4 日，他向下议院通报了法国舰队被毁的消息，并警告称那些"被发现故意制造令人不安或令人沮丧的影响，其言论旨在散布恐慌和沮丧情绪"[28]的军官或官员，应该被举报并被撤职。丘吉尔的这些演讲虽然引人注目、激动人心，但似乎并没有刺激股市反弹。

柏林股市上涨

随着德军横扫欧洲，在整个 5 月，柏林股市持续攀升，但到了 5 月下旬，正值英法军队从敦刻尔克撤退，柏林股市出现了短暂但急剧的调整。1940 年 5 月 30 日，《纽约时报》刊登了头版新闻：

> 盟军放弃佛兰德地区；救援舰队抵达敦刻尔克；敌人强攻港口；里尔沦陷，一支部队被包围。

当天的头版新闻还有《柏林交易所暴跌，乐观情绪减弱》，只不过是一个小标题。这条报道声称，"随着德国在西线获胜，人们普遍过于乐观，这次暴跌是市场乐观情绪减弱的明显反应，柏林证券交易所今天大幅跳水，莱茵兰地区的航运和金属公司跌幅最大，大部分股票下跌 5％"。柏林股市的反应很有趣，因为敦刻尔克撤退事件在很多方面标志着德国对英国战争的高潮。

尽管常规认识认为希特勒不派装甲部队攻击被困的英国远征军很可能是他的致命失误，但时至今日，有人却认为希特勒这样做的原因是他始终认为真正的敌人是苏联，必须坚决予以消灭，并且仍希望与英国结盟，谋求和平。如果这种想法成为现实，那么在 1941 年德国只需要发动东线战争，一举击溃苏联，然后，东欧、乌克兰以及苏联西部等大片富饶的"黑土地"将成为"德国版的印度"，德国将以帝国方式占领和剥削这些地方。20 世纪下半叶的世界历史将大不相同。首先，大英帝国将得以续存。

法国投降和不列颠之战

丘吉尔对法国民众的消极态度和不愿抵抗感到震惊。他深信英国人民坚定不移的爱国本性。他在这种精神的鼓舞下呼吁志愿者加入新成立的"国民警卫队"，招募口号是"你可以带一个人一起来！"50 万人挺身而出，尽管他们年纪较大或身体状态较差。最初，他们"只有霰弹枪、手枪、运动步枪，甚至长矛和狼牙棒"，而家庭主妇们则手持干草叉。最终，英国国民警卫队达到100 万人，配备了一战时的美国斯普林菲尔德步枪。人们在海滩上建造碉堡，挖掘反坦克沟渠。在丘吉尔的鼓舞下，英国民众空前团结，决心战斗到底。

随着纳粹德国国旗在埃菲尔铁塔上飘扬，以及德军取得欧洲战场的胜利，希特勒开始考虑跟英国谈判，只要英国承认德国控制欧洲，以及出让某些海外殖民地，就可以达成和平。希特勒钦佩英国人，知道入侵英国将是一场漫长而血腥的战斗。他说道，他希望英德之间达成"共识"，从而德国可以腾出手来专心对付"别的敌人"。现在回想起来，这更清楚地表明了希特勒（就像美国和英国的许多其他人一样）相信，德国真正的敌人是苏联。他希望与英国结成盟友，或希望英国至少保持中立。当时，他拒绝了约德尔大将对伦敦实施恐怖轰炸的建议。国民教育与宣传部长戈培尔见了希特勒后在自己的日记中写道："但是，元首不想摧毁大英帝国。"[29] 6 月中旬，希特勒授权墨索里尼的外交部长和女婿齐亚诺伯爵与英国人接洽。

哈利·法克斯勋爵在张伯伦的支持下秘密地向五名战时内阁成员建议，称英国应该考虑接受希特勒的提议。很多重要的政府成员不再对丘吉尔的感伤主义和豪言壮语抱有幻想。他们争辩道，正如张伯伦所说，希特勒提出的条款应该被视为"虽然令人难过，但不会威胁到我们的独立"。实际上，这是有条件的投降。约翰·卢卡奇详细讨论了这些事件。

丘吉尔对此怒不可遏。他说道："那些在战斗中倒下的国家会再次崛起，但那些温顺投降的国家已经完蛋。"英国宁愿在战斗中倒下，也不愿与希特勒谈判。接着，他当着全体 25 名内阁成员的面发表讲话，他们团结在丘吉尔周围。丘吉尔非常蔑视希特勒，表示英国拒绝谈判，绝不投降。尽管这些谈话内容高度机密，但有趣的是，此时英国股市处于多年来的底部。

由于英国反应如此冷淡，希特勒下令实施海狮行动，发动海陆两栖和空降入侵，由于天气原因，开始时间最迟为 9 月 15 日。纽伦堡档案记录了希特勒的第一条命令："鉴于英国不顾自己的军事绝境，拒不妥协，因此我已决定启动入侵英国的作战准备，并在必要时付诸实施。"希特勒接着说，这将是一项异常困难的任务，因为"敌人准备充分、意志坚定，并且控制着我们必须跨越的海峡"。至少在 1940 年的"决斗"期间，希特勒是务实的。

然而，德国人狂妄自大。6 月 21 日，一个愉悦的法国夏日，贡比涅森林的榆树、橡树和松树高大挺拔，在阳光的斜射下投出长长的影子。当第一次世界大战结束时，德国在贡比涅森林签署了投降书。现在，德国领导人身着挂满奖章的华丽制服，齐聚此地。希特勒在同一节古董火车车厢里，坐在斐迪南·福煦元帅曾坐过的椅子上，而福煦当年在这里羞辱了德军将领。希特勒接受了法国的投降书，并跳了一段欢快的舞蹈。当第一次世界大战结束时，希特勒对德国在背后被人捅刀子非常愤慨，现在德国终于大仇得报。法国投降条约内容十分苛刻，除其他事项外，任何为他国作战的法国人一旦被俘，将被当成法国义勇军立即枪决。

对于德国人丰富的想象力来说，现在似乎一切皆有可能。意大利和罗马尼亚等国家宣誓永远效忠。阿加汗和埃及总督都自愿在温莎城堡与希特勒喝香槟庆祝。阿加汗还提议，自己是印度的统治者。然而，希特勒意识到不得不谨慎对付英国，并考虑入侵的细节。德国空军司令赫尔曼·戈林权欲膨胀，他向希特勒保证，德国空军可以摧毁英国皇家空军，获得压倒性的制空权。一支庞大的登陆驳船舰队正在集结，并在广阔的海岸线上演习大型两栖登陆。第一波登陆将有 9 万人，到了第二天，登陆总人数达到 26 万。

然而，由于英国舰队在数量和火力上的优势，德国海军一开始就很怀疑自己能否为这样的登陆作战提供保护，除非德国空军取得"绝对的制空权"。希特勒明白，如果无法取得制空权，德国入侵舰队将非常脆弱。戈林答应按时摧毁英国皇家空军，保证9 月可实施登陆入侵。戈林在早些时候曾吹嘘德国空军将阻止英国远征军撤离敦刻尔克，然而，现在，似乎没人重提此事。普鲁士总参谋部对两栖登陆作战深感不安，但希特勒已经证明他们谨慎过头并判断失误，因此他们选择保持沉默。

"不列颠之战"拉开了序幕。7 月 10 日，代号为"鹰击"的空袭计划正式开始。起初，德国空军猛烈袭击英国运输船，集中轰炸英国南部港口城市，并引诱英国皇家空军参战。随后，在 8 月 24 日至 9 月 27 日，德国空军加大攻势，猛烈轰炸伦敦，准备登陆入侵，并计划在 11 个星期内歼灭英国皇家空军，夺取制空权。1940 年 7 月，德军约有 2 000 架飞机，而英军有七八百架飞机。

事实证明，压力最大的时候出现在不列颠之战的后期。有时，德国战机每天出动 1 000 架次，每次有 300～400 架德军轰炸机和战斗机飞往英国！8 月 15 日，一场方圆 500 英里的大空战打响了，许多驾驶"喷火"式和"飓风"式战斗机的英国飞行员不得不一日三战。相比于德军损失 76 架战机，虽然英军仅损失 34 架"喷火"式战斗机，但英国皇家空军有丰富经验的飞行员比德国空军少得多。

另外，相比英国皇家空军在本土作战，德国空军面临巨大的困难。由于油箱容量的限制，德国战斗机飞行时间不超过 90 分钟，其中往返英国要花 70 分钟，这意味着在英国上空的作战时间只有 20 分钟左右。随后，他们不得不返航，否则燃油将耗尽，必须在英吉利海峡上迫降。由于德国战斗机作战范围有限，只能覆盖英国东南部和伦敦地区，而没有战斗机护航的轰炸机很容易被击落，因此英国其他地区相对安全。如果德国战机被击落或损坏，那么德军飞行员必须在英国上空跳伞，从而必定被俘。然而，当英国"喷火"式战斗机飞行员遇到相同情况时，第二天可以继续投入战斗，并且如果受损的战斗机迫降成功，还是有可能得到修复的。

到了 9 月中旬，英国皇家空军损失了四分之一的飞行员和飞机，机场和支持设施遭到严重破坏。五个机场完全瘫痪，整个战斗机司令部通信网络濒临崩溃。在 8 月 23 日至 9 月 6 日的两周内，英国皇家空军损失了 466 架战机，而德国空军损失了 385 架战机，包括 138 架轰炸机。英国皇家空军捉襟见肘，以至飞行学校的学员尚未完成训练就不得不上战场。丘吉尔在他的笔记中承认，几周后英国皇家空军就会消亡殆尽。那年 9 月，一位英国皇家空军飞行员在准备室里贴着 W. B. 叶芝的诗《一个爱尔兰飞行员预见到了自己的死亡》——"在云端之上某处，我并不仇恨那敌对的，我也不热爱所捍卫的"。

英德双方都知道这两周至关重要，因为在 9 月 8 日至 10 日，英国东南海岸的月光和潮汐非常适合两栖登陆。9 月 6 日，丘吉尔在广播讲话中告诉英国人民，"我们必须认为，下周前后将是我们历史上非常重要的时刻，就像当西班牙无敌舰队接近英吉利海峡时德雷克爵士即将打完保龄球，或者当纳尔逊站在我们英国与拿破仑在布洛涅的大军之间时"。9 月 14 日，希特勒在广播讲话中回应道："如果英国人问'他为什么不来'，我可以让他们放心。他马上就来。"

事实上，德国军事策划人员知道，德国尚未获得制空权，并且除非获得制空权，否则德国不会发动入侵。随后，9 月 10 日，戈林莫名其妙地突然改变战术，开始夜间轰炸伦敦。德国空军连续十个晚上轰炸伦敦的码头和火车站，炸死了许多平民。因为英国皇家空军尚未准备好打夜战，所以德国轰炸机没有遭到干扰。然而，英国皇家空军正好有了喘息的机会，疲劳的飞行员需要休息，战机也需要保养。

后来，那些可称为"事后诸葛亮"的专家断定，戈林放弃了进攻战的第一原则，没有发挥德国空军的优势，坚持白昼空战，因此错失了获得制空权的机会。没有了制空权，入侵也就无从谈起。

然而，现在回想起来，到了 9 月 10 日，戈林和希特勒应该已经有了结论，即德国无法成功入侵英国，因此，他们改变了进攻策略。这可能是一个明智的决定。当时，人们普遍认为，一名德国士兵抵得上两三名英国或法国士兵。尽管德军勇猛善战，装备精良，身体更强壮，而且积极性更高，但在英国本土却可能被觉醒的英国人民压倒，并在一场血腥厮杀中被彻底消灭。

根据德国空军的档案，我们现在知道，当时，英国皇家空军严重打击了德国空军，以至德国怀疑通过白昼空战能否获得制空权。在不列颠之战期间，从 7 月 10 日至 10 月 31 日，英国皇家空军损失战机 915 架，德国空军损失战机 1 733 架。丘吉尔告诉下议院："在人类战争史上，从来没有一次像这样，以如此少的兵力，取得如此大的成功，保护如此多的民众。"

伦敦大轰炸

9 月下旬，希特勒将跨海入侵推迟到第二年的春天。现在，德国全力攻击伦敦，其目的是摧毁伦敦居民的意志，或起码使伦敦无法居住。直到 11 月 3 日，平均每晚都有 200 架德国轰炸机袭击伦敦。当时，战斗机夜间拦截的技术尚不发达，因此英国皇家空军无力拦截德国空军，尽管英军防空火力强大，但无济于事，比如，在一次重大空袭中 437 架德国亨克尔 111 中型轰炸机投掷了 450 吨高爆弹和燃烧弹，仅有一架被击落。后来，英军的防空实力和夜战技术逐步提高，但最初伦敦没有武装防御，因此惨遭沉重打击。

人们失去了居所和工作，产生了经济补偿纠纷。孩子们离开城市前往更安全的乡村。与此同时，伦敦复杂的污水处理系统遭到破坏，废水直接流入泰晤士河，威胁居民健康。伦敦居民几乎每晚都待在地铁隧道里，那里寒冷潮湿，几乎无法入睡，流行病容易传播。1940 年 10 月，一项调查显示，每晚睡眠时间超过 6 小时的伦敦居民只占 15%；睡眠时间为 4～6 个小时的伦敦居民占 22%；睡眠时间不足 4 小时的伦敦居民占 32%；几乎无法入睡的伦敦居民占 31%。

地铁隧道的生活条件如此糟糕，以至每天晚上大约只有一半的伦敦居民愿意去那里避难。地铁站里的洗浴条件简陋，肮脏不堪，不适合人们长期居住使用。地铁隧道里蚊子和老鼠滋生。尽管如此，当黄昏降临和警报响起时，人们仍然会带着食物、饮料、毯子和孩子去地铁站台安营扎寨。地铁一直运营到半夜，所以乘客不得不穿过熟睡的人群。一位名叫罗斯玛丽·布莱克的女士经常乘坐夜间地铁，她在日记中这样写道：

> 地铁站里的场景太可怕了。每经过一站，走廊和站台上都挤满了人，我惊讶得说不出话来。那些悲惨的人睡觉的样子，就像塞进罐头的虫子。地铁隧道里闷热难耐，浊气熏天，肮脏不堪，可怜的婴儿哭个不停，苍白憔悴的妇女搂着孩子，孩子们在闹腾的梦中抽搐。如果我打算折磨最恶毒的敌人，那么没有比这更好的普洛克路斯忒斯之床了。[30]

但地铁隧道也不是完美的避难所，1940 年 10 月 14 日，一枚炸弹落下炸毁了巴勒姆地铁站的基础设施，当时地铁站里有 600人。电灯熄灭，一团漆黑，自来水、污水和煤气涌入。人群爆发了恐慌，虽然 350 人成功逃生，但仍有 250 人淹死在可怕的污水里。在另一次夜袭中，一名妇女在贝斯纳格林地铁站的台阶上摔倒，她身后的人跟着摔倒，其余人踩踏而至。那天晚上，250 人遇难。

尽管如此，到了 1941 年，大空袭仍在继续，伦敦居民随机应变。每家每户开始在地铁站台占据固定的位置，大家成了"邻居"。地铁隧道里有社区组织唱歌，也有流浪诗人吟唱诗歌。人们相互认识，分享食物和饮料，形成了一种"伙计，我们都在一起"的和谐氛围。奥德维奇地铁站位于剧院区的中心，那些明星在结束晚间演出后在地铁站继续表演。令人惊讶的是，当大空袭结束时，一些怀念欢乐气氛的伦敦居民继续睡在站台上。

然而，大空袭严重扰乱了伦敦居民的生活。在空袭中上下班是一场无尽的折磨。伦敦居民能否继续工作？1940 年的晚些时候，德国空军使用一种更可怕的新型武器。这种降落伞炸弹高 8英尺，直径达 2 英尺，重达 2.5 吨，装满了烈性炸药。有些是延时炸弹，必须加以区分并挖出来，否则会导致大片地区无法居住。有些则装有诱杀装置，使得拆除工作更加危险。一枚未爆炸的降落伞炸弹挂在了伦敦最大的天然气储气罐上，并且降落伞随风摇摆。另一枚炸弹降落并缠绕在泰晤士河上的亨格福德桥上。另外，燃烧弹也造成了严重的破坏。但正如丘吉尔的名言，"伦敦能坚持下去"。

不幸的是，大空袭产生了令人不寒而栗的负面影响，尤其是城市犯罪率大幅上升。炸毁的房屋被洗劫一空，盗窃案大增，轻罪和扒窃案激增。在 1939 年至 1942 年，英格兰和威尔士发生的谋杀案增长了 22％。战争瓦解了社会纽带，俱乐部里或居民家里的宝物失踪，有产者蒙受损失。实际上，有产者必须要么携带着贵重物品，要么将贵重物品藏起来防止被盗。珠宝和银器显然比古董家具更容易保存。盗贼对画作和雕像不感兴趣，一方面是不易运输，另一方面是在空袭中更易损毁。多年前，一位富有的老太太向笔者吐露道："我跟珠宝，而不是我的丈夫，睡了四年。英国永远无法回到过去。"

大空袭产生的另一个负面影响是，妇女和儿童被疏散到乡村，中年人的离婚率急剧上升。

另外，1942 年，美军带来了香烟和尼龙丝袜，黑市得到重振，坏人有了发财的机会。因此，在整个战争期间反复在欧洲大陆出现的两种模式，也在英国出现。这两种模式就是，珠宝是最方便携带、流动性最强、最容易保护的财产，在战争期间唯一会发财的人是那些从事黑市交易的人。

伦敦股市高歌猛进，英国"不可战胜"

尽管在 1940 年底伦敦陷入困境、举步维艰，但伦敦股市却高歌猛进。正如第三章的图 3.3 所示，在 20 世纪 30 年代中期，英国经济似乎终于开始好转，金融时报指数大幅飙升。到了 1936 年底，金融时报指数较 1932 年的低点翻了 2 倍。伦敦股市是全球主要股市里唯一超过 1929 年高点的，请留意伦敦股市的双顶

形态。接着，随着国际形势的恶化，伦敦股市再次下跌，到了
1940 年 1 月，金融时报指数较 1937 年的高点下跌约 40%。实际
上，在 1940 年上半年，伦敦股市一路下跌，回到了 1932 年的低
点。1940 年初夏，随着英法联军从敦刻尔克撤退，法国战败投
降，以及不列颠之战打响，伦敦股市出现低点。随着不列颠之战
和伦敦大空袭的进行，在 1940 年下半年股价出现反弹。丘吉尔
后来写道，他最为担心的时候是 8 月下旬，但股市的低点出现得
更早。为什么会出现这样的情况？可能是因为熊市底部必须是最
大的看跌点。新消息不必是好消息；只要好过之前的坏消息即
可。1940 年 5 月和 6 月，伦敦股市大多数股票的价格比每股账面
价值低 20%～40%，胆小的悲观主义者把股票卖给果断的乐观主
义者。事实上，买入股票几乎被视为一种自信和抵抗的表现。这
个国家现在正全力以赴，正如丘吉尔在他的著作《第二次世界大
战回忆录 Ⅱ：最辉煌的时刻》中所指出的："英国人民和英国民
族的精神已经被证明是不可征服的。"[31]

　　罗伯特·邦内尔、海伦·柯克帕特里克、爱德华·R. 默罗、
罗伯特·凯西和 S. N. 贝尔曼五位记者在《伟大报道的宝库》一
书中，生动地描述了当时伦敦乃至整个英国的氛围。处于艰难时
期和因阶级斗争而四分五裂的英国，突然空前地团结起来。德军
轰炸和入侵的危险使人们精神振奋，忘记了阶级斗争和心中的不
满。此时，人们对眼前的困难视而不见。人们共同的敌人是德国
军队，每个人都想拿起武器，都想贡献力量，来保卫大不列颠
岛。这是一个激动人心的时刻。

　　丘吉尔在他的著作《第二次世界大战回忆录 Ⅱ：最辉煌的时
刻》中提及他参观多佛周边海滩防御工事的事。当时，负责防御

工事的准将告诉丘吉尔，他们只有三门反坦克炮，可以覆盖 4 英里范围内的登陆海滩，并且每把枪只配有 6 颗子弹。这位准将向丘吉尔请示，是否能让他的手下用 1 颗子弹进行演习，至少了解枪的工作原理。丘吉尔回答道："不能进行演习，这颗子弹应该留到最后一刻，直到最近的射程再开火。"英国人民意识到，他们正处于一场生死之战中，必须不惜一切代价保卫英国本土。英国国民警卫队还研制了一种可以黏在德国坦克上的炸弹。那些英勇无畏的英国士兵或平民将冒着生命危险靠近德军坦克，并把这种"黏性炸弹"黏到德国坦克上，即便自己会因此而丧生。

大西洋之战

从 1940 年 7 月到 1941 年 7 月，还有一场你死我活的战斗，那就是大西洋之战。英国人知道，如果海上补给线被切断，那么英国将难以存活，更不用说坚持作战了。丘吉尔后来写道："我在战争期间唯一真正害怕的是德军潜艇。它们在辽阔无际的海洋上尤其是在大不列颠岛的入口处，严重威胁着我们的海上生命线。"德军动用 U 形潜艇、战舰和亨克尔 111 轰炸机攻击英国运输船队。在 1940 年 9 月 22 日那一周，27 艘英国舰船沉没，共计近 160 000 吨。几周后，成群的德国 U 形潜艇屠杀了一支英军大西洋运输船队，短短两天之内，34 艘英国舰船中有 20 艘沉没。尼古拉斯·蒙塞拉特的小说《残酷的大海》生动地描述了盟军与德军 U 形潜艇的长期战斗、严寒以及无情的大海。在冬天的北大西洋，人在冰冷的海水中只能存活约两分钟。

1940 年 10 月，6 艘德国战舰突然出现在北大西洋，开始攻击英国运输船队。英国皇家海军的驱逐舰以及配备 6 英寸口径舰炮的武装商船负责抗击德国 U 形潜艇，但它们的火力和装甲难以匹敌德国战舰。最令人瞩目的事件之一，是德国"舍勒"号袖珍战列舰遇上了由英国"杰维斯湾"号武装商船护航的 37 艘运输船。尽管"杰维斯湾"号船长知道自己必败无疑，但他决定攻击德国军舰，并尽可能拖延时间，争取让整个船队在夜幕的掩护下逃生。他高举一面巨大的战旗，全速逼近强大的德国军舰。"舍勒"号的 14 英寸口径火炮在 18 000 码处开火，而此时"杰维斯湾"号的老式 6 英寸口径火炮还没有进入射程。

"杰维斯湾"号一直纠缠"舍勒"号，经过几个回合，这种纠缠开始见效。随着战斗的继续，"舍勒"号为了躲避鱼雷，被迫改变航向。与此同时，英国运输船队四散而逃。当夜幕降临时，"杰维斯湾"号被大火笼罩，完全失控，直到晚上八点左右才沉没，但战旗却仍在飘扬。"杰维斯湾"号上的 200 名官兵，包括船长（后来被授予维多利亚十字勋章），随船沉没。"舍勒"号随后开始攻击运输船队。它在漆黑的冬夜里追上并击沉了 4 艘运输船，但由于担心暴露自己的位置，决定退出战斗，逃往南大西洋。阿利斯泰尔·麦克林在他精彩的小说《唯一的幸存者》中描绘了这个英勇的场面。

或许发生过什么

二战结束后，揭示德国试图占领英国的计划的档案被发现。1940 年 9 月 9 日，德军总司令签署了一项命令，规定"17～45 岁的健康英国男性将被拘捕并送往欧洲大陆"[32]。在英国投降后的 24 小时内，任何一个没有交出枪支和收音机的人，以及抵抗德国的人，都将被立即处决。人质将被扣押。党卫军和盖世太保将接管占领区，实施极端残忍和苛刻的统治。如此一来，英国数个世纪积累的大量财富将被没收或摧毁，股票市场也将受到沉重打击。

大空袭和潜艇战无法动摇英国人民的斗志。丘吉尔提及的一件轶事恰如其分地体现了英国人民坚定不移而顺其自然的态度。一名英军下级对他垂头丧气的上级说："无论如何，长官，我们进了决赛，而且还是主场。"[33]

尽管如此，正如下一章所描述的，在接下来的岁月里，痛苦和磨难越来越多，并且最令人瞩目和英雄主义的时刻也将来临。

第五章

1941 年，英国孤立无援

对英国而言，1941 年又是危险的一年。英国仍然岌岌可危。1940 年 6 月，伦敦股市从长期低点开始反弹，到了 1941 年初，不再上涨（见第四章的图 4.1 和图 4.2）。对伦敦而言，1941 年初的冬天艰难、沉闷。伦敦在德军大空袭和 U 形潜艇封锁的打击下，贫困不堪，摇摇欲坠。英国的 1 月和 2 月比往常更湿冷，再加上煤炭和食物短缺，大量房屋被炸毁，人们比以前过得更痛苦。

令人惊讶的是，即便本土岌岌可危，英国仍派遣军队到非洲战场。事实上，英军双线作战。1941 年 1 月，英军在拜尔迪耶和图卜鲁格的沙漠战中击败了意大利军队，俘虏了近 7 万名意大利士兵，极大地鼓舞了士气。在接下来的几个月里，英军在埃塞俄比亚、肯尼亚和索马里兰继续战胜意大利军队。这些胜利并非因为英国和印度军队表现出色，而是因为意大利军队实力太差。到了 1941 年 4 月，22 万名意大利士兵要么被俘，要么阵亡。墨索里尼（他的名言有"想创造历史，而不是忍受历史"[34]）建立非洲帝国的梦想破灭了。他在古罗马精神的鼓舞下梦想着征服和殖民非洲。阿比西尼亚（今埃塞俄比亚）皇帝海尔·塞拉西恢复了皇位。

然而，丘吉尔却对意大利军队不屑一顾。一年前，当得知意大利入伙德国时，他评价道："好吧！这很公平。上次它站在我们这边。"[35]尽管如此，此时他却担心德国可能决定帮助墨索里尼挽回意大利军队在北非的惨败。丘吉尔轻蔑地说道："墨索里尼这只被鞭子抽过的豺狼，为了保命，让整个意大利成为希特勒的附庸，站在德国这只老虎身边，这只老虎不仅是为了满足胃口大吼大叫——这是可以理解的——而且是为了胜利。"[36]

与此同时，英国情报部门认为希特勒正在考虑采取下一步的行动。希特勒究竟打算冒险穿越英吉利海峡入侵不列颠群岛，还是更安全地向东面或者南面扩张，入侵希腊、巴尔干半岛甚至北非？此时，英国情报部门没有料到德国计划进攻苏联。

1941年1月下旬，罗斯福在1940年总统竞选中的对手温德尔·威尔基拜访了丘吉尔。他带着罗斯福总统的亲笔便条。罗斯福引用了朗费罗的诗句，这让丘吉尔深受感动。

> 亲爱的丘吉尔，
>
> 　温德尔·威尔基将这张便条带给你。他真诚地将政治排除在外。我认为这适用于你的人民，也适用于我的人民：
>
> 　"启航吧，国家之船！
>
> 　航行吧，联盟，强大而伟大！
>
> 　人类带着所有的恐惧，
>
> 　带着未来岁月的所有希望，
>
> 　正在屏息观望你的命运！"[37]

德军 U 形潜艇 VS. 英国皇家海军

与此同时，大西洋之战局势令人绝望，英国运输船队损失惨重。德国U形潜艇以及偶尔现身的战舰，沉重打击了英国的海上补给线。尽管德军的几艘袖珍战列舰和重型巡洋舰可以匹敌英国战舰，然而，英国皇家海军的主力舰更多，因此德国战舰不敢冒险鏖战。因此，那些快速而强大的德国战舰更多地袭击英国运输船队，并有效地牵制执行护航任务的英国皇家海军。

在此阶段，因为英国皇家海军的反潜战技能和声呐仍处于初级水平，所以德国U形潜艇非常高效。在每次执行完任务后，德国潜艇的船员都会去高级度假胜地休假，享受一番，受到英雄般的待遇。另外，德国U形潜艇开始采用由U形潜艇部队司令官卡尔·邓尼茨上将发明的"狼群"战术。邓尼茨曾在第一次世界大战期间担任潜艇艇长。此外，U—47潜艇艇长冈瑟·普里恩优化了"狼群"战术。

普里恩是一位冷酷无情并非常聪明的军官，他鼓励其他艇长在夜间浮出水面，跟踪英国船队，然后从不同角度发起攻击。普里恩和其他艇长被誉为无敌，他们的潜艇被认为是"幸运的"。然而，1941年3月下旬，普里恩及其手下一起随着潜艇沉没。一周后，优秀艇长指挥的U—99和U—100潜艇在水面上被英国皇家海军驱逐舰突袭并摧毁。此后，德国的潜艇艇长越来越胆小。随着经验丰富的船员折损得越来越多，潜艇袭击的效果大打折扣。

伦敦大空袭继续

然后，随着春天的到来，德军继续进行大空袭。1941年1月和2月，英国冬天的恶劣天气令德国空军备感沮丧，但是，随着能见度的提高，德国空军加大了攻击力度，不仅轰炸伦敦，而且轰炸英国其他城市。大空袭严重破坏了英国的经济活动、军备生产和居民生活。由于空袭主要针对工厂，因此许多家族企业遭到破坏，被迫关停，甚至被彻底摧毁。从长远来看，尽管英国政府赔偿了工厂生产中断的损失，但经常仍不足以使工厂恢复生产。企业所有者抱怨德国人毁了他们的企业，甚至经济大萧条也未能做到。实际上，财富付之东流。

然而，在德国人看来，他们将战火烧到英国本土，包括英格兰和苏格兰，却使英国人民变得更团结、更坚定。丘吉尔经常参观被炸毁的城市。他在参观刚刚遭到严重轰炸的布里斯托尔时曾描述道："许多房屋被毁的老妇人待在休息中心，她们看起来惊慌失措，黯然神伤。当我进来时，她们擦干眼泪，疯狂地为国王和国家欢呼。"[38]

1941年5月10日，伦敦遭到燃烧弹的大规模空袭。这是历史上燃烧弹被首次用来对城市居民区进行恐怖袭击。两个文明西方国家之间的战争全面升级。这次空袭引起了2 000多起火灾，5个码头和许多工厂被夷为平地，英国下议院的历史建筑被毁，伦敦的主要水管被炸，大火无法扑灭，平民伤亡惨重。这是1941年最严重的一次大空袭，但也是最后一次。

希特勒的副元首试图终结战争

1941年5月10日发生了一件离奇的事。德国副元首和纳粹党副领袖鲁道夫·赫斯擅自驾机，秘密飞往英国，并且跳伞降落到汉密尔顿公爵的庄园。赫斯在战前就认识汉密尔顿公爵。赫斯先给希特勒写了一封信，告诉希特勒他要去英国进行和平谈判；

然后，他驾驶一架偷来的 ME 188 战斗机，独自飞越英吉利海峡，并向一名苏格兰农民投降。希特勒收到这封信后勃然大怒。负责送这封信的是赫斯的副官，他立即被逮捕，并且被处以叛国罪。此外，赫斯的通灵师和占星师也被拘留。由于英国未透露赫斯的行踪，德国官方宣布副元首失踪，并推定他在未经授权的飞行后死亡。

因此，当英国宣布赫斯投降时，德国人更加尴尬。赫斯被转移到伦敦塔，接受精神病学家的全面检查，以及英国外交部高级官员的问话。毫无疑问，他神志清醒，但会产生幻觉。赫斯在德国时经常向通灵师和占星师（他们处于盖世太保的掌控之中）咨询。由此，他的直觉得到了证实：尽管他单枪匹马，但却可以使英德避免不必要的流血冲突。

赫斯大约 40 岁，很有魅力，崇拜希特勒，一度是希特勒最亲密的知己。他在纳粹党早期的集会上与马克思主义者以及其他试图扰乱希特勒演讲的人进行交锋。后来，他与希特勒成为兰茨贝格监狱的狱友，希特勒向他口述了《我的奋斗》一书。1939 年，希特勒指定赫斯为自己的继任者，排位在戈林之后。在希特勒上台后的最初几年里，他们每周聚餐两三次，互诉衷肠。赫斯告诉英国人，没有人像他那样了解希特勒，洞察希特勒内心的真实想法：希特勒仇恨苏联，钦佩大英帝国，以及希望重建英德两国及其皇室之间的历史纽带。

根据赫斯的说法，希特勒认为"野心勃勃的丘吉尔是毒害英国人民思想的罪犯"[39]，领导着那些邪恶的战争贩子，阻止英国与德国联手对抗苏联。希特勒非常不满于丘吉尔不尊重自己，并恶意地称他为"希特勒下士"、"嗜血的流氓"和"邪恶之源"[40]。

然而，随着时间的推移，赫斯的行为越发古怪。他开始对希特勒心怀不满，因为希特勒有了新知己，更喜欢与纳粹党内人士共进晚餐。尽管赫斯仍然是副元首，但权力已被削弱。他开始觉得自己可有可无，并且相信自己对元首的最大贡献就是以某种方式联系上英国国王，并让英国国王相信希特勒的真实想法。赫斯认为，英国现在孤立无援，穷途末路，如果战争再继续下去，英德两国将承受很多不必要的痛苦。

赫斯情绪激昂地解释道，他对伦敦大空袭和无辜平民伤亡尤其是儿童伤亡深感震惊。这种毫无意义的杀戮行为必须停止。希特勒永远不会与丘吉尔谈判，但如果英国国王解散现任政府，那么双方就可以达成和平条约。英国可以保住帝国版图，而德国将统治欧洲大陆。赫斯强调道，他出于理想主义提出了所有这些建议，并且没有与任何人讨论过，更不用说希特勒本人。

这件事引起了轰动。丘吉尔后来写道，他认为赫斯真心实意地希望结束战争。他形容赫斯是"一个疯狂的仁慈者"。最后，赫斯受到了严厉的对待。他从未见到丘吉尔或英国国王，一直被关押在伦敦塔，直到1945年底。后来，他被转移到纽伦堡，与其他纳粹领导人一起因战争罪受审。法庭没有判他死刑，而是判他无期徒刑。赫斯于1987年自杀，享年93岁。

斯大林对这件事非常好奇，怀疑英德合谋入侵苏联。1943年，在莫斯科举行的一次晚宴上，斯大林要求丘吉尔告知实情。丘吉尔回答道："我将在自己所了解的范围内告知事实的真相，希望你能接受。"[41]他写道："斯大林带着微笑，接受了我稍显突兀的答复。"

隆美尔指挥德军

1941年，轴心国军队继续向东进发，入侵南斯拉夫、伊拉克、叙利亚和希腊，并且在克里特岛和地中海发动了大规模的海战和空战。希特勒派遣了精锐的非洲军团赶赴利比亚，支援疲惫不堪的意大利军队。隆美尔指挥这支部队，随即发动进攻。在1941年的大多数时间里，德军都力压英军，攻城略地。丘吉尔抱怨道，当双方人数接近时，德军总是获胜。

隆美尔是一名职业军人，而非政客。他曾在第一次世界大战中两次荣获一级铁十字勋章。隆美尔是一位敢于创新的军事领袖，是指挥装甲部队作战的高手。德国官兵对他充满信心。在思想和策略上，隆美尔一次又一次地战胜了实力占优的盟军。1940年，他在对法作战中指挥第七装甲师作为先头部队，突破默兹河，出现在法军最意想不到的地方，第七装甲师因此获得了"幽灵之师"的美誉。

后来，隆美尔鄙视希特勒。他痛恨希特勒、盖世太保以及党卫军对德国所做的一切。1944年，他参与了暗杀希特勒的阴谋，随后被秘密杀害。由于隆美尔在德国人民心中的英雄形象，希特勒下令为他举行国葬，授予他军人的全部荣誉。德斯蒙德·扬创作的《沙漠之狐隆美尔》是一部出色的传记。杰克·希金斯的小说《猛鹰突击兵团》生动讲述了德国精英军官团对党卫军及其野蛮活动的厌恶与日俱增。

德国攻击苏联

1941 年 6 月下旬（详见第六章），德国发动了攻击苏联的巴巴罗萨行动。1941 年初，英国情报部门向丘吉尔报告，称德军在苏联边境集结。同年 4 月，丘吉尔命令当时的英国驻莫斯科大使斯塔福德·克里普斯爵士传达他的私人消息给斯大林，称德国的进攻迫在眉睫。克里普斯瘦削、固执、自以为是，认为自己已经警告过苏联。令丘吉尔恼怒的是，克里普斯没有把这条消息传达给斯大林。后来，丘吉尔思索过，如果克里普斯当时警告了斯大林，那么在巴巴罗萨行动的当天，苏联战机至少不会整齐地停在停机坪上。

然而，并非只有英国告诉斯大林要警惕德国的进攻。多年来，苏联雇佣在东京工作的德国记者理查德·佐尔格作为间谍。佐尔格在柏林长大，曾在第一次世界大战中负伤，后来成为一名忠诚的共产党员。他是德国《法兰克福报》的驻外记者，这使他的间谍活动得到天然的掩护。1933 年，在结束在斯堪的纳维亚和伦敦的工作后，他被派往东京工作。佐尔格富有魅力、善于交际，与德国驻日本大使建立了友谊。他从德国武官那里得知了巴巴罗萨行动。1941 年 5 月 12 日，他通知了莫斯科，称德国将于 6 月 20 日发动进攻。5 月 15 日，他再次通知莫斯科，称进攻将推迟至 6 月 22 日，这是准确的进攻日期。尽管佐尔格是一名值得信赖的长期特工，但他的情报却被莫名其妙地忽略了。1941 年底，他被神秘人出卖，遭到日本当局逮捕。后来，他遭受折磨，并被处以绞刑。

　　在德国发动进攻后，斯大林请求英国提供援助，丘吉尔慷慨地提供了一切可能的帮助。多年来，丘吉尔一直宣称斯大林和苏联是西方自由社会的死敌。丘吉尔的助手约翰·科尔维尔问他为什么要全力支持苏联。丘吉尔答道："任何抗击希特勒的人，都是我们的朋友。"[42]

　　但是，随着时间的推移，丘吉尔不再那么慷慨。斯大林警告道，除非英国的大量援助立即到位，否则自己可能会跟德国议和，让英国独自对付纳粹。丘吉尔对此非常愤怒。他向苏联大使指出，苏联从未动过一个指头要去帮助英国，或任何其他遭到德军袭击的欧洲国家。相反，斯大林下令攻击芬兰，这导致了非常尴尬的苏军战俘事件，在当时的照片里，苏军战俘满脸鼻血。

　　1940年11月，斯大林动用36个步兵师和6个坦克师突袭芬兰。苏联战机猛烈轰炸赫尔辛基的住宅区和工业区，导致许多平民丧生。芬兰报道了苏军的突袭，然而，苏联却驳斥这些报道是捏造事实，声称苏联空投面包给饥饿的芬兰人民。芬兰讥讽这些炸弹是"莫洛托夫面包篮"。西方国家普遍认为，寡不敌众的芬兰军队完全不是苏联军队的对手。

　　然而，这种认识是错误的。在20世纪30年代后期，斯大林清洗了苏联军官队伍，派往芬兰的百万苏联军队指挥不力，并且装备也不足以应对北极的寒冬。芬兰拥有一支由30万人组成的精锐军队，他们熟悉地形，也知道如何在雪地里打冬季战。芬兰军队没有反坦克炮，但发明了"莫洛托夫鸡尾酒"来对抗苏联军队的"莫洛托夫面包篮"。这种致命的"莫洛托夫鸡尾酒"是用瓶子装着掺混好的煤油、氯酸钾和雷管。芬兰滑雪部队用它来伏击和点燃苏联坦克，并在坦克兵逃生时将其击毙。

芬兰军队和北欧寒冬合力抗击苏联军队。瑞典提供了大量援助，包括反坦克炮、榴弹炮、医疗用品和一支由 8 000 人组成的志愿旅。其他国家也承诺提供援助，但却没有兑现。在 1941 年春，斯大林向苏芬边境调遣了大批部队。苏军在温暖天气的帮助下几个月就占领了芬兰。于是，芬兰无奈投降。希特勒从该事件中得出结论，苏联军队战斗力不强，苏联唾手可得。

伦敦股市反弹

如图 5.1 所示，1941 年 1 月上旬，英军在非洲的图卜鲁格和阿比西尼亚战胜了意大利军队，金融时报指数随之反弹。然而，战争消息依然严峻，并且原料短缺和航运损失打击了英国工业，股市在年初的冬天里再次下跌。在上个夏天充满活力的爱国主义开始消退。1941 年 4 月，希腊投降。伦敦报纸专栏作家们抱怨政府的军事指挥不力。英国人民意志坚决，甘愿忍受更多的艰辛和贫困。这种气氛很难让人有购买股票的欲望。

伦敦股市在一连串坏消息以及猛烈的伦敦大轰炸中竟然开始反弹。它是否预见了德国进攻苏联的巴巴罗萨行动？尽管德军占领了苏联的大量领土，但一旦苏联参战，英国就不再是孤军奋战，德军跨海入侵英国的可能性将大大降低。在 1941 年初的冬天，伦敦股市连续下跌，但在当年其余的时间里持续反弹。12 月中旬，金融时报指数达到高点，较 4 月的低点上涨 24%。有意思的是，尽管糟糕的战争消息层出不穷，但伦敦股市在 10 月中旬以后依然坚挺。

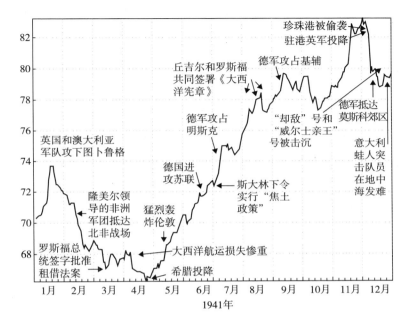

图 5.1 1941 年的英国金融时报指数

资料来源：*Financial Times*；Global Financial Data，Inc.

毫无疑问，伦敦股市被不断强化的英美同盟关系所鼓舞，并且肯定觉察到了美国参战的可能性越来越大。这是股市智慧的又一个明证。

德国最大的战列舰——"俾斯麦"号被英军摧毁

与此同时，克劳德·奥金莱克将军率领的英国和澳大利亚军队在非洲战场失利并撤退。澳大利亚政府与丘吉尔再次发生争执。损失惨重的澳大利亚军队撤离图卜鲁格。英军在克里特岛与德国空降部队发生灾难性战斗、希腊投降、叙利亚被占领以及亲德派系在伊拉克崛起等一连串消极事件令人们惴惴不安。尽管从战场上传来的全都是坏消息，但伦敦股市仍然走高。

但是6月，英国皇家海军追击、围歼和击沉了德国海军"俾斯麦"号战列舰，令英国人民异常振奋。这艘大型战列舰是德国海军的杰作，排水量高达4.5万吨，其水密隔舱系统非常复杂。毫无疑问，"俾斯麦"号是世界上火力最强、速度最快、装甲最厚的战列舰，比英国最大的战列舰大25%。"俾斯麦"号的船员素质和火炮控制精度，令伦敦方面和斯卡帕湾海军基地不敢掉以轻心。5月初，希特勒在参观"俾斯麦"号时曾说道："这是海军的骄傲。"[43]

1941年5月23日，"俾斯麦"号战列舰、全新的"欧根亲王"号重型巡洋舰以及6艘护航驱逐舰离开挪威港口，计划袭击英国护航舰队，尤其是一支运送2万名士兵前往中东地区的船队。由于任何一艘英国战列舰或巡洋舰都无法单枪匹马对抗"俾斯麦"号，因此"俾斯麦"号可以轻易击溃英国的运兵船队。英国皇家海军立即派出最大、最快的"胡德"号战列舰，新型"威尔士亲王"号战列舰，以及2艘巡洋舰"曼彻斯特"号和"伯明翰"号前去拦截这支德国舰队。

双方最初在丹麦海峡相遇，这是一片灰色、冰封、浓雾弥漫的海面，位于格陵兰岛和爱尔兰之间。当双方军舰相距25 000码时，战斗开始了。"俾斯麦"号的火炮控制系统非常精准，第一次齐射就命中了目标，"胡德"号开始着火。尽管"胡德"号装甲厚实，但存在一个致命的弱点，那就是"胡德"号两根烟囱之间的一小块区域几乎没有装甲防护。虽然英国皇家海军一直知道这个弱点，并打算加固这块薄弱的区域，但最终还是没有采取任何措施，毕竟这块区域中弹的可能性似乎很小。

然而，在双方接下来的交火中，"俾斯麦"号的一枚重型炮弹击中了这块薄弱的区域，击穿6层甲板，引爆"胡德"号弹药库里的300吨高爆弹药。突然之间，"胡德"号窜起一道1 000英尺高的火焰，就像火山爆发一样。这道火焰在空中闪烁了几秒，然后整艘船被浓烟笼罩。浓烟消散后，人们看到"胡德"号已经折成两段，船头和船尾先上升，然后一起沉入黑色的大海。"胡德"号完全解体，并沉入海底，船上官兵共1 419人丧生，他们要么被炸死，要么被困在船上的防水钢制舱室里面，要么在一分半钟内冻死在冰冷油腻的海水中。最后，只有3个人幸免于难。

英国皇家海军最强大和最精锐的战列舰在刹那间被摧毁，人们的震惊之情可想而知。"威尔士亲王"号战列舰刚服役，一周前刚完成海试，也被数次击中，导致舰桥被毁，船体进水。然而，不为人知的是，在这次激烈的交火中"俾斯麦"号也被击中，导致燃油泄漏。凌晨5点56分，受损严重的"威尔士亲王"号向东南方向撤退，2艘较小的英国巡洋舰也明智地撤出战斗。这场战斗持续了17分钟。

现在回想起来，德军指挥官冈瑟·吕特晏斯海军上将知道"俾斯麦"号受损，并且行踪被英军发现时，就应该中止任务，尽快撤退到布雷斯特港。相反，他可能因为摧毁了英国军舰而兴奋不已，下令继续驶向英国运兵船队。英国皇家海军为了保护运兵船队，派出北海所有可用的战列舰围捕德国舰队。"俾斯麦"号在几个小时后才意识到问题的严重性，驶向布雷斯特港海军基地。英国皇家海军面临的问题是，在全部的战列舰或巡洋舰中，没有两三艘是能匹敌这艘德国超级战舰及其副舰的。现在天气更加糟糕，海面上满是浮冰，暴风雪交加，战舰努力前行，撞击着北方的滚滚巨浪。战舰的艏楼和绳索上开始出现闪亮的冰层。这样的景象很好看，但却很危险，因为这让头重脚轻的战舰划出巨大的弧线。

英国皇家海军跟丢过"俾斯麦"号，因此，英国"皇家方舟"号航空母舰也加入了追击"俾斯麦"号的阵营。5月26日下午，"皇家方舟"号派出15架"剑鱼"鱼雷轰炸机。它们在冰雾中错误地攻击了英国"谢菲尔德"号巡洋舰，而后者正在追击40英里外的德国舰队。"谢菲尔德"号躲过了自己人的攻击，"剑鱼"轰炸机羞愧地返航。突然间，风停了，雪停了，浓厚的乌云向南飘去。

"剑鱼"轰炸机立即掉头，终于发现了德国军舰，在26日傍晚时分，它们在逐渐暗淡的北极光中紧贴着海平面飞行，高度仅为10英尺，随后发起了进攻。至少有两枚鱼雷击中了"俾斯麦"号，但是"俾斯麦"号装甲非常坚固，可以轻松对付鱼雷。然而，其中一枚鱼雷碰巧击中"俾斯麦"号的方向舵，战舰开始高速旋转。整个晚上，4艘英国驱逐舰包围了在北极光彩带下闪闪发亮的"俾斯麦"号，并发射更多的鱼雷进行攻击。

5月27日上午，天气再次突然恶化。尽管"俾斯麦"号失控，甚至无法直线前行，但其庞大的火力完好无损，仍然是一个非常危险的对手。为了拯救"俾斯麦"号，德军派遣轰炸机和U形潜艇前去增援。此外，英国皇家海军舰队的燃油消耗殆尽，向位于伦敦的第一海军大臣报告，称他们可能不得不放弃进攻。丘吉尔立即予以制止，愤怒地命令他们不要在意燃油耗尽，必须尽快击沉"俾斯麦"号，即便他们在战斗结束后被拖回英国。此时，德国"欧根亲王"号丢下"俾斯麦"号，驶向布雷斯特港。吕特晏斯海军上将向柏林方面报告："战舰无法操控。我们将战斗到最后一发炮弹。元首万岁！"[44]

英国"罗德尼"号和"乔治五世国王"号战列舰，以及几艘巡洋舰逐渐逼近受损的"俾斯麦"号，并猛烈开火。海面波涛汹涌，巨浪滔天，这些战舰在巨浪中上下翻腾，而且能见度很低。"俾斯麦"号汲取了教训，进行了强有力的反击，其准确的炮击令对手望而却步。然而，炮手们在冰冷的炮塔中战斗了四天，已经筋疲力尽，纷纷在岗位上睡着了。"俾斯麦"号的齐射变得越来越不稳定，"罗德尼"号来到它的前方，在 4 000 码处进行近距离炮击。

雄伟的"俾斯麦"号坚持战斗，直到变成一条燃烧着的废船。它似乎永远不会沉没。最终，"多尔切斯特"号巡洋舰上前发射三枚鱼雷，全部击中"俾斯麦"号。上午 10 点 40 分，"俾斯麦"号开始侧翻，船员们犹豫了一下，紧接着争先恐后跳入黑色冰冷的大海中，2 000 多名船员葬身海洋。英国皇家海军只救出了 110 名疲惫不堪、脸色阴郁的德国船员。一切都结束了。浩瀚冷漠的大海依旧波涛汹涌。从那以后，英国船队将免受德国巨型战舰的袭击，而英国皇家海军北海舰队也不必一直停泊在斯卡帕湾海军基地。那一年漫长而艰辛，这是英国一次重要的胜利。

英美同盟燃起希望

但是，1941 年下半年发生了两件大事，分别是德军进攻苏联和英美同盟日益加深。令人惊讶的是，伦敦证券交易所似乎早已预见到了这两件大事。尽管纳粹军队取得了巨大的胜利，占领了苏联的大片领土，但当时的评论认为英国投资者相信英国有了苏联这个重要盟友，甚至更重要的是，希特勒根本不可能在东线战场跟强劲对手殊死搏斗的同时入侵英国本岛。事实上，后来德国方面的文件表明，在发起巴巴罗萨行动前，德国军事和政治顾问曾多次提醒希特勒，称德国进攻苏联将增强英国实力，提高英军士气。然而，希特勒对此不予理会，并且他的军事判断一直准确无误。他也无法容忍异议，以至很少有人敢提出不同的意见。

为了与美国结盟，丘吉尔与罗斯福多年来一直保持着密切的友谊。他们都是 20 世纪的贵族，彼此欣赏，享受彼此的陪伴。他们都很健谈、善于交际，罗斯福几乎和丘吉尔一样喜欢参加鸡尾酒会。（当然，丘吉尔的鸡尾酒会从午餐一直持续到就寝时间。）1940 年，美国开始"租借"武器和驱逐舰给英国，到了1941 年，美国海军越来越多地为英国运输船队护航，甚至严重打击了德国 U 形潜艇。美国商船在沉没，美国公民在丧生，美国最终被卷入战争的可能性越来越大。

8 月，英美同盟合作达到高潮。丘吉尔和罗斯福乘坐军舰前往加拿大新斯科舍一处僻静的海湾，进行了三天的会晤。英美领导人以及他们手下之间的私人情谊蓬勃发展。在一张"威尔士亲王"号后甲板上举行周日教堂礼拜的精彩照片里，500 名英军和美军水手齐声高唱赞美诗《千古保障》，罗斯福总统昂头高唱，丘吉尔则鄙视唱赞美诗，认为那只是在浪费时间，他戴着眼镜看哪些人在唱。双方的联合宣言清楚表明，两国对希特勒的看法是一致的。对于这方面的内容，联合宣言的第六点写道："待纳粹暴政被最终摧毁，他们希望可以重建和平。"这些不是好战者和中立者的话语，而是盟友之间的话语。一个伟大的同盟已经铸就。

1940年，英国面临的风险是德国会在美国全面参战前入侵并征服英国，而日本会抢占英国的远东殖民地。丘吉尔和其他许多人都非常担心这种可怕的结果，而且很多证据表明，罗斯福也对此忧心忡忡。然而，如前所述，美国国内仍然有着严重的孤立主义倾向和亲德情绪，而罗斯福对此非常清楚。在一场美国母亲反对租借法案的运动中，主办方游说人们投票反对租借法案，认为这是美国进行干预的前奏。请记住，1941年春，美国众议院仅以一票的微弱优势勉强通过了强制军事训练法案。查尔斯·考夫林神父也是孤立主义者。作为一位充满激情的天主教神父，他在周日下午的广播中向4 000万名听众宣扬狂热的反共产主义和反犹太主义。罗斯福在1940年的总统大选中顶着来自孤立主义者和反战母亲们的压力，成为美国历史上首个第三次当选总统的人。他承诺除非美国遭到攻击，否则不会让美国参战。

伦敦股市的反应

随着1941年下半年德国日益增多的敌对行动，以及美国海军的反击，美国参战的可能性似乎越来越大。美国通过租借法案为英国提供武器弹药。如前所述，1941年春初，伦敦股市似乎预见到了这一点，尽管股市遭到战争坏消息的冲击，但到12月却上涨了约25%，几乎是在珍珠港事件发生后的第二天达到高点。

道琼斯工业平均指数的表现截然相反。随着美国参战越发不可避免，股价稳步下跌。现在回想起来，这完全合乎逻辑。对于英国来说，美国参战是上帝的恩赐，而对于美国公司和投资者来说，这意味着工资和价格管制、税收增加以及超额利润税。没有人知道战争经济会产生哪些意想不到的后果。

在 12 月的最后三周，伦敦股市大幅下跌，反映了美国和英国在太平洋战场的失利，以及德国向莫斯科郊区的推进。数月以来，英国股市一直热切期待美国参战。当美军在珍珠港和菲律宾损失惨重的消息突然传来，英国投资者开始担心美国是一只纸老虎。当时的报道表明，对于英军在亚洲和地中海战场的失利，伦敦股市每天的反应非常强烈。

英国皇家海军遭受重创

最具破坏性的灾难可能发生在 1941 年 12 月中旬。日本海军飞机在新加坡附近海域击沉了英国皇家海军"却敌"号和"威尔士亲王"号战列舰。英国皇家海军不仅失去了 2 艘最新、最先进的战列舰，而且损失了 2 000 多名经验丰富的船员。这次惨败引发了人们对新加坡命运，以及英国皇家海军是否已经过时以至无法对抗日本空军的怀疑。这两艘巨舰在缺乏空中掩护的情况下为何要四处游荡？实际上，日本的这场胜利比偷袭珍珠港大得多，美国战列舰在珍珠港事件中沉没于浅水区，因此可以快速打捞和修复，然而"却敌"号和"威尔士亲王"号却沉入海底，永远消失。

英国皇家海军的损失不止于此，然而，人们过去一直认为英国皇家海军是海洋的绝对统治者。1941 年 12 月初，德国 U 形潜艇在地中海击沉了四艘英国战列舰，造成的人员伤亡惨重。随后，在 1941 年 12 月 18 日晚，英国军舰停泊在亚历山大港。六名意大利蛙人突击队员趁着防潜栅门打开之际，携载三枚机动鱼雷偷偷溜进英国皇家海军基地，并将这些定时炸弹固定在 "勇士" 号和 "伊丽莎白女王" 号战列舰上。这两艘军舰惨遭重创，而意大利蛙人突击队员在黑夜里踪影全无。这是一项大胆的壮举。这次偷袭让丘吉尔非常恼火，因为他一直对意大利军队不屑一顾。他遗憾地告诉下议院："在数周内，我们七艘大型战舰遭受重创或长期无法战斗，这超过我们战列舰和巡洋舰总数的三分之一。"[45]

但是，更多的灾难接踵而至。同一天，三艘巡洋舰和四艘驱逐舰组成的英国舰队从马耳他出发，追击一支驶向的黎波里港的大型意大利运输船队，然而，英国舰队却驶入了雷区，三艘巡洋舰全部中弹，其中 "海王星" 号巡洋舰沉没，船上的 700 多人丧生，另有一艘驱逐舰沉没。这次惨重的损失让英军暂时失去了对地中海的控制权，而希特勒第一次可以从海上补给非洲军团。随后，1942 年 2 月，两艘强大的德国巡洋舰 "沙恩霍斯特" 号和 "格奈森瑙" 号从布雷斯特港成功突围，这令英国皇家海军再次蒙羞。

英国即使反击，也是厄运缠身。1941 年 11 月 23 日，身陷图圄的英国第八集团军打算在图卜鲁格郊外的沙漠里发起反攻。他们精心策划了从后方偷袭德军的行动，计划刺杀隆美尔，摧毁德国非洲军团的指挥和通信枢纽。罗伯特·莱科克上校率领 50 名英国突击队员搭乘潜艇沿着海岸线行驶，深入德军防线的后方。

然而，当天海面波涛汹涌，只有 30 名英国突击队员成功登陆。尽管如此，这次偷袭仍然令德军大吃一惊。他们冲进了隆美尔平时睡觉的房间。不幸的是，英军得到的情报是错误的，实际上，隆美尔和他的参谋长正在罗马。尽管如此，双方在黑暗的房间里激烈地交锋，包括肉搏战，20名德国士兵和8名英国突击队员丧生。当英国其余突击队员回到海滩上，准备登上等待的潜艇时，他们才发现橡皮艇已被大浪吞没。于是，莱科克上校把人员分为两组，让他们遁入乡间。他们带的水和食物很少，还被德军穷追不舍。36天后，只有莱科克上校和一名中士最终重返盟军防线。

总而言之，1941年是艰难的一年。英国人终于把这一年熬过去了。然而不幸的是，1942年上半年却是雪上加霜，处境更加艰难。

第六章

巴巴罗萨计划：德国突袭苏联

苏德之战通常被称为百年大战，其中最重要的一场战役发生在斯大林格勒及其周边地区。1941 年 6 月，德国实施巴巴罗萨计划，对苏联发动突袭。这个计划鲜明地体现了希特勒暴戾恣睢的个性。希特勒自己构思和策划了巴巴罗萨计划。首先，他引诱斯大林自满轻敌；其次，德国军队在他预先设定的时间和地点以苏联无法想象的兵力发动突袭。希特勒将其描述为一场针对"犹太布尔什维克阴谋家、指挥官的歼灭之战"[46]。

希特勒在《我的奋斗》一书中，明确地把苏联当成最终的敌人。德国在战略上取得在东欧的"生存空间"或"开放空间"，将确保"千年帝国"免于经济匮乏和军事威胁。希特勒告诉那些心存疑虑的德国将军，称"只要撬开苏联的大门，这个国家就会立即倒塌"[47]，而这恰恰也是巴巴罗萨计划的初衷。这个计划大胆新颖，不落俗套，筹划和执行都相当出色。

一些坚持阴谋论的历史学家仍然认为，当时罗斯福出于充分的政治考虑，故意无视日本偷袭珍珠港的警报，而苏联领导人也故意纵容德军突袭苏联。美国著名历史学家和记者哈里森·索尔兹伯里认为，马林科夫、贝利亚和莫洛托夫三人可能获悉德军突袭的警报。他们出于政治方面的考虑，允许德军发动战术偷袭，而反对苏联军队提前戒备。若果真如此，他们肯定严重低估了德军的攻击力，以及德军将取得的成功。

索尔兹伯里坚持认为，当德军横扫苏联边境时，斯大林被锁在房间里，濒临崩溃，并且马林科夫、贝利亚和莫洛托夫三人可能认为他们可以夺取对政府的控制权，然后发动政变，背着斯大林与德国媾和。没有人比索尔兹伯里更了解克里姆林宫里政治阴谋和斗争的复杂性，他在《列宁格勒被困九百天》一书中写道："克里姆林宫的政治无所不能——在可能的目标领域，在可能的手段领域，没有任何障碍。"然而，这种阴谋似乎不太可能。

希特勒与德军将领失和

由普鲁士军官团组成的德军总参谋部一再提醒元首，称德军在没有击败英国的情况下进攻苏联过于危险，并举了一系列不利因素，比如，苏联军队人数占优、作战路程遥远、后勤补给线过长、苏联冬季更早来临也更冷，以及苏联道路状况恶劣，以至德国机械化部队无法发挥优势，等等。希特勒与那些传统而顽固的普鲁士将领一直不和。希特勒从未完全信任他们，并且理由相当充分。在发动巴巴罗萨计划时，德军高级将领的平均服役时间为36年，全部参加过第一次世界大战，大多数人在1940年指挥过战斗。他们大多出身普鲁士贵族，或者历史悠久的德国中产阶级军人世家。

德国高级军官团深受神圣的无党派思想传统的影响，认为军队高于政治，应完全服从统治者，无论是德皇还是元首。然而作为历来的传统，他们必须向当权者表达意见，无论当权者是否愿意听取。希特勒认为德国高级军官团蔑视自己的军事战略，尽管他们知道希特勒参加过第一次世界大战，并且表现英勇。然而，希特勒不是职业军人，也不是绅士，而只是下士。他们背着希特勒嘲笑希特勒富有想象力的战略创新，例如给"斯图卡"俯冲轰炸机安装风箱，以及加长坦克的炮管。他们显然不相信拿破仑的一句名言：就打仗而言，业余选手往往优于专业人士。

但是，希特勒不信任德军将领还有更深层的原因。1938 年 9 月，德国陆军总参谋长路德维希·贝克将军坚信，希特勒入侵捷克斯洛伐克的大胆计划是引火上身。他面见元首并指出：在德国东部边境有捷克斯洛伐克的三四十个师，而且位于西部边境的法国军队人数是德国的 8 倍；另外，苏联可能会发动进攻，而英国已经动员海军。捷克斯洛伐克至少可以支撑 3 个月，从而使得法国和英国有充足时间进行武力干预。

此外，德军实力不足。贝克将军估计，德军至少还需要 4.8 万名军官和 10 万名高级士官，才能有效作战。最后，他明确地告诉希特勒，只有不到五分之一的德国军官相信德军有可能取胜，因此入侵捷克斯洛伐克的计划是疯狂的。希特勒一直听着，而他那双犀利的眼睛一直盯着贝克。当贝克将军说完，希特勒告诉他："我不喜欢你们的普鲁士传统，对于我来说，德国军队是国家的工具，我是国家元首，我希望你服从命令。"于是，贝克将军当场辞职。

贝克将军德高望重。十名将军密谋推翻希特勒，其中包括柏林卫戍区司令、柏林警察局局长格拉夫·冯·赫尔多夫以及陆军总司令冯·布劳希奇将军。他们进行了周密的安排，调遣其中一位将军的精锐装甲师到首都柏林附近。他们计划以谋杀罪逮捕希特勒和其他纳粹领导人，并举行审判，德国政府将发表互不侵犯声明，从捷克斯洛伐克边境撤军，在选举前组建临时军政府。一旦希特勒回到柏林，该计划就立即启动，实施拘捕。

1939 年 9 月 14 日上午，希特勒从贝希特斯加登返抵柏林。这些策划者立即召开会议，决定当晚八点开始行动。当天下午晚些时候，柏林警察局局长格拉夫·冯·赫尔多夫得知，英国首相张伯伦突然飞往贝希特斯加登会见希特勒，于是希特勒的车队驶离柏林，前往贝希特斯加登。他们的计划不得不中止。如此难得的机会最终消失。第二天，这支驻扎在首都柏林的装甲师奉命前往德国边境。

此时，希特勒的压力很大。德军将领严重警告他，不仅德军没有做好准备，而且入侵捷克斯洛伐克的风险太大。此外，德国舆论也不支持他。希特勒可以发动入侵吗？如果入侵失败，那么他很可能会下台。希特勒对自己的判断的信心令人吃惊。

接下来发生的事情世人皆知。英国首相张伯伦被希特勒的花言巧语所迷惑，并且希特勒不顾所有专家的反对，决定全力进攻捷克斯洛伐克，并且在短短数周内而不是数月内取得了惊人的军事成功。希特勒的神秘色彩开始在德国人心中扎根。尽管后来几年也发生了其他政变密谋，但人们不禁要问：如果这场政变成功了，世界历史在接下来的七年里将会怎样？

德国计划突袭苏联

到 1941 年中期，希特勒入侵捷克斯洛伐克的计划，以及他之前所有的军事决定都非常奏效。德军总参谋部反对进攻苏联，但希特勒对此置之不理。希特勒集结了 154 个德国师，共计 305 万人，14 个罗马尼亚师、18 个芬兰师，以及 14 万人的匈牙利、波兰和意大利军队，还有 3 350 辆坦克、7 000 门大炮和超过 2 000 架飞机。即便已经是 20 世纪中叶，德军仍然动用 60 万匹马拉大炮、油罐车甚至运兵车。苏联的道路泥泞不堪，马匹更能发挥作用。此外，骑兵战术仍然奏效。骑兵可以在灌木林中作战，或者突袭对方营地。

巴巴罗萨计划原定在 5 月下旬发动进攻，从而使德军有充足的时间赶在苏联严冬来临前，也就是在 12 月前，抵达列宁格勒、莫斯科、库尔斯克和卡尔洛夫卡等冬季营地。冬装和除冰设施非常沉重，不便携带。此外，希特勒打算激励德军将领积极进攻。然而，1941 年春，希特勒被迫派遣部队前往希腊营救墨索里尼的意大利军队，并且由于苏联边境的潮湿天气，巴巴罗萨计划被迫推迟三四个星期。

6 月 17 日，发生了一件离奇的事。德军前线部队的一名上士袭击了一名军官，并于当晚越境叛逃。这名上士为了自保，向审讯他的苏军上校交代了德军发动进攻的确切时间。这名苏军上校向他的上级报告，但他的上级认为这是无稽之谈，竟然不予理睬。[48]

德军主力装甲部队在苏联边境集结了十个装甲师，每个装甲师配有 200 辆坦克，还有摩托化步兵作为支援，它们分布在三个相隔甚远的集团军群。北方集团军群的目标是列宁格勒；中央集团军群负责进攻苏联的核心地带，夺取莫斯科；而南方集团军群的任务更加艰巨，即夺取高加索油田，并一路攻占斯大林格勒。开战第一天，即 1941 年 6 月 21 日，德军先头部队发动了完美的突袭。他们的数量、机动性和火力占据绝对优势。一整列火车的摩托化步兵、坦克、火炮和步兵随即抵达。德军冲破了苏军薄弱的防线，深入苏联境内 20 英里。他们掉头包围苏军主力部队，切断后者的退路。

此外，德国空军在地面装甲部队空管员的帮助下，与装甲部队默契配合，出色地提供了近距离的空中火力支援。德国强大的装甲火力以及无处不在的空中火炮，摧毁了轻武装的苏联军队，严重打击了苏军的士气。这场猛攻的目标是给予苏军致命一击，并阻止战斗力强的苏军部队撤回内陆。德军装甲先头部队在战斗开始的第一周，凭借速度和穿透力的优势，向前挺进 250 英里，给苏军造成了惊人的损失，200 万名苏联士兵伤亡和被俘。仅仅在第一天天黑前，曼施坦因的第五十六军团就已经挺进 50 多英里。五天后，这个装甲军团渡过了德维纳河，距离列宁格勒仅剩一半的路程。

苏军战斗到底

在欧洲战场先前的战斗中，被德军包围的军队对德军闪电战的反应是简单尝试逃跑，然后就缴械投降。实际上，大批法国士兵投降，他们的数量如此之多，以至成了德军的负担。相比之下，被包围的苏联军队总是勇猛突围。即便苏联单股部队陷入绝境，也很少投降，而德国军队在作战中经常损失惨重。

尽管苏联士兵历来勇敢坚决，但他们具有"战斗到最后一人"的精神主要是因为，斯大林在德军发动袭击后立即宣布任何投降的人都将被视为叛徒。1941 年 6 月 25 日，他颁布了一道命令，宣布"苏联没有战俘"，战俘的孩子将没有食物配给，而其父母将被送往劳改营。如果战俘逃回苏联，会立即被送往劳改营或枪毙。

1941 年，德国入侵苏联的复杂程度和庞大规模显而易见。到了 12 月 5 日，德军前线宽度达到 1 600 千米，深度达到 1 000 千米。在那一刻，希特勒控制的土地比历史上任何伟大的征服者都要多。撤离伤员和前线补给对德军来说非常棘手，这些工作几乎必须通过铁路完成，而苏军沿着铁路不断实施骚扰。请注意，斯大林格勒还在东边 400 千米外。

令人难以置信的是，1941 年 320 万名苏联士兵被俘，然而，到了 1942 年夏已有 280 万人死亡。希特勒命令枪毙所有被俘的苏联军官。苏联战俘数量太多，以至德国进攻部队难以应付，然而，德国人并不打算保住苏联战俘的性命。苏联战俘被赶进带刺的铁丝网围栏里，四周是党卫军用重机枪把守的哨塔。除了肮脏的军大衣，苏联战俘没有其他任何抗寒衣物，几乎没有食物或水。严寒来临时，他们被冻死在原地。据估计，随后几年，还有 250 万名苏联士兵被俘，约 100 万人死在战俘营里。随着战争的进行，德军更倾向于让战俘劳动，而不是杀死他们。

苏军战地指挥官，包括将领，如果未完成战斗任务或者临阵退缩，将被解除指挥权，经常被前线政委当场处决。斯大林在《总令》上的格言是"在任何情况下，都不能撤退和投降"。尽管雅科夫是斯大林的长子，但是他与斯大林的父子关系一直不好。当雅科夫在斯摩棱斯克附近被俘时，德国人以为自己中了大奖，提议用他来交换一名被俘的德国将军。斯大林轻蔑地回绝，并且逮捕并监禁了雅科夫的妻子尤利娅。后来，雅科夫死在德国集中营里。当他绝望地扑向带电的围栏时，德军守卫开枪将他击毙。

苏军损失惨重

第二天下午，从苏联中部各地赶来的战机以一种过时的密集编队形式出现在战场上空。正如一位德国飞行员所说，这简直是"一种杀婴行为"。在开战后的头两天，苏军损失了 2 000 多架战机，这支世界上战机数量最多的空军，几乎被完全摧毁。又过了一天，苏军轰炸机大队指挥官自杀。一周后，斯大林下令逮捕苏联空军的前线指挥官，并以"叛国罪"判处死刑。开战后的三个星期，苏军损失了 200 万人、3 500 辆坦克和 6 000 多架战机。

对于苏联前线部队而言，没有空中掩护的后果是灾难性的。苏军在斯摩棱斯克、基辅、布良斯克和维亚济马遭遇了令人震惊的惨败，几乎整个乌克兰都被占领。到了 12 月，苏军估计损失了 500 万人、1.4 万架战机以及 4 万辆坦克和火炮。在基辅为时一周的激烈战斗中，苏军有 100 万人阵亡、60 万人被俘。最后，苏联步兵冲向德国坦克，他们的枪都上了锁，并且只有 4 发子弹，扩音器不停地播放着斯大林的号召，要他们为祖国战斗到底。

直到二战结束，苏联动员了 3 000 多万人，阵亡 800 万人，而英国和美国阵亡 25 万人。35% 的苏联军官丧生。苏联步兵平均在前线服役三个星期，要么阵亡，要么身受重伤。

苏军还把狗当作自杀式炸弹袭击者。这些狗经过训练后会去大型车辆下面寻找食物。它们背上的包裹里全是炸药，上面有一根竖直的棍子。当它们跑到德国战车的下面时，炸药将被引爆。

在战争开始的头几个月里，苏军表现之所以如此糟糕，是因为非常缺乏作战经验丰富的高级军官。多年前，德国安全总局局长汉斯·海德里希知道斯大林独断专行，因此巧用"反间计"使斯大林深信苏军总参谋部已被德国特工渗透。1936年底，海德里希故意让苏联"发现"32份文件，从而加深了斯大林对叛徒的恐惧，这些文件包括苏军总参谋长图哈切夫斯基元帅以及其他高级将领与德国军方的往来信件。

乌克兰欢迎德国

苏联西部被占领地区的民众在开战后的头几个月里对德国入侵者没有敌意。乌克兰大多数城镇的居民用面包和盐迎接德国军队，这是当地欢迎陌生人的斯拉夫传统。乌克兰民众对德国感到好奇和宽慰。他们认为自己是白俄罗斯人。

德军前线士兵举止较为文明。他们释放了被监禁的乌克兰人，并重新开放了教堂。乌克兰土地肥沃，农业发达，有大型合作农场。那些苏联政治委员生活条件最好。现在，他们被乌克兰居民逐出居所，遭到粗暴对待，德国军队对此视若无睹。在战争初期，遭到德国入侵的地区几乎没有破坏或游击活动。

然而，希特勒却打算让乌克兰提供生存空间。虽然乌克兰是一个重要的工业中心，但希特勒却看上了乌克兰大片的农场和肥沃的农田，这些可供雅利安定居者使用。因此，接下来发生了三件事。第一件事是希特勒发动了一场残暴的运动，在占领区实施"种族清洗"和种族灭绝政策。他命令党卫军管理占领区。党卫军分子是偏执狂、虐待狂，甚至是变态狂。他们统治残暴，经常使用抽打公牛的鞭子以及凶猛的杜宾犬折磨乌克兰民众，甚至包括儿童。有时，在夏天漫长的夜晚里，那些醉醺醺的党卫军分子会组织"猎杀平民"的活动，残暴地朝众多平民开枪，而那些被击中腹部的人将缓慢而痛苦地死去。

第二件事是随着战争的继续，德国意识到自己需要工人为军队生产武器装备，而被征服的国家有大量劳动力，必须加以利用。无数家庭分崩离析，村庄被夷为平地，男人被送往德国劳动。他们被赶进拥挤的火车车厢，那里没有食物和卫生间。尽管夏天酷热逼人，他们却要在火车里待上数日，因为"奴隶"火车在返回德国的途中必须给其他火车让道。通常会有三分之一的人在路上丧生。这些残暴统治断送了和平，引起了乌克兰民众强烈的愤恨，以及激烈的抵抗。

第三件事是随着德军闪电般的推进，那些被切断退路的苏联士兵以及逃兵发现前线已经远在身后。他们知道，如果重返部队，要么被枪决，要么被送到劳改营。于是，他们成立了游击队，在乡村攻击德国运输车队，炸毁铁路，袭击当地驻军，成了德军主要的、无情的对手。到了1942年底，据估计，这些后方游击队有3万人，到了1943年12月，达到15万人。苏联给他们空投武器弹药。

希特勒相信，乌克兰以及苏联西部地区所谓的"白俄罗斯人"都会站起来反对共产党。希特勒误判了强烈爱国、长期受苦的苏联人民，虽然他们遭受俄国沙皇的迫害，但他们对祖国怀有赤诚之心。这些游击队成了民族英雄，以及打击德军的积极力量。

很快，在德军后方兴起了一场地下运动。这是一场残酷无情、无所顾忌的游击战。

苏联游击队员在东欧前线后方的生活并不像欧内斯特·海明威伟大的小说《丧钟为谁而鸣》所描述的那样，一群坚强的战士喝着酒，吃着热狗，与像英格丽·褒曼一样的漂亮女人同枕共眠。相反，那里是松树和白桦林构成的迷宫，溪流和沼泽纵横交错，坦克无法驶入。那里有苏联游击队、犹太帮派、波兰团体以及普通的土匪。正如艾伦·克拉克在其史诗般的历史巨著《巴巴罗萨》一书中所写的，"他们都在猎食德军"。他们不尊重私人财产，偷窃任何可能得到的东西。这些游击队与德国军队都对财富构成威胁。

1942 年，德军最高统帅部发出警告："我们犯了一个错，认为没有进攻和防御就没有战争，但实际上战争一直在持续。当我们的士兵在煮土豆、躺下休息时，他们还必须时刻握紧武器。"[49]

德军进攻莫斯科："最后一搏，胜利将属于我们"

到了 1941 年 10 月中旬，德军兵分三路，向莫斯科挺进。苏联中部前线出现了第一场雪雾，泥泞的秋季开始了。10 月 14 日，德军第一装甲师到达卡尔明，夺取了伏尔加河上的重要桥梁，切断了莫斯科至列宁格勒的铁路线。与此同时，德军第十装甲师抵达波罗底诺，此时距离莫斯科仅有 70 英里，拿破仑曾在这里打过一场重要的战役。到了 10 月中旬，莫斯科城内到处是难民和逃兵，爆发了骚乱和抢劫。10 月 16 日，斯大林命令重要政府部门撤离，平民也开始逃离。当天，内务人民委员部开始焚烧档案，卢比扬卡监狱的烟囱冒起浓烟。斯大林打算逃往大约 600 英里外的古比雪夫，他的火车专列以及私人飞机道格拉斯 DC－3 已准备就绪。

但是，斯大林却没有逃跑，尽管他已经到了火车站，并在专列旁来回踱步。相反，他冷静下来，发誓要坚守。10 月 19 日，他宣布全城戒严，命令内务人民委员部部队枪毙抢劫者和逃兵。许多无辜的平民在随后的混乱中丧生，但社会秩序恢复了，城市没有被抛弃。如果苏联的指挥中枢和精神之都莫斯科被遗弃，落入德军之手，那么他们就能更轻松地过冬，并且从战术上讲，苏德战争的进程肯定有所不同。

然而，随着天气的恶化，德军攻势开始乏力。他们的进攻战略出现问题。一方面，德军将领们希望集中力量攻打莫斯科，认为莫斯科是军事指挥和工业生产的神经中枢，夺取莫斯科将严重打击苏军士气。另一方面，希特勒痴迷于夺取高加索油田，并决定将军事力量转移至此，即使这意味着无法在圣诞节前夺取莫斯科。如前所述，普鲁士的军事传统是，国王在做出关键决定前必须倾听贵族的意见，并与其协商。

海因茨·古德里安将军一直深受希特勒的喜爱，因此那些普鲁士将军让他做代言人。古德里安前去希特勒的指挥部。他在一间斯巴达风格的普通房间里见到了希特勒，房间里有橡木桌、直背椅，墙上挂着地图。古德里安回忆道，希特勒认真倾听了他的陈述。等古德里安说完后，希特勒用他那高亢而认真的声音解释道，德国迫切需要高加索地区的石油，经济考虑必须放在第一位。他还告诉古德里安，将军们没有完全理解整个地缘政治的大背景。此时，古德里安可能想起了贝克元帅的不幸遭遇以及他的波兰庄园，也就不再坚持。

随后，古德里安告诉希特勒，德军士兵缺乏冬装，因此天气对军队的影响越来越大。令人难以置信的是，希特勒甚至顽固地拒绝为德军提供冬季装备，也许他认为如果没有这些装备，德军就会更坚决地向前推进，攻占莫斯科。同样严重的问题是，德军的机械化装备和火炮没有进行防冻处理，并且防冻液供应不足。具有讽刺意味的是，如果按照原定计划 5 月中旬启动巴巴罗萨行动，而不是推迟六周，那么德军很容易在 12 月初抵达冬季营地。希特勒回答道，他会留意这个问题，但后勤补给线已经拉长，供应弹药比供应防冻剂更重要。他告诉古德里安，德军要继续加强攻势。

实际上，在前线作战的德军士兵仍然穿着夏装，他们没有靴子、手套和大衣等，正在被严寒折磨。到了 11 月，由于道路泥泞、物资短缺以及士兵们身心俱疲，德军的推进几乎停滞不前。德军坦克、机械化火炮和卡车在泥泞积雪的荒野平原上陷入困境，急需进行维护保养。由松树、灌木松和桦树组成的森林地形不适合坦克作战。三分之一的德军士兵被冻伤，其中 5 万人伤势严重，以至需要截肢。希特勒没有意识到，后勤保障能力在苏联如此广袤的国家（不像德国通过闪电战突袭的那些欧洲小国）是战斗胜败的决定性因素。虽然在 1941 年秋德军取得了巨大胜利，但陆军元帅冯·朗斯泰特在给妻子的信中写道："广阔的苏联吞噬了我们。"他谈到了遥远的路途、糟糕的道路以及极端的天气如何摧毁一支现代化军队。

到了 1941 年 12 月初，德军先头部队抵达苏联两大历史名城莫斯科和列宁格勒的郊区。12 月 2 日，在珍珠港事件发生的五天前，德军第 258 步兵师的侦察部队深入莫斯科郊区。他们看到远处克里姆林宫的尖塔在冬日午后的微弱阳光中闪烁。那天晚上，气温骤降至零下 31 度。第二天，这支侦察部队被 6 辆苏联坦克和自卫队击退。几天前，德国第四十一装甲集团军的先头部队也看到了列宁格勒。即使德军包围列宁格勒长达 900 天，他们也没能以征服者的身份看到这两座城市。

尽管当时没人知道德军对这两座伟大城市的一瞥标志着巴巴罗萨行动达到了巅峰，尽管在 1942 年夏德军还取得其他重大胜利，但他们的攻势已经被削弱。一年后，战争局势在斯大林格勒发生了逆转。

苏联寒冬吞噬德军

在 1941 年 12 月初，希特勒却盯着地图，此时德军已推进 500 英里，还剩 20 英里就到达最终目标莫斯科。他告诉约德尔将军："这将是最后一搏，我们胜利在望。"[50] 然而，事情并没有那么简单。斯大林决心坚守莫斯科。12 月初，苏联开始动用预备军团，从远东调来精锐的西伯利亚师团。这些新部队穿戴带衬垫的白色制服、毛皮帽和冬季装备。斯大林非常清楚展示军力的重要意义，于是他命令这些援军穿过红场，经过列宁墓和城市剩下的人群，奔赴前线。12 月 4 日至 5 日，苏联援军在距离莫斯科 100 英里的战线上展开大反攻，起到了奇效。克拉克写道："1941 年底，苏联军队战斗力恢复以及展开冬季大反攻，仍然是世界军事史上最了不起的成就之一。"[51] 与此同时，苏联游击队不断骚扰德军后方，并切断他们的后勤补给线。

1941 年末至 1942 年初的冬季是苏联 100 年来最严酷的冬季。暴风雪令人目盲，寒风刺骨，气温急剧降至零下 40 摄氏度，人员、枪支和装备都被冻住。德国装甲车没有防冻剂，无法启动；枪膛没有润滑膏，冻得坚如磐石；20 万名德国士兵被冻伤，自残受伤非常普遍。一夜之间，德军失去了机动性和火力。

更严重的是，德军的无敌神话彻底破灭了，饥寒交迫的德国士兵惊恐不已。他们想起了 1812 年拿破仑和他的大军的悲惨遭遇。他们咒骂那些在柏林的补给军官，后者忘了配发冬季装备。戈培尔策划了一场深情的圣诞募捐活动，到了来年 2 月，这支世界上最强大军队的士兵们冻得瑟瑟发抖、郁郁寡欢，不得不穿着女士外套、毛衣和围着女士围巾。他们在昏暗低沉的阳光里蜷缩在荒凉平原上的篝火旁取暖。

苏联士兵的装备更适应寒冷的天气。他们在宽阔的战线上将德国入侵者从莫斯科逼退了 100 英里。就在此时，希特勒突然干预，这很可能挽救了德军。他禁止继续撤退。他嘲讽那些打算后退的指挥官："后方 50 英里的地方难道就没那么冷吗？"[52]君特·布鲁门特里特将军并不崇拜希特勒，但他后来简洁地说道：

> 希特勒疯狂地命令德军部队无论如何都必须坚守阵地。这个决定无疑是正确的。希特勒本能地意识到，德军在冰雪天气下的撤退必然导致前线在数日内溃败。一旦发生这种情况，那么德军将遭受像拿破仑军队一样的悲惨命运。积雪封锁了道路和铁路，德军只能在开阔地上撤退，过不了几个夜晚，士兵就会倒下，死在原地。对于德军来说，这样的后果是毁灭性的。他们身后没有可供撤退的阵地和防线。[53]

如果德军将领撤退，无论出于任何理由，都将立即被剥夺军衔，解除指挥权，也不准穿军装。例如，汉斯·冯·施波内克伯爵将军曾指挥海牙空降行动而获得铁十字勋章，然而，苏军从海上登陆克里米亚绕到他的背后，于是，他命令部队后撤。后来，施波内克被囚禁并被送上军事法庭，最终被处以死刑。据称，希特勒批评另一位撤退的将军，声称他"丢了德国军装的脸"[54]。当被解职时，这位将军被迫脱下军装，只剩内裤。最终，希特勒粉碎了普鲁士军官团的意志和精神。他在战争的剩余时间里成了唯一的指挥官。

德军仍在坚守

但是，希特勒狂热严苛的措施奏效了。德军没有撤退，也没有溃败，从而免遭拿破仑大军那样的厄运。相反，德国士兵在积雪覆盖的广阔乡村里挖掘掩体，抵御寒冬，坚守战斗。他们学会了如何挖雪洞，潜伏在战壕里，抵抗苏联精锐的西伯利亚师团。此时德军仍然控制着先前夺取的主要城镇，并在那里建立补给站。德国空军输送增援部队和武器弹药，并负责撤离伤员。德军士气开始好转。他们构建了一个所谓的"刺猬"体系，将这些设防城镇和农场连接起来。德军守住了前线。

到了1942年2月初，在冬季战役的摧残下，苏联西伯利亚师团疲惫不堪，伤亡惨重。虽然苏军大反攻已经结束，但战争在无尽的寒冬中仍然继续。双方经常处决战俘。德军将大多数平民视为游击队员，直接击毙，使用他们的衣服抵御严寒。双方都以这片土地为生。一位德国士兵在他的日记中写道："我们切开冻僵的死马，吃肉充饥，就像生活在恐怖的13世纪。"

柏林股市觉察到希特勒的运气和实力下滑

图 6.1 显示了 1930 年至 1960 年经通胀调整后的德国 CDAX 指数。德国经济从 20 世纪 30 年代大萧条开始强劲复苏，德国股市从 1932 年的底部上涨到了 1937—1938 年的高点，是全球表现最好的股市。毫无疑问，希特勒的强力领导和个人魅力也是重要因素。然后，从 1938 年春末到 1939 年底，德国投资者与贵族和

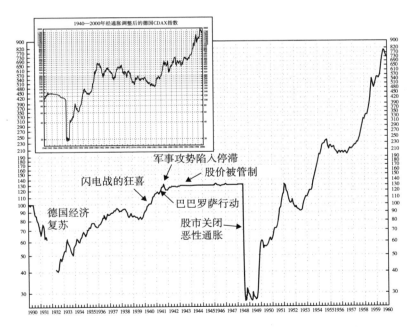

图 6.1　1930—1960 年经通胀调整后的德国 CDAX 指数

资料来源：Credit Suisse；Global Financial Data, Inc；Traxis Partners LLC.

普鲁士将军一样，担心希特勒冒险进攻欧洲。实际上，德国人民不像1914年那样对战争充满热情。他们对第一次世界大战的艰辛和后果记忆犹新，对纳粹的强硬统治及纳粹对犹太人的迫害感到不安。有关政变和集中营的谣言四起。

然而，到了1939年底，在1940年闪电战之前，股价开始预见到德军的压倒性胜利。从1940年到1941年，德国经济因军备生产而蓬勃增长。德国掠夺被占领的国家，食品供应充足，失业率几乎为零，法国、波兰和荷兰战俘带来的低劳动力成本使得企业利润飙升。

1941年1月，大幅攀升的股价开始停滞不前，然而，三个月后，股价在巴巴罗萨行动发动前开始快速飙升。有趣的是，到了1941年深秋，柏林股市不知何故觉察到了希特勒的绝佳运气和胜算在走下坡路，德军攻势已达到顶峰，即将遭受重创。苏军大反攻、德军撤退、1941年底寒冬的可怕艰难等还没有发生。

德军攻势停滞的消息以及对苏联广袤辽阔的感觉是如何传回德国本土的呢？德军前线部队可以给家人写信，但内容受到严格审查。部队几乎没有轮换休假，直到1942年的春天和夏天。报纸上和广播里的战争新闻受到严格控制，没有披露德军在苏联战场上的攻势停滞、冬装短缺等问题，或者10月和11月苏联早寒带来的困难。

恰恰相反，媒体报道的是德军在苏联和北非沙漠战场上的军事胜利。随着圣诞节的来临，柏林和其他大城市的人生活富足，资金充裕，食物充足，政府鼓励人们写信给前线士兵，赞扬他们在圣诞节的英勇战斗。除了股市，还有谁知道德国已经大势已去？当然，一些德军将领也在怀疑。正如接下来所说的，一年后，柏林股市毫无生气，而且受国家管控。

1940 年至 1941 年，一些非犹太德国人对时局深感震惊，将资产转移出德国。这是一件非常麻烦的事情。将黄金和珠宝转移到瑞士毫不费力，但把大笔资金汇出德国则极其困难。一方面是因为外汇管制和税收；另一方面是因为这种做法被认为是不爱国的，实际上是叛国的。德国央行和财政部腐败透顶，这样做无疑是拿生命去冒险。尽管如此，瑞士银行家表示，资金确实从德国流入苏黎世、布宜诺斯艾利斯、马德里和圣地亚哥的银行账户，并在战争的剩余时间里一直停留在这些账户中。战后的文件记录显示，到了 1943 年，一些纳粹分子偷偷汇款到南美洲，以备不时之需。

到了 1942 年 2 月，大反攻耗尽了苏军的元气，西伯利亚师团损失惨重，严寒也让他们精疲力竭。随着 1942 年春天的来临，气温逐步回升，德军将再次发动进攻，其装甲部队将横扫苏联大草原。但是，对德国股市至关重要的德军无敌神话在 1941 年底凄惨的寒冬中已经破灭，再也没有恢复。

与此同时，在世界的另一端，史上最令人瞩目、最大胆、最成功的一次偷袭即将拉开太平洋战争的序幕。

第七章

珊瑚海和中途岛海战

在世界的另一端，日本一直密切关注着欧洲局势。日本一直没有海外殖民地和可靠的原材料供应基地，因此长期缺乏安全感。日本嫉恨西方列强在亚洲拥有丰富的资源，相信自己才是远东的主宰。现在，随着欧洲列强注意力的转移，以及美国存在明显的孤立主义倾向，日本相信是时候夺取所需的土地和资源了。

1941 年 1 月，近卫文麿出任日本首相。他处事老练，丘吉尔称他为"一位较为谨慎的政治家"[55]。近卫文麿认为日本与美国开战将是一个严重的错误。日本天皇和皇室并不热衷于与西方开战。他们欣赏英国的君主制，并复制了英国的传统。例如，在日本海军的战舰上，有身着白色短制服的管家提供西式午餐，同时还有乐队演奏，这与英国海军非常相似。此外，日本与摩根银行关系密切，贵族不愿与之断绝关系。摩根银行在地震后的艰难时期帮助日本政府承销了大量国际债券。

另外，山本五十六对美国了如指掌，质疑日本与美国交战的合理性。他认为，即便日本设计并建立了世界上最现代化的海军，日本陆军作战经验丰富，但就工业而言，日本也无法与美国相提并论，甚至在某些方面日本的经济几乎还停留在中世纪。例如，尽管日本的新型零式战斗机是世界上最好的，但却用牛车从工厂运出来。

日本海军及其传统，甚至江田岛海军兵学校，都以英国皇家海军为蓝本。[56]埃文·托马斯在《雷霆之海》一书中详细描述了日本海军学校制度和军官性格。日本海军学员从英国教官那里学习餐桌礼仪和如何敬酒。学校告诉他们必须始终乘坐头等舱，永远不要让别人看到自己提行李箱。学校的学业和航海技术课程要求很高，最重要的是对天皇的忠诚，以及战死沙场的决心。

然而，日本海军学员也被残酷对待。最轻微的违规行为也会导致体罚以及值岗。每个星期天，新生在训练场上全神贯注地站立四个小时，并被高年级学生呵斥殴打。日本海军学校的体能训练计划残酷无情。英国教官对此心存疑惑，难道这样不会培养出没有任何创造力、没有独立人格并且心胸狭隘的机器人吗？尽管江田岛海军兵学校采用斯巴达式的军事化管理，但入学竞争非常激烈，录取率低至1/30。

军官们从学校毕业后要遵守严格、冷漠、强调纪律的指挥体系。然而，他们下班后就去聚会放松，整晚在外面喝酒。

实际上，整个日本海军使用暴力强化组织纪律和盲目服从。尽管日本海军进行了精心的规划和演习，比日本陆军更国际化、更开放，但它也重视古老的传统。就像以前武士可以杀死不让路的无礼平民那样，在1941年，日本海军军官会五次用拳头打任何不敬礼或者不服从命令的士兵。日本军舰士官随身带着又细又沉的棍子，称为"精神棒"[57]，用来惩罚那些没有迅速服从命令的士兵。这种做法相当奏效，但也让士兵们产生了怨气。

在20世纪40年代初，大多数日本军方和工业界精英认为，美国腐朽衰落，进攻美国的时机成熟。然而，1941年初，在一次战略规划会议上，后勤专家岩畔豪雄谨慎地劝告那些急于挑战美国的军方领导人，在这些人的眼中"美国只不过是纸老虎"。岩畔豪雄指出，1940 年，日本仅生产了 48 000 辆汽车，而美国的汽车装配线下线 450 万辆。日本农业人口占全国总人口的一半，训练有素的装配线工人和技师非常匮乏。日本军火产量只是美国的 1/10，煤炭和钢铁产量是美国的 1/13。1940 年，日本飞机产量仅为美国的 20％，造船能力只有美国的一半，工业劳动力人口仅为美国的 1/10。一旦双方开战，美国建造舰船和飞机的速度会比日本快得多。岩畔豪雄非常怀疑日本攻击一个如此强大的国家是否明智。

日本的扩张史

然而，在整个 20 世纪 30 年代以及 40 年代初，日本是一个资本主义与神道教野蛮主义的综合体。神道教野蛮主义认为，日本大和民族是 2 600 年来从未输过任何一场战斗的优等民族。日本陆军将领们特别反感和平主义者的论调。为了避免山本五十六被暗杀，日本政府授予他海军指挥权，而岩畔豪雄则被派往柬埔寨。

日本政治有非常黑暗和狂虐的一面。在 20 世纪 20 年代后期，日本首相和天皇高级顾问经常遭到暗杀。1932 年，对于首相、财政部长和知名实业家而言，遭到暗杀几乎是家常便饭。1933 年 12 月，天皇本人差点被暗杀。三年后，发生了最严重的军事政变。黎明时分，极右翼陆军军官们持剑和冲锋枪闯入政府主要官员的家中，杀死了四名内阁大臣。刚刚宣布重返议会政府的首相冈田启介海军上将被他的妻子英勇营救，他的妻子将他锁在柜子里使他免遭不测。

具有讽刺意味的是，日本陆军对现代化战争准备不足。从1904 年至 1905 年的日俄战争，日本陆军以少胜多，因此陆军将领们相信日本士兵种族纯洁，天生就有优势。他们认为军队人数和装备不如精神因素重要，比如斗志。

从 1931 年至 1934 年，日本最有影响力的人物是陆军大臣荒木贞夫。伟大的历史学家保罗·约翰逊形容他是一个"凶残的武士道理论家，希特勒式青年运动领导者，以及新极权神道教的主要倡导者之一"[58]。后来，日本大战略的主要策划者辻政信——一位狂热的神道教信徒，曾试图持剑暗杀首相，但实际上，他出于强烈的道德愤怒纵火烧毁了一个妓院，而里面全是他的同僚军官。

试图避免与美国为敌

尽管日本海军曾在日俄战争中战绩辉煌，但却没有幻想能战胜美国，尤其是山本五十六。他理性谨慎，曾在对马海战中负伤，是日本海军航空兵部队的主要倡导者。他相信航空母舰是未来海战的制胜关键，而第一次世界大战中日德兰海战那种大规模的舰对舰交锋已成为历史。他反对建造超级战列舰，声称它们在未来海战中像武士刀一样毫无用处。如前所述，山本五十六对美国非常熟悉，曾到美国各地旅行。他认为日本缺乏自然资源，不是一个可以进行长期现代战争的发达工业国家。跟同僚们不同，他不喜欢喝酒，而是喜欢跟他喜爱的艺妓相处。

正如丘吉尔所言，在 1941 年初，山本五十六向近卫文麿透露道："如果不计后果地跟美国开战，那么日本将在最初的六个月或一年内取得大胜，但我对第二年和第三年完全没有信心。"然而，那些掌管大公司的财阀以及狂妄自大的陆军将领坚持认为，日本应该利用欧洲时局混乱、内部争斗频发的机会夺取东南亚的自然资源，这对日本的工业未来至关重要。他们在这一点上完全正确。1941 年 7 月，美国、英国和荷兰对日本实施禁运，切断了对日本的所有石油供应。那些了解日本的人警告道，这样做很危险，因为尽管日本海军一直反对战争，但也离不开石油。

随着日美关系的恶化，近卫文麿深知日本军方好战，不得不尽力避免双方发生战争。1941 年秋，他通过外交渠道提出前往夏威夷火奴鲁鲁与罗斯福总统会晤，通过谈判达成妥协。他提议带着日本军方领导人，并迫使他们遵守可能达成的任何协议，然而罗斯福立即拒绝了他的提议，不肯会面。唯一的可能性就是，罗斯福知道美国将与英国结盟并参战，从而使美国摆脱孤立主义倾向。到了 10 月，被华盛顿方面拒绝的近卫文麿辞去了首相职务。随后，日本攻击美国的计划开始加速。

日本吞并东南亚的战略

突袭珍珠港，摧毁美国太平洋舰队，是日本吞并东南亚战略的关键之举。山本五十六曾在江田岛海军兵学校学习剑术，深知一招毙命的重要性。因此，他提议在战争中也采用这种做法。日本海军的作战构思是，首先，摧毁停泊在珍珠港的美国军舰，然后，在美国舰队重整期间乘机夺取东南亚。虽然山本五十六仍然不愿与美国开战，但却提出了这样的构思。1941 年 9 月，东京海军学院对该构思进行了完善。日本袭击珍珠港的作战计划有很大的风险。为了避免被美军发现，一支巨大的航母特混舰队必须保持完全的无线电静默，悄无声息地航行数千英里。为此，日军必须开发新技术，包括鱼雷、情报和海上加油技术等。日本海军的统筹协调必须天衣无缝。这个作战计划必须有出其不意的效果。日本海军还必须严格保密，因为可能有上千人知晓这个计划。

最终，日本完美地实施了偷袭珍珠港的计划，似乎取得了惊人的成功。然而，它的战略意义却不及预期，并产生了始料未及的、严重的社会后果。这次偷袭唤醒并团结了美国人民。罗斯福称 1941 年 12 月 7 日为"国耻日"，并将这次偷袭描述为懦弱和背叛的行为（确实如此）。尽管有 18 艘战舰被击沉或严重损坏，但其中大多数停在浅水区，因此修复起来只需要数月，而不是数年。日本的制海权只不过维持了六个月。此外，训练有素的美军士兵伤亡较少，美军航母侥幸出海，毫发无损，并且珍珠港的储油罐或潜艇围栏几乎没有遭到破坏。

然而，后来这些都派上了用场。1942 年初，日本顺利地征服了东南亚的大部分地区，获取了丰富的食物、原材料和石油资源。日本接管了荷属印度群岛。罗纳德·斯佩克特在他的经典太平洋战争史《鹰击骄阳》一书中讲述了日本如何评论他们"夺回亚洲领土并将其从白人的枷锁中解放出来的神圣使命"。日本人坚决声称，他们不是从菲律宾人手中夺取菲律宾，而是从美国人手中夺取；不是从马来人和华侨手中夺取新加坡和马来西亚，而是从英国人手中夺取；不是从印度尼西亚人手中夺取婆罗洲、爪哇和苏门答腊，而是从荷兰人手中夺取。

1941 年 12 月 25 日圣诞节，驻港英军宣布投降。1942 年 1 月 2

日，马尼拉也宣布投降。紧接着，两艘最新的英国战列舰"却敌"号和"威尔士亲王"号被日本战机击沉。这两艘巨型战舰在没有空中掩护的情况下搜寻日军运兵船队，却在马来亚海岸附近被日军飞机发现并击沉，大部分经验丰富的船员随之丧生。丘吉尔后来坦言，这场灾难是他在整个战争期间所遭受的最沉重打击之一。

随后，日军攻陷了马来西亚。紧接着，号称坚不可摧的堡垒的新加坡屈辱投降，10 万大英帝国士兵注定遭受极其严酷的囚禁，几乎无人幸存。另一场灾难发生在 2 月下旬的爪哇海战役中，日本海军击沉了盟军五艘巡洋舰和四艘驱逐舰。英国的东南亚帝国已不复存在，印度的重要人物正在策划叛变，并与日本进行和平谈判。荷属东印度群岛（即现在的印度尼西亚）已经失守。

日军擅长丛林作战

此外，日本士兵擅长丛林作战。他们在看似难以通行的丛林中不仅从正面发动进攻，而且从侧面迂回包抄。当日军沿着马来亚半岛向新加坡挺进时，英国和殖民地军队的人数往往是日军的两倍，但却屡次被日军夜袭，折损颇多。长期以来，日本年轻男子都要服两年的义务兵役。日军士兵每周训练 6 天，每天长达 14 小时。他们背着步枪以及相当于自身重量三分之二的背包，连续数周每天步行 25 英里。他们经常在夜里训练。日本野战手册上写道："任何人都知道如何睡觉，因此他们要学会如何保持清醒。"日本士兵崇尚"武士道"精神，强调小股部队作战，不准投降。

正如斯佩克特在他的书中所说的，在 1942 年，以航母为代表的日本海军"可能是世界上最精锐的海军"[59]。多年来，日本海军一直进行夜战训练以及航母作战演习，而英美海军仍然进行昼战训练，作战模式仍然是以战列舰作战为主的日德兰海战模式。日本海军航空兵的飞行训练时间为 700 小时，而美国海军航空兵只有 325 小时。实际上，当日本偷袭珍珠港时，那些驾驶鱼雷轰炸机的飞行员都是作战经验丰富的老兵。

此外，日本战机性能卓越。虽然零式战斗机装甲较轻，但却是世界上速度最快、机动性最好的战斗机。日本鱼雷轰炸机速度更快，设计更好。日本鱼雷速度更快、更准确，可即时引爆，而美国鱼雷则故障频发。日本飞行员必须一直作战，直到战死为止，而美国飞行员的作战和训练实行轮换制度。因此，当战争快要结束时，日本飞行员的水平远不及美国飞行员，但在 1942 年情况却恰恰相反。1942 年，日本的战争机器看起来所向披靡。

日军胜利对全球股市的影响

1942 年，纽约和伦敦证券交易所黯淡萧条。停泊在珍珠港的大部分美国战列舰被击沉或炸毁。也许，更大的打击是菲律宾失守、科雷希多岛投降，以及随后的巴丹死亡行军。4 月 9 日，76 000 名美国和菲律宾士兵在巴丹岛向日军投降，一个月后，最后的 13 000 人在科雷希多岛投降，巴丹死亡行军随即开始。遭受重创的美国海军以及英国和荷兰的亚洲舰队残部在菲律宾海与日本海军交锋，但屡屡失利。

相比之下，东京股市狂热躁动。1938 年初，日本进入战时经济时期，实行严格的配给制。日本国内原材料缺乏，大众消费被限制。牙膏、巧克力、口香糖、高尔夫球以及任何铁制品都短缺，木匠们甚至拆下房子上多余的钉子。尽管如此，投资者觉察到日本正在崛起。东京股市在 1939 年和 1940 年的大部分时间里持续攀升。1941 年，投资者担心西方列强对日本实施禁运，因此东京股市表现低迷。随着日本偷袭珍珠港成功和征服东南亚，东京股市再次飙升。

美国反击

在 4 月中旬，美国发起了象征性的反击。美国"大黄蜂"号航母运送 16 架陆军 B－25 轰炸机，在詹姆斯·杜立特上校的指挥下，执行轰炸东京的任务。当这支小型航母编队悄悄潜入距离日本本土 650 英里的海域时，美军雷达探测到了日本巡逻艇，而此时距离预定的起飞地点仍有 150 英里。这意味着轰炸机最终将不得不在海上迫降，而不是像原计划那样降落在中国的机场。尽管如此，杜立特还是决定立即起飞，执行作战任务。B－25 轰炸机以前从未在航母上起飞过，但每一架都成功升空了。

日本对此毫无提防。当美国轰炸机编队飞抵东京市中心、在树梢上方呼啸而过时，它们引起了日本民众的惊愕和恐慌，并且没有遭到防空火炮的拦截。杜立特本人所驾驶的轰炸机直接飞过一个拥挤的棒球场。美军的轰炸行为引发了火灾，但造成的损失很小，约 50 名平民丧生。随后，美国轰炸机按计划的路线飞往中国，但最终燃油耗尽，只能迫降。杜立特因此获得荣誉勋章。

这次空袭造成了巨大的心理影响。美国媒体和民众士气大涨，而日本民众则陷入恐慌。八名美军士兵被俘，日本民众要求向这些"战犯"报仇。他们立即遭到审判,三人被处死,另外五人被残酷囚禁,其中一人死于营养不良。根据斯佩克特的说法,山本五十六认为这次空袭"是让他感到耻辱的一次失败"[60],日本海军未能尽到保护天皇和本土免受攻击的职责。

日本计划控制太平洋

随即,负责作战指挥并有权直接向天皇报告的海军总参谋部要求报复美国。他们策划要夺取位于太平洋中部的中途岛(这是一座环礁,位于本初子午线/国际日期变更线,旧金山以西 2 800 英里,日本以东 2 200 英里,靠近夏威夷群岛的西北端)。日本史上规模最大的舰队将发动进攻,随后实施水陆两栖登陆。

与此同时,4 月下旬,日本发动了一轮蓄谋已久的攻势,旨在扩大在亚洲的势力范围,并准备入侵澳大利亚。日本计划夺取莫尔兹比港(巴布亚新几内亚首都,它的南边是珊瑚海,与澳大利亚最北端隔海相望),作为进攻澳大利亚的空军基地,并且夺取瓜达尔卡纳尔岛对面的图拉吉岛(这两座岛都是所罗门群岛的一部分,位于澳大利亚北部以东的珊瑚海)。后来,日本夺取图拉吉岛的战斗漫长且艰苦。当时,澳大利亚已将仅有的四个精锐师以及所有最优秀的军官派往中东作战,本土兵力空虚,因此不打算镇守海岸线,而是引诱日军深入内陆,然后再与之作战。澳大利亚政府充斥着党派政治,他们抱怨被丘吉尔遗弃,这给丘吉尔带来了很大的困扰。因此,盟军认为必须遏制住日本的攻势,于是临时组建了一支美国特遣部队,由弗兰克·杰克·弗莱彻海军上将负责指挥。

珊瑚海海战

在 1942 年 5 月的 4 日到 6 日，美国特遣部队拦截了进攻图拉吉岛和莫尔兹比港的日军入侵部队和主力舰队，当时日本主力舰队包括三艘空战实力强大的航母，以及为数众多的巡洋舰和驱逐舰。这场战役后来被称为珊瑚海海战。当时天气变化莫测，伴有浓雾，偶尔有强雷暴和大雨。这样的天气条件不利于日本海军航空兵作战，并且影响了这场战役的最终结果。这次幸运之神偏向了美国。尽管双方舰队有时仅相距 60 英里，但却没有直接交火。

虽然日军在航母、重型巡洋舰以及经验丰富的航空兵上优势明显，但弗莱彻海军上将却自始至终占据主动。在双方的首次交火中，他对入侵图拉吉岛的日本海军发动了三次空袭，击沉了一艘驱逐舰、两艘巡逻艇、一艘运兵船，并重创了另一艘运兵船。由于日本主力舰队在数百英里外，战机无法及时赶到，所以入侵图拉吉岛的日军失去了空中掩护，损失惨重，被迫取消入侵图拉吉岛的计划，直到第二天才得以继续。

第二天早晨，一架美军侦察机透过云层发现，入侵莫尔兹比港的日军登陆部队与其主力舰队相距甚远。弗莱彻上将决定抓住这个千载难逢的机会，立即动用一切力量予以打击。美国战机击沉了日军"祥凤"号航母，日军登陆部队失去了空中掩护，被迫再次推迟入侵计划。当美国战机返回航母加油时，日本主力舰队的战机突然出现。幸运的是，在这最危急的时刻，一场暴雨将美国航母笼罩其中，从而幸运地躲过日本战机的进攻。美国航母幸免于难，并给战机加油。天气非常恶劣，以至一个日本飞行中队迷航，误以为美军航母是他们自己的，在试图降落时被击落。日军一共派出 27 架战机，但成功返航的还不到 12 架。

在随后的战斗中，又有一艘大型日本航母严重受损，无法继续作战。第二天，70 架日本轰炸机和鱼雷轰炸机围攻两艘大型美国航母。美国最大的航母"列克星敦"号受损严重，最终沉没，尽管日本在中途岛海战后才知道这条消息。另一艘美国航母"约克镇"号遭到重创，被送回珍珠港进行大修。美国还损失了一艘舰队油轮和一艘驱逐舰。就像中途岛海战一样，美国鱼雷轰炸机简直毫无用处。美国鱼雷速度太慢，以至追不上日本战舰，虽然偶尔会击中目标，但却是哑弹。相比之下，日本鱼雷速度很快，并且很少哑火。

日军入侵部队在发生这些交火后未能得到他们需要的空中支援，因此推迟（后来证明是永远推迟）入侵莫尔兹比港。珊瑚海海战是历史上第一次双方舰队没有直接交火的大规模海战。这场战役完全依靠航母。美军损失了 33 架战机，而日军损失了 43 架以及训练有素的航空兵。虽然日本认为自己赢得了这场战役，但美国在战略上第一次挫败了日本的扩张攻势。美国海军证明了，即便装备不如日本海军，自己也能在以航母为主的海战中击败强大的对手。

中途岛大捷

与此同时，杜立特空袭东京激怒了日本。日本加快了入侵中途岛的计划。日本海军总是进行兵棋推演，用掷骰子的方法来模拟不可预见的因素，反复演练作战计划。然而，入侵中途岛的作战计划在兵棋推演中进展得并不顺利，因为掷骰子的结果表明美国舰队有可能提前察觉到日本舰队，并布置好陷阱。然而，山本五十六的参谋长推翻了裁判的不利决定，声称美国舰队"损失惨重，丧失斗志"。日本海军军官对日本海军的优势以及中途岛大胜充满信心。

由于进攻计划提前，因此他们的电报很容易被破解。美国密码学家破解了一部分日军密码，因此到了5月中旬，美军掌握了日本进攻中途岛的意图。起初，华盛顿方面并不相信这一情报，对日本主力舰队将夺取这片偏远的珊瑚环礁表示怀疑，最终，证据确凿无误。美军紧急增援中途岛，在珍珠港集结了一支大型舰队（尽管是临时拼凑的）。5月22日，曾在珊瑚海海战中受损严重的"约克镇"号航母驶入珍珠港。一开始，预计修复"约克镇"号需要三个月，然而，美军只给造船厂三天时间。第四天，"约克镇"号载着维修工人启航了。

然而，这支仓促集结的美国舰队无法匹敌日本舰队。美国舰队有8艘巡洋舰、15艘驱逐舰和3艘航母，然而，战列舰还在干船坞中，无法投入战斗。美军最大的航母"约克镇"号几乎无法航行，大多数海军飞行员刚从飞行学校毕业，缺乏作战经验，不熟悉美国战机。美国鱼雷轰炸机及其携带的鱼雷早已过时。日本海军分为两支舰队，进攻舰队有16艘军舰，主力舰队有32艘军舰，包括2艘战列舰，其中一艘是山本五十六的旗舰"大和"号，也是当时世界上最大的战列舰，4艘重型巡洋舰，2艘重型航母和2艘轻型航母。日本海军飞行员是曾在中国作战和偷袭珍珠港的老兵。

美国舰队偷偷地埋伏在中途岛东南处，计划趁日本战机攻击中途岛之际派出战机偷袭日本航母。由于美国舰队的火力完全处于下风,以至它完全不考虑水面炮战。为了保证作战计划发挥作用,美军的保密工作和突袭至关重要。如果美国此役战败,那么日本将统治太平洋。澳大利亚、夏威夷和美国西海岸将处于危险之中。事实证明,这场战役的制胜因素是运气和勇气。

日本海军驶入陷阱

日本舰队在驶向中途岛的途中保持严格的无线电静默,自以为美军不知道自己的进攻目标。日军侦查到珍珠港的无线电信号非常密集。山本五十六为了确认美军舰队是否仍然停泊在珍珠港,命令两艘远程水上飞行艇去珍珠港进行侦察。由于路途遥远,这些飞行艇必须在中途加油,因此日军派遣两艘潜艇前往偏僻的弗伦奇弗里盖特礁,负责给飞行艇加油。日本潜艇到达时发现一艘美国驱逐舰碰巧也在那里。日本潜艇等了三天,但那艘美国驱逐舰仍待在原地,因此,山本五十六不得不取消侦察任务,始终不知道美国舰队已离开珍珠港。

与此同时,另一艘日本潜艇前往中途岛进行侦察。这艘潜艇在夜间浮出水面,艇长看到很多美国战机正在降落。显然,美国似乎已经知道日本的突袭计划。他向东京方面报告,但由于日军保持严格的无线电静默,这份情报最终没能送到山本五十六或作战指挥官南云忠一手上。因此,日本海军指挥官从未察觉到美军已经知道他们进攻中途岛的意图。更糟糕的是,当山本五十六后来发现一支大型美国舰队正跟踪他们时,一切为时已晚,日军正漫不经心地驶入美军的埋伏圈。

6月4日上午,日本航母开始了第一轮攻击,100多架轰炸机和战斗机前去轰炸中途岛，为随后日军登陆入侵提供支持。日本海军最优秀的飞行员驾驶着这些战机。它们在飞行途中不幸地被一架美国巡逻机偶然发现。中途岛的美军立即收到警报，所有高射炮准备就绪，所有战机升空应战。虽然美国海军飞行员驾驶过时的"水牛"式战斗机以及性能不佳的"野猫"式战斗机，但他们与高射炮一共击落日本战机38架，重创日本战机30架，取得了非常惊人的战果。更严重的是，日军折损了大量训练有素的飞行员。美军出动25架战斗机，损失15架。尽管这是美国海军在整个战争中伤亡率最高的一次战斗，但却重创了日本海军航空部队。这场空战仅持续了20分钟。

随后，美国6架鱼雷轰炸机和4架陆军B—26轰炸机从中途岛起飞，打击日本进攻舰队。这些老式的美国鱼雷轰炸机在飞行途中就被日军摧毁，而B—26轰炸机则没有命中任何目标。美国7架战斗机也被击落。随后，美国16架俯冲轰炸机发动攻击，但是大多数机组人员从未驾驶过这些全新的轰炸机，在其中一架轰炸机上尾部枪手是一名从未开过机枪的技师。一半的俯冲轰炸机被日军击落，均未命中目标。

与此同时，南云忠一上将命令返航的战机以及负责掩护的零式战斗机降落在航母上。他有信心应对中途岛美军的进攻，命令日本战机加满油，重新装弹，再次攻击中途岛。突然，一架日本巡逻机送来迟到的情报，声称发现美国舰队在附近。他立即命令战机不要装炸弹，而是换成鱼雷，去进攻美国舰队。如果从中途岛返航的日本战机直接去攻击美国舰队，那么它们就没有足够的燃油返航，因此作战指挥官源田实让它们先降落加油。这是一个致命的失误。源田实毕业于普林斯顿大学，后来成为战后日本自卫队的负责人。他应该命令从中途岛返航的日本战机直接进攻美国舰队，然而他与这些飞行员是好朋友，这影响了他的决策。后来，他为此感到悔恨和痛苦。

美军鱼雷轰炸机惨遭失利，但俯冲轰炸机却大获成功

与此同时，美国鱼雷轰炸机从"大黄蜂"号和"企业"号航母上起飞，发起进攻。由于美军协调出错，从"大黄蜂"号航母上起飞的美国第八鱼雷轰炸机中队，没有得到战斗机的掩护。这些老式轰炸机的时速仅为100海里左右，而日本舰队的时速达到25海里，因此根本达不到奇袭的效果。很快，它们被日本零式战斗机团团包围。美国飞行员的勇气甚至给日本人留下了深刻的印象。山本五十六评价道："他们是真正的武士。"美国第八鱼雷轰炸机中队的15架飞机全部被击落，30名机组成员中只有一人幸免于难。这名幸存的飞行员是乔治·盖伊少尉。他坠入日本舰队之中，穿着夹克漂在海面上，差点被一艘驱逐舰撞到。在接下来的战斗里，他坐在漂浮的飞机座椅上，一直处于危险之中，直到第二天被美国水上飞机救走。

接下来，14架从"企业"号航母上起飞的鱼雷轰炸机发动进攻，而日本零式战斗机开始转向攻击它们。只有4架鱼雷轰炸机成功靠近日本军舰。它们发射了鱼雷，但是这些鱼雷要么哑火，要么错失目标。尽管如此，美军的努力并没有白费。美国鱼雷轰炸机的两轮低空进攻吸引了日本零式战斗机的注意力，以至它们忽略了此时高空中的54架美国俯冲轰炸机。这些轰炸机是从美国"约克镇"号航母上起飞的。它们的正下方就是整个日本舰队，而日本航母的飞行甲板上全是正在加油和装弹的战机。

当大多数日本零式战斗机在低空截杀那些不幸的美国鱼雷轰炸机时，美国俯冲轰炸机从高空中发起攻击。[61]在短短几分钟内，这些俯冲轰炸机重创了三艘日本航母。它们多次命中日本航母的飞行甲板，此时甲板上都是战机、燃油、飞行员和弹药。大火和二次爆炸使这些庞大的航母摇晃起来。它们开始失控并沉没。此时，参加过珍珠港偷袭行动的日本飞行员渊田美津雄大佐正打算登上"赤城"号航母上的战机。突然间，他听到美国俯冲轰炸机的尖啸声。随后，可怕的爆炸使"赤城"号航母摇晃起来。他被掀翻在甲板上，然后艰难地爬起来。他后来回忆道：

"环顾四周，我对几秒钟内形成的破坏性感到震惊。飞行甲板奇怪地向上卷曲。我们的飞机尾部朝上，喷出青灰色的火焰和乌黑的烟雾。我看着火势蔓延，不自觉地流下了眼泪。"[62]到了下午三点左右，这三艘日本航母全部沉没，其他军舰也被命中并损坏。一名美国俯冲轰炸机飞行员兴奋地用无线电报告"击沉一艘航母！"[63]。

现在回想起来，美国海军派遣那些老旧的鱼雷轰炸机去进攻日本舰队和零式战斗机，几乎可以视为一种战争罪。另外，他们的鱼雷也毫无用处。美国第八鱼雷轰炸机中队的15架飞机全部坠毁。美国发动两轮鱼雷轰炸机进攻共出动了29架飞机，其中26架坠毁，52名海军飞行员中有51人遇难。只有几枚鱼雷命中了日本战舰，但全是哑弹。从美国飞行员给家人的信中，我们得知他们知道自己在做什么。他们的进攻甚至比战争末期的日本神风队还要糟糕，至少神风队战机上的炸弹是有用的。在第八鱼雷轰炸机中队的一张照片里，30名年轻的飞行员面带微笑，相互搂肩，惬意地站在"企业"号航母的飞行甲板上。往前数约100

年，阿尔弗雷德·丁尼生勋爵于 1854 年写下史诗《轻骑兵的冲锋》，讲述了英军在克里米亚战争中英勇而悲惨的进攻。

> 无人发问，
> 只有去战和去死：
> 进入死神之口，
> 进入地狱之门。

这些年轻飞行员为什么要这样做？他们都是 1939 年或 1940 年毕业的大学生，来自耶鲁大学、莱斯大学、密歇根大学和加州大学洛杉矶分校等名校。当时，大学毕业生很难找到工作，也没有就业培训可以参加。华尔街高高在上，毫无生气。如果新入职的"客户代表"没有人脉资源，那就没有发展机会。大型工业公司没有招聘计划。海军军官训练计划、飞行学校以及海军金色飞翼徽章似乎有吸引力。它们向人们灌输爱国主义、勇敢无畏和强烈的团队忠诚精神。

美军击沉最后一艘日本航母

此时，日军只剩下一艘航母"飞龙"号。上午 10 点左右，"飞龙"号航母向美国舰队发起了两轮进攻。日本俯冲轰炸机和鱼雷轰炸机猛烈攻击美国"约克镇"号航母。尽管美军战机和高射炮全力反击，日本战机纷纷被击落，但"约克镇"号还是被炸弹击中，行动变得迟缓，随后又被两枚鱼雷击中。"约克镇"号航母上大火肆虐，随时可能倾覆，美军决定弃船。尽管"约克镇"号航母发生了很严重的倾斜，但仍然漂浮在海上。

　　与此同时，日本"飞龙"号航母也遭受了沉重的打击，被美军炸弹和鱼雷击中，在黄昏时分开始进水并倾斜。航母上层塔楼燃起熊熊大火。航母战队司令官山口多闻上将召集全体船员，让他们面向日本皇宫，为天皇欢呼三声。他将自己的黑帽子交给了他的高级助手，留给自己的夫人做纪念，并命令船员弃船。

　　尽管山本五十六心急如焚，惊惶失措，但他仍然抱有幻想，即便没有航母，也能与美国舰队进行一场夜间水面海战。明智的美国海军上将决定撤退，因为美军军舰的火力远不如日军。然而，当暮色降临时，"飞龙"号航母再次遭到美军空袭，日军不得不弃船。山本五十六知道，他的舰队彻底失去了航母战机的空中掩护，当白天到来时，将非常容易遭到美国战机的攻击。如果日军继续入侵中途岛，那将无异于自杀，于是，他在午夜时分命令撤退。在日军撤退时，四艘日本重型巡洋舰中最大和最快的两艘，为了躲避美国潜艇的攻击而高速相撞，其中一艘在第二天被美国"大黄蜂"号和"企业"号航母的战机炸沉，另外一艘受损严重，艰难地回到横须贺港。

　　在战争的迷雾中，中途岛之战一开始没有被当成一场伟大的胜利。一支缺乏经验、装备过时、火力差距明显的美国舰队，竟然击败了实力强大的日本海军，这令人难以置信。美国海军在一系列失利、浮夸的战斗报告以及无能的表现后，证明了自己可以战斗，并取得胜利。在中途岛海战中，日军失去了四艘航母、一艘重型巡洋舰，还有一艘重型巡洋舰严重受损，而美军损失了一艘航母和一艘驱逐舰。此外，日军失去了322架战机，而美军损失了150架战机，然而，美军损失的战机大多老旧过时，本不该参战。

最严重的问题是，日本海军航空兵部队损失惨重，并且这样的损失无法弥补。众多曾在中国参战、参加了珍珠港偷袭行动和珊瑚海海战的飞行员失踪和丧生。从那以后，日本海军航空兵部队再也没能恢复元气。运气不好、过度自信和决策错误注定会给日本海军带来沉重失利。美国飞行员驾驶落后战机进攻的勇气以及美国破译日本密码的能力，也是日军战败的主要因素。

这场战役、整个战争甚至世界历史的进程，在那个完美 5 月清晨的短短五分钟内，都发生了改变。上午 10 点 25 分，日本人似乎取得了历史上最伟大的海战胜利之一，这将使日本统治太平洋和亚洲至少一代人的时间。五分钟后，南云忠一大难临头。日军损失了 4 艘航母、2 200 名训练有素的海军官兵、250 架战机以及 150 名飞行员，其中许多人因为没有航母可供降落而不得不在海上迫降。伟大的军事历史学家约翰·基根指出，对于日本海军来说，航母以及飞行员的损失都是毁灭性的打击。

这场战役发生惊人的转折并不是因为美国高超的协同作战能力，而是因为两起偶然事件。第一起是美国鱼雷轰炸机的进攻时间，它们在无意中将日本零式战斗机从高空引诱到海平面上，并且日本航母在给战机加油和装弹药时不幸遭到美军俯冲轰炸机的攻击。第二起是当天上午 9 点 45 分，美国俯冲轰炸机编队与鱼雷轰炸机编队走散。它们迷失了航向，找不到日本舰队。接近 10 点时，一位领航的美国飞行员发现了远处蓝色海面上有白色尾迹，这是一艘日本驱逐舰留下的。这艘驱逐舰本来奉命去侦查一艘美军潜艇的声呐拦截，但那艘美军潜艇却没有出现在它本该在的位置。因此，这位美国飞行员猜测这艘驱逐舰肯定会去与主力舰队会合，于是，美国俯冲轰炸机编队尾随它才找到日本航母舰队，并且恰逢其时。

日本在中途岛惨败引起人们对战争的怀疑

负责指挥中途岛海战的日军高级将领山本五十六、南云忠一（当他的旗舰被击沉时，他几乎精神崩溃）以及近藤信竹，曾经巧妙策划、快速行动，在四个月内摧毁了英国、荷兰和美国的远东舰队，使日军获得了从印度洋到太平洋的制海权。日军的舰长和船员都是久经沙场的老兵，但他们的信心却被日军在中途岛的惨败动摇了。

日本政府在中途岛海战后的几周里宣布"赢得了一场伟大的胜利"[64]，甚至告诉它的盟友希特勒日本获得了中途岛海战的胜利。德国官方的战争日记记录了希特勒当时的兴奋之情。然而，真相在日本军官团中是无法掩盖的。埃文·托马斯在他精彩的著作《雷霆之海》中写道："所有幸存的日本高级军官都因在中途岛惨败而深感羞耻。"

这场惨败的实情被蒙上一层朦胧的面纱。令上级失望、不履行职责是日本人所无法忍受的行为，但掩盖和粉饰却更容易被接受。东条英机在一周内并不知道这场失利的严重程度。日本公众所知道的是，日本损失了一艘航母，而美国损失了两艘。实际上，四艘日本航母被击沉，而一艘美国航母被击沉。日本沉没舰艇上幸存下来的军官被囚禁在基地里，船员则被送至南太平洋，甚至不被允许见家人。

尽管山本五十六自己深感沮丧，但他认为有必要在 6 月海军战争学院的一次秘密战略会议上安抚他的部下。他说道："日本联合舰队还有八艘航母。打仗就像下棋一样，傻瓜才会因为绝望而鲁莽行动。"[65] 在接下来的几个月里，一直以为日本海军无敌的日本民众陆续得知失利的真相，因此，有些人开始怀疑战争的最终结局。日本国内第一次出现了怠工甚至破坏的行为，尽管程度相对较轻。

丘吉尔在他的回忆录中发表了对中途岛海战的看法。他谈到了日本指挥官、作战计划以及武士道传统的顽固不化。丘吉尔相信，如果事情没有按部就班，日本指挥官们往往会惊慌失措并做出糟糕的决定。丘吉尔写道，部分原因是"日语烦琐模糊，因此用电报指挥作战就很难做到临场应变"。

日本进攻珊瑚海和中途岛均以失败告终，并且损失惨重。尽管日本占领了新加坡，但澳大利亚在珊瑚海和中途岛海战后终于安全了。山本五十六从一开始就说日本必须在战争的第一年发起致命一击，但却完全没有做到。美军第八鱼雷轰炸机中队的英勇无畏和自我牺牲精神，扭转了日军指挥官们的想法，他们先前一直认为对手赢弱不堪。

尽管日本海军仍可以发起挑战，甚至可能击败美国海军，但从 1942 年 7 月开始，日本在这场惨败的打击下结束了攻势。相反，日本转而采取守势，这开始了一场长期的消耗战，实际上，日本毫无希望打赢一个更强大的工业强国。美国已在迅速建造新型战列舰和航空母舰。过了不到一年，美国战斗机击落了山本五十六的座机，他因此丧生，这次又是因为日本密码被破译。具有讽刺意味的是，在 1943 年 6 月，恰逢中途岛海战爆发一周年之际，东京举行了国葬，安放山本五十六的骨灰。

美国股市（将在下一章中讨论）以及丘吉尔都觉察到了这场胜利的重大意义，然而其他人却对此毫无察觉。丘吉尔在《伟大的同盟》一书中写道："这场胜利的心理影响是巨大和立竿见影的，它一举扭转了日本在太平洋战场上的主导地位。在过去的六个月里，虽然敌军优势明显，并挫败了我们在远东的联合努力，但是这种情形已经一去不复返。从这一刻起，我们满怀信心，所有的想法都是进攻。"

第八章

股市非凡的洞察力

第二次世界大战关乎自由和民主，但也关乎资本主义的存亡，在一定程度上也关乎股市的未来续存。股市作为资本供应者，自主决定股价。全球各地的股市在 20 世纪 40 年代初的动荡中虽然偶有失手，但在大部分时间都能很好地理解战争的跌宕起伏。这必定是因为股市群体的内在智慧，因为交战各方都控制着战争新闻，并将宣传作为武器。

股市对战争转折点有相当强的洞察力。唯一的重大失误是，在 1942 年 5 月和 6 月，东京股市未能领会两场太平洋海战的重要意义。如第七章所述，日本的官方战斗报告和媒体报道都称珊瑚海海战是一场伟大的胜利，中途岛海战也是一场胜利，而非一场失败，尽管都承认损失了战机和舰艇。人员伤亡必然会引起人们的注意和哀悼，但当时的日本社会全力支持战争，并盲目相信日本军队的无敌神话，因此战役失利和经济崩溃几乎是不可想象的。如果人们因为未经证实的海战失利谣言而卖出股票，就会被认为是不爱国的行为。

到了 1942 年中期，日本实际上奉行计划经济，政府控制着劳动力、价格、工资和工业决策。[66] 东条英机首相让岸信介副首相领导的军需部主导整个经济政策。虽然这样简化了组织结构，在理论上是有效的，但由于日本的原材料供应完全依赖进口，美国的海上封锁变得越来越有效，这种安排未能提高产量。从 1942 年秋直到 1945 年 8 月日本战败投降，日本工业产量逐步下降。从 1940 年到 1944 年，美国经济增长约 2/3，而日本经济仅增长 25%。

然而，并非所有的日本投资者都误解了珊瑚海海战和中途岛海战的意义。日本国内食品短缺，皇宫周围的公园围栏也被拆去炼铁。1942 年中期，野村家族和野村证券开始怀疑日本最终将战败。尽管报纸和电台只播放有利的战争消息，但野村家族显然在上流社会精英常聚的茶馆得到了一些信息。许多参加了中途岛和珊瑚海海战的海军军官和飞行员都有艺妓。当他们没能回来时，谣言开始流传。野村家族察觉事态不妙，开始逐步卖出持有的股票，甚至卖空。后来，他们可能推算到土地和房产在战后将成为最好的保值工具，于是买入地产。这些资产为野村证券在战后快速扩张提供了资金，而野村证券最终成为日本的主要证券公司。

美国和伦敦股市的洞察力

相比之下，纽约股市几乎立即察觉到了珊瑚海海战和中途岛海战的重要意义。最初，美国官方没有声称在中途岛海战中获胜，因为战争部在战争开始的头几个月里把失利捏造为胜利，并因此遭到严厉批评。1941 年，纽约股市暴跌。随着战局的恶化，到了 1942 年春，股市继续下跌。德军潜艇在美国东海岸出没，肆意破坏美国的海上运输船队，制造令人惊恐的惨剧。丘吉尔担心英国的海上补给线可能被切断。在世界的另一端，新加坡投降，盟军在爪哇海战役中惨败，缅甸和荷属东印度群岛被日军占领，菲律宾的最后堡垒——科雷希多岛最终投降。美国的战争努力步履蹒跚，正如媒体一再指出的那样，美军指挥无力。

1942 年，尽管英美两国民众内心坚定，但也对未来感到绝望。马修·阿诺德的著名诗歌《多佛海滩》广为流传。他写道："啊，爱让我们彼此忠诚吧！因为世界真的没有欢乐，没有爱，没有光明，没有确定性，没有和平，也没有痛苦的救赎；我们就像是在一片黑暗的平原上，到处都是混乱的斗争和逃亡的警报，无知的军队在夜间搏斗。"

在战争年代里，有如此多的人在海上、陆地和空中丧生，以至英国军官食堂的布告栏上经常贴着一首短诗。

> 有一个古老的信念：
> 在遥远的海岸，
> 远离绝望和悲伤，
> 老朋友将再度重逢。

在 1942 年初的冬天以及春天，日本威胁入侵澳大利亚，并且在东南亚战场所向披靡，纽约和伦敦的股价急剧下跌。盟军接连失利，日军看起来不可战胜，德国对苏联的新攻势取得了成功，英国在沙漠战场连续失利，这一切都让投资者深感不安。尽管道琼斯工业平均指数在东京遭空袭后短暂上涨，但截至 4 月底，整年跌幅为 20%，并且在 1942 年 4 月 30 日达到最低点，只有 92 点，较 1941 年初的 132 点下跌 30%。

随着 1942 年以更多的损失和失利开始，伦敦和纽约股市持续低迷。事实上，正如罗伯特·索贝尔（他撰写了有关纽约证券交易所的权威历史著作《大交易场》）所说，自纽约证券交易所于

1915 年成立以来，1942 年 2 月是成交量最低的月份。2 月 14 日，成交量只有 32 万股，其中一小时仅成交了 3 万股。纽约证券交易所席位的价格为 1.7 万美元，这是自 1897 年以来最低的，较 1929 年创纪录的 62.5 万美元下跌了 97%。

萎靡的股市也打击了房地产市场。纽约市酒店的卖价比其年盈利还低，华尔街写字楼的租金低至每平方英尺 1 美元。詹姆斯·格兰特在他的杰作《繁荣的麻烦》中写道，有些人称之为"干旱的恐慌"。请记住，股票和房地产市场的低迷竟然发生在战争生产激增、预算赤字巨大和企业利润强劲的时候。

然而，股市的担忧不止于此。美国财政部提议将公司所得税税率定为 60%，而重议委员会打算征收公司的超额利润，从而使公司的盈利和股息无法预测。对于个人收入超过 5 万美元的部分，所得税税率达到 85%。罗斯福政府似乎决心通过动员来平衡收入和财富。这些税收政策以及美军在战场上的拙劣表现，进一步削弱了投资者的信心。

当时，所有理智的预言家都对未来持悲观态度。1939 年，一位著名的哈佛大学教授（出于尊重，不便透露他的姓名）发表了一篇颇有影响力的文章。他指出，由于人口出生率低，并且没有更多可供开发的土地，美国经济必定陷入长期衰退。此外，他还表示，新产业和新发明匮乏。然而，在他写下这篇文章时，美国的人口出生率正上升，战争孕育了数千种新产业和新技术。

1942 年初，美国军队在太平洋战场上的拙劣表现在一定程度上导致了股市的悲观情绪。一开始，美国媒体虚假地报道了美军在珍珠港的惨败、麦克阿瑟空军部队的全军覆没以及英美军队在亚洲战场的失利。当普通大众，尤其是投资者，得知这些乐观的新闻报道要么是虚假的、要么是误导的时，他们对军队和新闻媒体失去了信心。

1942 年 2 月初，绰号为"公牛"的比尔·哈尔西海军上将在马绍尔群岛和吉尔伯特群岛对日军发动了突袭。一位美国海军飞行员在战斗中声称击沉了 16 艘日本军舰。哈尔西的电报描述了这场伟大的胜利，他转述了美军飞行员的无线电通话内容。"杰克，离那艘巡洋舰远点儿，那是我的目标！""太好了！你看那个混蛋着火了。"《先驱论坛报》热情洋溢地报道，"公牛复仇！""珍珠港大仇得报！"[67] 埃文·托马斯讲述了，当哈尔西的旗舰"企业"号航母返回珍珠港时，警报声响起，那些站在损毁码头上的水手和工人把嗓子都喊哑了。事实上，哈尔西的报告大多是吹牛。只有一艘日本运输船和两艘小型驳船被击沉。

1942 年 2 月，一个名叫利昂·亨德森的美国物价管理局负责人欣然预测战争将使美国人的生活回到大萧条时期的水平。优质公司债券的收益率为 2.75%，而股票的收益率为 8%～9%。大都会人寿保险公司的董事长声称，人寿保险公司的投资组合不应该包含股票。纽约州保险委员会认为，股票是"不适当的投资"，并禁止保险公司投资股票。直到 20 世纪 50 年代中期，这项代价高昂的法令才被废止，而此时战后的大牛市已全面到来。

但是，没人知道股票很便宜。不仅股息率达到债券收益率的三倍（而今天几乎相反），而且，在 1942 年 4 月，纽约证券交易所 30% 的股票的价格不到 1941 年每股利润的四倍，许多股票以现金净额折价出售。三分之二以上的股票的市盈率为 4～6 倍。W. E. 赫顿以贵族的口吻调侃道，罗斯福总统或许"应该更多地关注那些住房恶劣、缺衣少食的股票投资者，他们占股市总人数的 1/3"[68]。600 只代表性股票的市盈率平均为 5.3 倍，而在所有股票中只有 10％股票的市盈率超过 10 倍。

然而，牛市却迟迟不来。1942 年 4 月 13 日，《巴伦周刊》的哈里·纳尔逊写道：

> 1928 年末和 1929 年初，有些人能够看到未来的悲痛，但市场似乎永远不会崩溃。从逻辑上来看，今天的市场行情有利于买家，只是市场似乎永远不涨。

聪明睿智的股市触底

然后，在 1942 年 5 月，就在美国在太平洋战场上的军事命运改善之前，人们觉得前途极其渺茫，美国股市创下历史新低。从世界其他地区传来的坏消息接连不断，但股市群体却觉察到了对日战局开始逆转。尽管 5 月初的珊瑚海海战对美国而言与其说是胜利，不如说是平局，但日军的攻势第一次被阻挡，他们没能占领莫尔兹比港，失去了入侵澳大利亚的跳板。美国海军已表明，即使面对更强大的日本海军，他们也能坚守阵地。随后，美国取得了中途岛大捷，尽管在 1942 年 6 月，隆美尔攻下图卜鲁格，美国股市出现波动，但如图 8.1 所示，股市在 4 月底至 5 月初的低点是 20 世纪 30 年代和 40 年代初长期熊市的谷底。

1942 年 4 月至 5 月的股市底部是史诗般的，它孕育了一个新的周期性牛市。这个牛市持续了四年，仅仅轻微回调，并于 1946 年 5 月 29 日达到顶峰。1945 年是不同凡响的一年，大公司的股票上涨 36.4％，小公司的股票上涨 73.6％。这是从 1942 年底部开始的一次令人难以置信的大涨。根据伊博森投资顾问公司的数据，小公司的股票在 1942 年上涨 44.5％，在 1943 年上涨 88.4％，在 1944 年上涨 53.7％，在 1945 年上涨 73.6％。一旦悲观情绪消散，股票就像压紧的弹簧被松开一样，快速反弹。

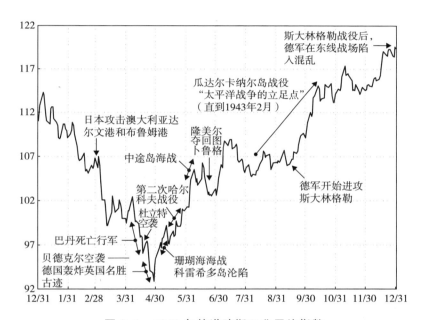

图 8.1 1942 年的道琼斯工业平均指数

资料来源：Dow Jones & Co.；Global Insight.

战后美国股市低迷：1946—1949 年

事实上，美国股市的首次大幅回撤发生在 1946 年 2 月，道琼斯工业平均指数经历了一次典型的"预警性裂缝"下跌，跌幅达到 10％。道琼斯工业平均指数从 2 月 26 日的低点开始，在 78 个

交易日内（当时每周交易六天）大涨 14.2％，形成了一个典型的
V 形反转形态，于 5 月 29 日达到了自 1930 年以来的最高点。随
后，股市连续下跌数月，其中一个月暴跌近 20％。

随后，美国股市陷入了严重的战后低迷，经历了近三年的横
盘调整。出现这种情形的原因，是欧洲经济陷入困境，冷战爆
发，美国经济难以调整。人们普遍认为，如果没有国防开支的刺
激，美国将陷入以高失业率为特征的滞胀。1946 年的通货膨胀率
飙升至 18％，1947 年为 9％，但 1949 年却突变为通货紧缩，达
到 1.8％。如图 8.2 所示，股票和债券一直萎靡不振，直到 1949
年中期，战后的世界经济不景气才开始消散。

图 8.2　1935—1950 年的道琼斯工业平均指数

资料来源：Dow Jones & Co.；Global Insight.

1942 年的日本牛市

日本股市与美国股市截然不同。在 1942 年上半年，随着日军夺取东南亚大部分地区，东京股市飙升。狂热的牛市情绪席卷东京证券交易所。投资者开始相信，日本将拥有庞大的原材料基地以及可靠的石油供应。日本军国主义的好战本性暴露无遗。过了半个世纪，在下一次的股市崩盘来临前，这种举国狂热的情绪才再次出现。

但是，回到 1942 年，日本大藏省（现财务省）在年初开始担心如何为战争融资。一位副大臣想到了一个方案，即通过提高股价来使国家变得更加富裕。大藏省（当时他们说的话就像今天金融界的法律一样）鼓励大型券商成立并推销公共投资信托基金。1942 年和 1943 年，随着股市名义价格的持续攀升，人们相信"新日本"的故事，股票成交量飙升。投资者对未来充满信心，他们相信日本将保持经济繁荣，但实际上，这种繁荣是虚假的，是巨额的赤字融资和严重的通货膨胀所产生的结果。

到了 1944 年，战争形势更加令人绝望。日本当局逼迫正在上学的孩子制造气球炸弹。他们设想这些炸弹将漂洋过海，到达 5 000 英里以外的美国西海岸，偷袭美国并引发火灾。人们每周工作七天，妇女要从事繁重的体力劳动，骚乱接连不断。1944 年，日本政府印出更多的纸币，并发行债券来资助战争，通货膨胀率飙升，全国各地兴起黑市交易和易货经济。3 月，股票受到大藏省严格的价格控制，股票名义价格开始被冻结，并被人为操控，但实际价格却在下降，股票成交量急剧下降。东京和大阪股市在

1945 年日本投降后都正式关闭了。

1945 年，随着日本战败、无条件投降和被占领日趋明显，日本经济和股市彻底崩溃。从 1944 年到 1946 年，日本国内生产总值下降 46%，尽管这个数字可能只是大致的估计。从 1940 年到 1949 年，日本股价每年惊人地下跌 25.7%。由于通货膨胀引起的货币贬值，从 1930 年到 1949 年，股票名义价格上涨 3 280%，但实际价格下跌 75%。政府债券的表现同样糟糕，同期总回报率每年下降 17.0%。换句话说，在日本进入侵略性军国主义时代的 20 年里，投资长期金融资产是一场彻头彻尾的灾难。这些股票和债券的回报率数字都不精确，因为伦敦商学院在计算时使用了三个不同的指数。尽管如此，1949 年 5 月以后的数字则更加可信，因为后来计算这些数字时使用的是日经 225 指数，而 1995 年以后使用的是东证指数。

在 1945 年秋，日本恢复了换股交易。由于东京证券交易所大厅被美军占作体育馆，而大阪证券交易所大楼则被用作医院，因此交易员在交易所附近餐馆的厨房里交易，自发形成了一个非正式的市场。资本主义、股票崇拜和投机思想深深扎根于日本人的心中。从 1945 年到 1949 年 5 月，一个非正式的股票场外交易市场形成了，并且一个名为日经-道琼斯平均指数的股票指数诞生了。

在战争年代里被大藏省所控制的股价开始大幅下跌。股息支付记录也没有保存下来。随着商人和投资者对日本未来的信心增强，股票交易量复苏，这个非正式市场逐步发展起来。一些有远见的投机者在 1948 年以前赚取了巨额财富。他们预见到日本经济将复苏，日本将再次成为经济强国，并且以极低的价格买入股票。

二战结束后，日本的老牌公司迫切需要资金来重建遭到破坏的工厂。为了筹措资金，它们向银行、保险公司和任何有资金的机构出售新股。个人投资者不愿购买这些新股，因为他们猜测这些股票会被未来增发的新股所稀释。事实证明，他们猜对了，但实际上股份被稀释却是有利的，因为新资本的注入使这些公司成为世界级的大公司。根据艾尔·阿里日豪泽在《股市战争》一书中的记录，1946 年 4 月，新日本化学公司发行了第一只新股，一年后，20 多家公司发行了新股。

到 1947 年，日本公众对股票又产生了兴趣。证券公司开始聘请年轻的推销员（大部分老员工在战争中丧生），这些推销员四处奔波，招揽业务，喊着"与其买一包和平香烟，不如买一股和平股票"的口号。和平香烟是当时的知名品牌，一包卖 50 日元，这在当时贫困的日本是一笔不小的开支。人们在战后初期平均每天吸一两支香烟。买股票的人发了财；吸烟的人却遭了殃。

麦克阿瑟改造日本经济

在日本投降后，麦克阿瑟将军被任命为驻日盟军总司令。他做出了众多决策，包括追究哪些人犯下了战争罪、如何改革和治理日本。詹姆斯·韦伯在《天皇的将军》一书中，以及威廉·曼彻斯特在有关麦克阿瑟的史诗传记《美国的恺撒大帝：麦克阿瑟》一书中进行了详细的描述。麦克阿瑟希望日本进行改革，并成为现代化国家。虽然许多美国人和大多数盟国希望起诉日本天皇犯有战争罪，但麦克阿瑟决定不这样做，这个决定非常关键。他只是处决了一些日本将军和高官。麦克阿瑟的改革方案让日本走上了资本主义道路。他的改革措施重构了日本当时的财富结构，摧毁了日本的传统财阀，结束了日本长期的封建制度。他所采取的具体措施有土地改革、废除贵族和对富人征收重税。一旦日本的银行被认定为支持日本发动战争，将被勒令停业并没收资产。

对于土地改革而言，1945 年，日本约有 16 万名富有的、不亲自耕种的地主，他们平均每人拥有 36 个小型农场，控制着全国 89％的耕地。大约 1 000 万名农民在这些土地上辛勤劳作，他们要么是农奴，要么是佃农。麦克阿瑟下令所有不亲自耕种的地主，必须以极低的价格把土地卖给政府，然后，政府再把购入的土地分成小块，以同样的价格卖给农民，他们的还款期限长达 30年，但必须亲自耕种。

麦克阿瑟希望日本国会能批准这些措施，然而，日本国会却极力抵制，因为大多数议员都是地主。经过一年的反复争论，日本国会最终同意，相关法案获得通过。尽管存在一些例外，但到1950 年日本重新分配了 500 万英亩土地，实现了大规模的财富再分配，这永远地改变了日本的财富结构。

尽管如此，麦克阿瑟的改革也有不完善之处。土地所有者必须亲自耕种土地的规定很难强制执行。一些居住在日本的欧美家庭发现这些廉价的土地是极好的投资机会。二战后数年的冬天非常寒冷，人们饥寒交迫。那些投机者用温暖的衣服、钻石、食物以及任何他们能找到的东西来交换农民手上的土地，最终获利丰厚。土地的售价如此之低，以至以一杯咖啡的价钱就可以买到约一英亩土地。那些黑市交易者，以及为城市重建而采购建筑材料的人在战后初期都赚到了大钱。

麦克阿瑟还决心取缔日本财阀的垄断地位。日本政府拆分了约

80 家大型集团，让它们战前的管理者负责经营。家族统治的控股公司被取缔。此外，11 个持股最多的富有家族必须将大部分股票转换成十年内不可流通的政府债券。日本开始实行收入累进税率，大幅提高遗产税率，最终达到 75％，这意味着个人财富经过三代人以后就会被征收 95％。现在，日本的实际遗产税率仍约为 60％。

　　显然，所有这些改革措施改变了日本的财富结构。在实行这些改革措施前，日本是世界上财富和收入最不平等的主要工业国之一，然而在实行这些改革措施后，却变为最平等的国家。日本的有产者采取一切措施拖延、混淆和隐瞒资产。在某种程度上，他们达到了目的。那些财阀最终仍然控制着他们的公司，但他们的股权被稀释了。此外，被称为"四大天王"的日本商界巨头多年来一直控制着日本政坛，甚至影响首相和财务大臣的选举。因此，日本的旧贵族仍然保留了部分财富和权力。

日本经济的创造性毁灭

　　在 20 世纪 40 年代的日本，最好的财富保值工具是经济头脑、创业精神、工业用地，或者快速成长的小型企业。虽然工厂设备被炸毁，但是土地和特许经营权都还在，可以重建生机勃勃的商业企业。战后的经济繁荣以及充足的原材料供应，孕育了全新的商业、银行和证券公司。像德国一样，日本战败的"创造性毁灭"改变了旧经济模式。日立、东芝和松下等大型企业集团焕发出活力，而那些生产技术和消费品的新公司从战争的废墟中崛起，其中最突出的例子是索尼。

　　野村证券东山再起，到 20 世纪 80 年代末，即战后 40 年，野村证券的市值超过了通用电气的市值，以及全球其他投资银行的总市值。日本兴业银行作为一家商业银行从战争的废墟中崛起。1989 年，其收入、盈利以及员工数量与摩根士丹利相当，但市值却是后者的 10 倍。当时是日本经济泡沫发展的最高点。德意志银行、摩根士丹利和日本兴业银行讨论过合并方案，但日本兴业银行市值过高，以至会完全控制新公司，所以该方案没有获得批准。日本商业房地产市场泡沫发展达到了顶峰，以至在 20 世纪 80 年代末东京市中心的房地产价值超过了整个加利福尼亚州。很显然，价值被严重扭曲。

如果没有麦克阿瑟的改革举措，那么战后的日本可能还是封建社会，也不会有经济繁荣。另外，在旧日本时代通过不择手段积累起来的大量财富被摧毁。当然也有例外，比如，一个最富有的家族在日本偏远地区的煤矿有 150 年的历史，这些煤矿从未受到战争以及后来改革的影响。相比 70 年前，这些煤矿以更开明的方式运营，但仍被这个家族拥有，而这个家族如何逃脱没收性的遗产税仍是个谜。此外，20 世纪 30 年代末，侵华的日本军官从中国掠夺了无数价值连城的文物、艺术品和瓷器，并且运回日本，而后来占领日本的美国官兵却对这些珍品熟视无睹；对他们来说，日本军刀、军旗等战争纪念品更有吸引力。

日本的战后崛起

日本如何从废墟中崛起？这个问题值得思考。日本顺从地接受了投降和被占领的命运，这完全出乎人们的预料。另外，美国对日本的管制较为宽松。尽管麦克阿瑟骄傲自满、爱慕虚荣，但在一定程度上，他塑造了现代的日本。

到了 1945 年夏，尽管日本政府也没有告诉民众自己在战争中惨败的程度，但民众可能已经有所了解。日本一直是个战斗民族，并且迷信武士道精神。对于日本人来说，战败是难以接受的。1945 年，当日本投降时，日军还有 698.3 万人，其中仅本土就有 257.6 万人，包括 57 个师、14 个旅和 45 个团。

尽管美国投下两枚原子弹后日本天皇和统治阶级就认识到了投降是唯一的选择，但在日本仍然有许多狂热分子。在天皇宣布投降后，神风队飞行员随即发动叛乱。他们闯入皇宫，杀死了几名侍卫，并且向首相官邸开枪，直到被制服。美国非常担心在登陆日本后，美军会遭到激烈的抵抗。

事实上，美国对日本的顺从深感震惊。里克·索纳在《永远忠诚的精神》一书中引用了一位海军陆战队队员在日本投降后所写的日记。这位队员记述了美国海军陆战队先遣团在横滨市内的街道上行进的情形。

> 这里完全是一片废墟。日本平民和一些士兵站在道路两侧。虽然他们盯着我们，但却满脸茫然，没有敌意。当我们经过时，他们朝我们鞠躬，表现得非常顺从，这令我们大吃一惊。他们难道是我们残暴的对手吗？这怎么可能？

日本对投降和被占领的顺从，主要是因为裕仁天皇。詹姆斯·韦伯在他的小说《皇帝的将军》中描述了，日本被占领几个月后，在一次国会会议上，裕仁天皇明确表示，他希望日本遵守

《波茨坦宣言》的条款，完全放弃抵抗。[69]

日本股票长期获利丰厚

自 1867 年明治维新以来，日本的经济增长速度比包括美国在内的任何西方经济体都要快，但波动性很大，并伴有周期性。如前所述，从 1944 年到 1946 年，日本 GDP 急剧下降，然后从 1950 年到 1990 年大幅增长。从 1990 年以来，日本经济一直停滞不前。现在人们普遍认为，随着日本总人口和劳动力人口的下降，实际 GDP 增长率未来可能不会超过 1.5％。至于这种悲观论调的正确性，我们将拭目以待。

在整个 20 世纪，尽管日本经历了战败、被占领和三次非常严重的长期熊市，但根据史密瑟斯公司的计算结果，日本股票的实际年回报率为 4.6％，根据伦敦商学院和荷兰银行联合出版的《千年之书Ⅱ：101 年的投资回报》一书，日本股票的实际年回报率为 5.0％。在 20 世纪下半叶，日本股票的实际年回报率为 9.1％，即便最后十年处于长期熊市。大约在 20 世纪上半叶，从 1899 年到 1942 年，日本股票的实际年回报率为 6.5％，但从 1942 年到 1946 年实际年回报率为－32％。

2004 年，安德鲁·史密瑟斯在一篇论文中指出，由于巴拉萨-萨缪尔森效应，快速增长经济体的实际汇率往往会上升。史密瑟斯计算出，从 1899 年到 1942 年，日本投资者以日元计算的实际年回报率为 6.48％，日元每年升值约 0.90％，因此外国投资者的实际年回报率为 7.38％。从 1942 年到 1946 年，随着经济萎缩和衰退，日元贬值，日本投资者的实际年回报率由正转负，每年亏损 31.81%，而外国投资者的实际年回报率为－43.68%。
从 1950 年到 2000 年，日本投资者的实际年回报率为 9.1%，日
元每年升值 1.10%，因此外国投资者的实际年回报率为 10.2%。
但不要被这些看似精确的数字迷惑了。

　　重要的是，日本股票的回报率在整个 20 世纪高得惊人，尤其
是在 20 世纪下半叶。但是，从 1943 年到 1947 年，像德国一样，
在日本股价受到严格的管制。随后，日本在被占领的最初几年里
也没有交易市场。1945 年，日本股市关闭，没有股价信息，通胀
数据也不准确，所以图 8.3 并不精确，但它确实反映了战时股票
名义回报率和实际回报率的巨大差异。

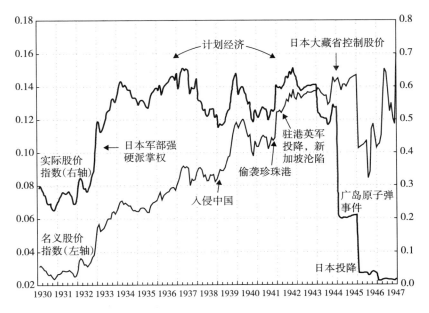

图 8.3　1930—1947 年的日本股价指数

资料来源：Citigroup；Credit Suisse；Traxis Partners LLC.

如果你在数年内都不能按照合理价格卖出股票，特别是在恰逢时局最艰难的时候，这也是投资者最需要流动性的时候，那么股票还是保值工具吗？这个问题的答案似乎显而易见：股票在最艰难的时期没有通过流动性测试。但实际上，除了黄金和珠宝，其他资产也是如此。

在日本二战后的寒冬里，黄金能换到食物吗？那些经历过这种情形的人会说，暖衣和食物才是最受欢迎的易货物品。人们总是想要先解决饥寒问题，然后才会考虑财富问题。一个欧洲家庭在日本经历了战争年代，他们发现衣服比珠宝贵得多，因此用毛衣和外套换取食物，度过了那段饥荒岁月。

在日本，还有一种资产在战时保值并在战后增值，这就是商业和住宅用地。[70]日本是所有主要工业国家里唯一发生房屋贬值而没有升值的国家。在日本，房屋通常大约30年后就没有价值了，因为房屋主要是木质的，而且很方便建造。在第二次世界大战之前，大约20%的日本人有住房，维护良好的房屋可以正常买卖，并且能抵抗通货膨胀，成为财富的储存工具。

但是，日本的许多城市在战争期间完全被毁，因此人们在战后初期迫切需要住房，政府被迫采取措施刺激住房建设，这导致了廉价住房的过度建设，进而导致供给过剩。因此，那些陈旧贬值的房屋几乎无法脱手。即使是在今天，日本现有住房交易量与新建量之比仅为0.25，而在美国为3.8，在英国为7.5。日本现有住房交易率为0.6%，而美国和英国的这一比率则是日本的10倍。因此，在日本家庭的净资产中非金融资产的比例要低得多，普通日本人养老只能靠养老金和金融资产，这无疑加剧了人们的不安全感，也许这就是日本大妈热衷于投机的原因。

相比之下，商业和住宅用地投资在战后的日本获利颇丰。从1950年到1990年，日本的名义收入增长50倍，而土地价格上涨330倍。自1990年经济泡沫破灭以来，土地价格大幅下跌，但最近又开始上涨。因此，如果在1940年你投资了土地，那么你的财富在战时就能保值，尽管当时土地无法流通。随后，在战后，如前所述，如果你拥有农业用地，麦克阿瑟政府会迫使你以极低的价格将土地卖给政府，因此农业用地也无法保值。

然而，商业、工业和住宅用地的情况则完全不同，尤其是在东京和大阪。即使建筑物被炸毁，人们也必须坚信日本会从废墟中崛起。他在战后不必把土地卖给政府。当战后经济繁荣时，地产价格飙升，他将因此而变得非常富有。实际上，顶级艺术作品的买家大多是幸运的房地产大亨。土地！土地！土地！但谁能预见到农业用地无法保值而商业地产却大涨呢？

尽管日本经历了二战如此巨大的灾难，但日本股票和土地的长期保值和增值表现却非常出色。

第九章

天启四骑士再现

被德国占领国家的财富的悲惨遭遇

根据《圣经·新约·启示录》，天启四骑士分别是战争、饥荒、瘟疫和死亡。在 20 世纪 40 年代，它们再次降临，而它们上一次出现是在第一次世界大战期间。那场战争致使数百万人丧生于毫无意义的壕沟战，并且导致德国发生恶性通胀，以及人们内心充满仇恨并发誓要报复。这引发了后来的第二次世界大战。但《圣经·新约·启示录》未能预见到天启四骑士再次降临所带来的后果是：最大规模的杀戮，更长时间的战争，更广泛的占领、迫害、饥荒、瘟疫，以及大规模的财富破坏。

20 世纪的全球股市概况

一种研究财富毁灭的方式是观察许多国家股市的长期表现，比如，研究整个 20 世纪的股市表现。耶鲁大学管理学院的威廉·戈兹曼和加利福尼亚大学的菲利普·乔瑞进行了这方面的研究，并且发表了一篇论文，题为《全球股市百年大回顾》。这项研究关注了自 1921 年以来有良好的股市和通胀数据的国家，其中只有 5 个国家（美国、加拿大、英国、新西兰和瑞典）在 85 年里保持连续交易，9 个国家停止交易至少六个月以上，7 个国家的股市因战争、入侵或革命而长期停业。此外，还有 11 个国家的交易永久地结束，对此，戈兹曼和乔瑞称之为"死亡"，意思是股市关闭，并且不再以现有形式重新启动。匈牙利、捷克斯洛伐克、罗马尼亚、波兰和芬兰股市在二战后都关闭了（尽管后来都重新开业了）。

新加坡（在 1942 年至 1945 年被日本占领）一直是财富避风港，但它的股市也关闭了。阿根廷股市在 20 世纪上半叶的大部分时间里一直是新兴市场投资者的宠儿，但从 1965 年至 1975 年却关闭了 10 年。西班牙股市在西班牙内战期间关闭了 4 年，奥地利股市关闭了 8 年。此外，在挪威、丹麦、荷兰、法国、比利时、希腊、捷克斯洛伐克和波兰投降后，它们的股市也都关闭了。尽管占领当局随后重新开放了股市，但几乎没有成交量。这些股市在关闭前的 12 个月里至少下跌了 20％，通常则更多。

《千年之书Ⅱ》计算出了整个 20 世纪的股市实际年化收益率（扣除通胀因素后）。在二战中没有战败或被占领、没有发生恶性通胀的国家，以本币和美元计算的股市实际年化收益率分别为 6.5％和 6.2％，这包括再投资收入。在整个 20 世纪，美国股市的实际年化收益率为 6.9％。为了证实该数字的准确性，席勒使用新数据以及调整后的消费者物价指数更新了标准普尔 500 指数，计算得出实际年化收益率为 7％，二者几乎相同。长期实际年化收益率为 7％是非常可观的，这意味着股票的购买力每 10.5 年翻一番，20 年稍多就翻两番。这令人惊叹！

尽管如此，安德鲁·史密瑟斯认为，把 1900 年作为起始年份是有误导性的，因为股票年化收益率在 1900 年以前的年份非常低。从 1871 年到 1900 年，美国股市的实际年化收益率仅为 3.02％，通胀率为－1.57％，也就是说，名义年化收益率只有 1.45％。因此，按照史密瑟斯的计算结果，1871 年至 2004 年的实际年化收益率为 5.75％，名义年化收益率为 7.81％，尽管还不错，但不够耀眼。然而，笔者怀疑 19 世纪的数据是否准确，毕竟从哪一年开始计算年化收益率始终是个问题。

表 9.1 表明，在整个 20 世纪，稳定且幸运国家的股市长期实际年化收益率约为 6.5％。"稳定且幸运"是什么意思呢？这是指某国经历了常见的经济周期，但没有战败，没有被占领，没有发生恶性通胀，也没有遭到内战的蹂躏。在 20 世纪 30 年代，所有国家都出现了一定程度的全球性通缩。

表 9.1　1900—2000 年稳定且幸运国家的金融资产的实际年化收益率（％）

	股票	债券	票据	通胀率	股票收益率的标准差
澳大利亚	7.6	1.0	0.4	4.0	17.7
加拿大	6.4	1.8	1.7	3.1	16.9
爱尔兰	5.5	1.6	1.3	4.5	24.3
瑞士 *	5.0	2.8	1.1	2.2	20.4
瑞典	8.2	2.3	2.0	3.7	23.4
英国	5.9	1.3	1.0	4.1	20.0
美国	6.9	1.5	1.1	3.2	20.4
平均	6.5	1.8	1.2	3.5	20.4

* 从 1911 年开始。

资料来源：*Millennium Book II*；*ABN Amro.*

现在，上述国家成长为更大、更成熟的经济体。此外，其中很多国家都面临着人口方面的挑战，总人口和劳动力人口在下降而不是增长。实际上，除非人口问题得到解决（这当然是可能的），否则这些国家的国内生产总值可能长期实际增长 1.5%～2%，其中生产力增长 2%～2.5%，而劳动力大约持平，下降0.5%。因此，公司利润和股息可能长期实际年增长 2%～3%，这意味着股市实际收益率很难达到 7%。

未来的高速增长经济体将是现在所谓的"发展中国家"或"新兴市场"。随着人口和劳动力的快速增长，以及生产力的提高，这些国家的股市有望成为全球最佳的股市。很难反驳实际国内生产总值增长和实际收益率的计算方法。换句话说，必须纳入那些成功的、稳定的新兴市场，并且定期更新国家名单。但是，仅成为一个发展中国家并不意味着能自动获取成功和稳定。

表 9.1 和表 9.2 显示了，在 20 世纪各国股票、债券、票据的总年化收益率（包括股息和利息）以及通胀率。这些数据来源于埃洛伊·迪姆森、保罗·马什和麦克·斯丹顿合著的，由荷兰银行和伦敦商学院联合出版的《千年之书Ⅱ》。这部里程碑式的著作研究了在整个 20 世纪金融资产的年化收益率。表 9.1 和表 9.2 中的所有年化收益率都已扣除通胀因素，并且用当地货币表示，因此与未实施对冲的外国投资者所取得的年化收益率并不一致。表 9.1 和表9.2 中的数据来源于《千年之书Ⅱ》，笔者则进行了分组、计算，并得出了结论。表 9.1 显示了稳定且幸运国家的结果。

表 9.2 显示了战败、被占领以及在某些情况下经历了恶性通胀国家的结果。西班牙虽然不是二战的直接受害者，但也经历了漫长残酷的内战。这场内战导致社会动荡，实际上是二战的前奏。在 20 世纪下半叶，日本和德国的股市收益率强劲，而在上

半叶则微乎其微。

表 9.2　1900—2000 年不幸运国家的金融资产的实际年化收益率（％）

	股票	债券	票据	通胀率	股票收益率的标准差
比利时	2.7	−0.5	−0.4	5.6	17.7
丹麦	5.1	2.8	2.9	4.0	21.4
法国	4.0	−1.1	−3.4	8.0	23.2
德国	3.7	−2.3	−0.6	5.2	32.2
意大利	2.7	−2.3	−4.1	9.2	29.4
日本	5.0	−1.6	−2.1	7.7	30.3
荷兰	5.9	1.1	0.7	3.0	21.0
西班牙	4.7	1.2	0.4	6.2	21.7
平均	4.2	−0.3	−0.8	6.1	24.6

资料来源：*Millennium Book Ⅱ*；*ABN Amro.*

　　表 9.1 和表 9.2 清楚地表明了，在 20 世纪，股票的年化收益率比债券和票据要高。那些幸运国家的股票（见表 9.1）实际年化收益率高达 650 个基点，比政府债券高出近 500 个基点，比不幸运国家的股票实际年化收益率高出 230 个基点（见表 9.2），波动性也更小（分别为 20.4％和 24.6％）。

　　不犯任何错，年化收益率高出 230 个基点，连续复利 100 年，将是一笔很大的财富。战败以及被占领不仅严重损害了本国股票投资者的长期实际收益，而且导致了本国金融市场长期陷入熊市。如表 9.2 所示，这些国家的政府债券和票据的实际年化收益率为负。相反，在整个 20 世纪，那些幸运国家的政府债券和票据的实际年化收益率为正。这些国家的政府金融资产的实际年化收益率表现不仅增强了本国投资者的信心，而且使得本国的金融和经济更容易管理，并且成本更低。

可以预见的是，在那些幸运国家，债券收益率的标准差比股票的要低，但在大多数国家中并没有低很多。例如，在澳大利亚股票收益率的标准差为 17.7％，债券的为 13.0％。英国的情况相似。只有在美国债券收益率的标准差明显比股票的低（分别为 9.9％和 20.4％）。

战败和被征服的国家为它们的冒险行为和罪行付出了高昂的代价。不言而喻，在这些国家股票收益率较低，但值得注意的是，尽管经济活跃的国家，比如德国和日本，遭遇了巨大的国家悲剧，但它们的股市在艰难时期结束后却惊人地飙升。德国和日本都没有抗拒被占领，而是专心重建经济。于是，它们重新开始创造财富。像伊拉克那样，抗拒被占领和内部派系斗争只会拉长痛苦的时间。然而，总的来说，投资界唯利是图，记性很差，忘得很快。

这些数字都表明了，政治稳定、战争取得胜利和没有发生恶性通胀所带来的红利。不幸运国家的通胀率几乎是幸运国家的两倍。谁能想到在瑞典这个永远中立、深受社会主义思想影响的国家，它的股市竟然成为 20 世纪最好的股市呢？但也许瑞典股市繁荣的秘诀就是不惜一切代价保持中立，避免政局和社会动荡，偏向温和仁慈的社会主义。

资产多元分散永远重要

1929 年的大崩盘，以及 20 世纪 30 年代的大萧条几乎影响了每个人，但是，如果你保持冷静，坚守多元分散的投资组合或指数基金，坚决不投机，那么你至少能保住一些财富。然而，你必须既有毅力，又有耐心。安布罗斯·比尔斯在《魔鬼辞典》一书中将耐心描述为"伪装成美德的些许绝望"，当然，在大萧条的深渊中对损失财富的绝望几乎是无法抵挡的。

请注意，前文提及持有指数基金将确保获得股票的长期实际回报。主动型基金的回报率参差不齐，并且管理费相当高。指数基金的收费水平仅为8～10个基点，是非专业投资者的绝佳选择。股市无时无刻不警告人们，任何企业都将过时，任何企业都无法永存，任何投资组合都不能一直保持多元分散。尽管某些股票在20世纪20年代是蓝筹股，但却在后来的大萧条中荡然无存。随着时代的进步，这些公司的业务模式变得过时。相比之下，指数基金则定期更新。就标准普尔500指数而言，其成分股公司的平均寿命已从20世纪50年代的约35年缩减至10～15年。

另一场灾难是第二次世界大战，它对金融资产的考验甚至比大萧条还要严峻。历史记录表明，幸运国家的股票收益尤为出色，债券的表现也不错，尽管有时令人焦虑。英美股市表现出惊人的先见之明，准确地感知到了这场漫长战争的转折点。然而，金融资产能否保值的真正考验，却发生在战败国（德国、日本和意大利）和被占领国家（比利时、丹麦、法国、荷兰和西班牙）。这些国家的历史记录不太清晰。当然，在欧洲和亚洲还有其他一些国家投降，但找不到这些国家的有关资产回报的可靠数据。

德国压榨被征服的国家

1940年底，德军征服了西欧的大多数国家。进攻苏联的计划不断浮现在希特勒的脑海里，他在帝国总理府大会堂召开了一次会议。[71]这个富丽堂皇的大厅象征着德国强大的国力；巨型水晶吊灯、挂满了彰显日耳曼民族英勇气概的艺术画作的大理石墙壁、巨大的红窗帘以及占地数英亩的棕红色东方地毯，都体现出德国的富有和强大。那些站在门口的侍者（实际上是党卫军成员），身穿黑衣金边制服、白色长袜和黑色便鞋，令人敬畏。他们逐一检查参会者的身份证明。200名佩戴勋章的纳粹领导者出席了此次会议，他们每个人都身穿华丽的制服。在这个自诩优等种族的圣殿里，谁会不相信千年帝国的美梦呢？

在所有人就座后，元首希特勒身着棕色制服走进大会堂。[72]在现代国家领导人中，可能除了罗纳德·里根，只有希特勒的演技如此高超。希特勒极力塑造高瞻远瞩的自我形象。当开始演讲时，他语调平缓，然后用手势比画，声调变得高亢。他激动地阐述他对新德国和欧洲的设想，德意志帝国将成为欧洲帝国，德国必须获取生存空间，东扩吞并苏联的广阔土地，特别是乌克兰、伏尔加河盆地和克里米亚。这些地区拥有丰富的原材料、食品以及石油。

在一战期间，威廉二世政府忽视了士兵家属的福利，从而与德国民众疏远。德国士兵在前线作战，而他们家属的福利金无法维持生计。粮食因歉收而价格飙升。威廉二世政府对工人阶级的痛苦视而不见，导致了严重的阶级对立以及战后的社会混乱。希特勒发誓这种情况再也不会发生，德国不仅将掠夺财富和工业原材料，还会掠夺食物。

希特勒说道，新的生存空间将容纳1亿德国人，而大约2 500万劣等的斯拉夫人将像奴隶一样服侍德国人。他在演讲结尾时低声说道："这将需要一代人的时间来完成。我知道我将无法在有生之年目睹这一切。"

　　但是，希特勒的计划也包括向西扩张。他开始相信挪威、丹麦、芬兰、荷兰和比利时佛兰芒区的人有雅利安血统，与德国人有种族渊源。他们的语言跟德语相似，而且外貌看起来通常是日耳曼人。希特勒在对纳粹领导者的讲话中指出，纳粹理想已经在这些国家扎根，它们的人民自愿加入德国军队，它们的许多城镇是用德语命名的。德国还应该鼓励已经移居北美、南美和澳大利亚的德国人返回祖国，参与建设新德意志帝国。

　　希特勒说道，德国应该占领和剥削被征服的国家，但他始终想着把这些国家并入德意志帝国。德国在这些国家安排一名专员和一小群行政人员指导经济活动，而党卫军则管理警察队伍。德国扶植听话的傀儡执掌政权，尽量不影响这些国家的既有秩序。

　　希特勒补充道，由于英国人天性顽固，他们将受到更严厉的管制。

　　希特勒在这次会议上以及随后的非正式谈话中宣布，第三帝国的"贵族"将分得被占领国家的大片土地，这些土地将由奴隶劳工来开垦。尽管希特勒对陆军军官团一直心存猜疑，但还是告诉一些他最喜欢的将军去物色自己喜欢的土地。古德里安将军曾在东线战场指挥作战，后来成为德军装甲部队监察长。他是希特勒最喜欢的将领之一。他花了数月时间来巡视被占领的国家，寻找合适的庄园。这个计划通过让德国官员和将军变得富有来使他们更忠诚，途径则是直接没收东欧富裕地主的财产。

　　此外，在1941年初，德国空军元帅戈林由于空军的辉煌功绩而自鸣得意，宣扬更残酷的占领方针。当时，戈林已被任命为希特勒的副手。在一次占领委员会的会议上，戈林身着挂满勋章的、华丽的制服,大发雷霆地指责道:"我蔑视剥削这个词,以前叫掠夺。尽管剥削更好听些,我还是要掠夺,并且彻底地掠夺。"[73]被占领国家的劳力、私营工厂、贵重财富将被没收,用来支撑德国的战争机器,填满纳粹领导者的私人腰包。犹太人的财产被毫不留情地没收。德国纳粹高层对掠夺的授意让被占领国家的财富岌岌可危。

正如下面将讨论的,一些被占领国家的金融资产价格下跌,但股票在一定程度上保住了财富。随着战争的逼近,奥地利、捷克斯洛伐克、希腊、波兰、罗马尼亚和匈牙利的小型证券交易所的股价大幅下跌,然后关闭,有些甚至永远消失。显然,这些国家的股票无法保值,而在战后成为苏联卫星国的、躲在铁幕背后的国家,即使是私人股权,也变得一文不值。

荷兰经济:最好的流通货是食物

荷兰股市截然不同。阿姆斯特丹股票交易所历史悠久,到了1940年,荷兰的股权文化仍然浓厚。在20世纪30年代初,在全球经济大萧条和熊市的打击下,由50只股票加权构成的CBS指数急剧下跌,随后,在20世纪30年代末和1940年春一路反弹。荷兰人相信希特勒会放过他们,因为荷兰在一战中支持德国,而且荷兰的堤坝和水闸系统起着屏障作用,易守难攻。实际上,他们大错特错,但荷兰在投降后相对幸运,因为德国在荷兰实行文官政府管理,至少在一段时间内如此。

希特勒记得荷兰人在一战中保持中立,并在战后收容了许多营养不良的年轻德国人。他把荷兰人视为雅利安同胞,打算将荷兰并入德意志帝国。荷兰有许多亲纳粹分子，其中最出名的两个人分别是安东·穆塞特和迈因胡德·冯·托尼根。穆塞特打算把荷兰当作一个扩大的德国省份来管理，而冯·托尼根则无耻地与党卫军合作，主张让荷兰农民迁徙至乌克兰肥沃的农田。

穆塞特和冯·托尼根的首要任务是中饱私囊。他们争相没收财富，捏造罪名掠夺那些富裕的荷兰家族企业，尤其是犹太人的。显赫的财富成了真正的累赘。尽管荷兰一直以来善待犹太人，但是党卫军却逮捕犹太人，并将其遣送至集中营。这种做法引起了荷兰人的抵抗，最著名的案例是安妮·弗兰克的故事。尽管如此，据估计，在 12 万荷兰犹太人中约有 10 万人丧生，他们的财产被德国人和肆无忌惮的荷兰人掠夺一空。

希特勒的目标是建立纯日耳曼人的帝国，因此最初德国对荷兰的管理在所有被占领国家中可能是最开明的。1940 年 5 月，奥地利人阿图尔·赛斯-英夸特被任命为帝国专员，他是一名备受赞誉且经验丰富的官僚。他得知自己的任命很高兴，并且兴高采烈地告诉妻子：“特露德，元首要我去种郁金香！”赛斯-英夸特允许“合理程度”的政治自由，建立了一个平行管理体系，为数寥寥的德国行政人员与众多的荷兰公务员一起办公。

然而，随着时间的推移，荷兰的抵抗运动不断兴起。1941 年 2 月，荷兰举行了一场全国性的罢工，整个国家陷入短暂的瘫痪。德国人动用军队进行残酷镇压，盖世太保在冯·托尼根的帮助下逮捕并折磨那些组织者。后来，他们被送到波兰的集中营，并且在短短一个月内被折磨致死。随着抵抗运动的壮大，破坏和谋杀案件日益增多。赛斯-英夸特实施了一项严厉的政策，即每杀死一名德国士兵就处决 100 个荷兰人，因此他被称为“荷兰屠夫”。

1939 年，荷兰是粮食的净出口大国，但德国人掠夺了荷兰的农产品。荷兰人在整个战争年代饱受粮食短缺之苦。到了 1944 年，荷兰的粮食库存不复存在，当年秋天收割下来的粮食全部被运往德国。到了 1944 年末的寒冬，荷兰陷入了绝望的饥荒。据估计，超过 10 万名荷兰平民死于饥荒，粮食短缺问题一直持续到 20 世纪 40 年代末。

1940 年 5 月，阿姆斯特丹股市关闭，直到 9 月才重新开放。股票交易在战争期间受到限制，股票名义指数持平，直到 1944 年 8 月股票交易所关闭。然而，根据荷兰银行的数据，股票实际指数在战争期间下跌约 15%，并且这个数字可能被低估了。即便如此，按实际价值计算，1944 年 8 月股市关闭时的收盘价仍然高于 1929 年的高点，或者高于 20 世纪 30 年代大部分时间里的收盘价。

然而，股票却不能填饱肚子。粮食才是生存必需品。从这个角度来说，股票确实没用。在战争后期，最好的货币是粮食。1946 年 4 月，阿姆斯特丹股市重新开放。荷兰政府债券也是不错的投资标的，尽管实际收益率很低，并且经常是负值的，但仍比其他被占领国家的政府债券好得多。

拥有企业在被德国占领的国家里相当管用。许多家庭在荷兰被占领期间可以保留房屋、土地和小型企业，并且以相对不错的财务状况熬过了艰难时期。如果一个人是犹太人、抵抗组织成员或"国家敌人"，那么纳粹或苏联将首先没收他的财产。有时，一个人在战后可以拿回被没收的财产，但通常所剩无几，或者难以证明所有权。

国家被纳粹占领的经历令人刻骨铭心，导致个人痛苦甚至财富毁灭。例如，笔者认识一个名叫扬的荷兰人，他拥有一家不错的农机公司。1944 年 1 月，一名德国士兵在邻近的村庄被杀。第二天早上，一名德军中士带着一队士兵突然出现在扬的住所周边。他虽然不知道发生了什么，但感觉会有麻烦，于是躲在阁楼的楼梯里，而他的妻子去迎接这帮德国士兵。

"一名德国士兵被谋杀了，现在要抓捕 100 名人质。你的男人呢？"

"他不在家。"她告诉德军中士。

"那么，我们要搜查你的房子，女士。"

长话短说，扬的妻子请这名中士进屋喝咖啡。德军中士明白了她的意图，就派手下去搜查隔壁的房子。当天下午，100 名荷兰人被枪杀，但扬却安然无恙。他亲身经历了整个事件，他和他的妻子永远无法摆脱这场噩梦。在战后扬开始酗酒，曾经不错的生意也一落千丈。后来，他在车里闷死了自己。

丹麦和比利时：股市幸免于难

丹麦认识到抵抗是徒劳的，因此迅速投降，并接受了德国的宽大条件。结果，在职业外交官塞西尔·冯·伦特-芬克的领导下，丹麦成立了一个相对开明的军政府，只有 100 名工作人员。1940 年，丹麦股市仅关闭了两个月，但与荷兰的情况一样，投资者出于对被占领的恐惧而惊慌失措，股市在关闭前急剧下跌。

然而，在丹麦股市重新开放后，股票涨幅与公布的通货膨胀率基本一致，因此投资者没有损失购买力，股票起到了使财富保值的作用。实际上，按实际价值计算，丹麦 1950 年的股价与 1930 年相当。丹麦跟其他被占领的欧洲国家一样，黑市在战争时期很活跃。相比于食品和药品等真正稀缺的必需品，股票的购买力很可能下降了。

比利时则是另一番情形。帝国专员亚历山大·冯·法尔肯豪森男爵将军总体上不喜欢纳粹，尤其是党卫军和盖世太保。他和他的行政官员们管理的政府相当温和，并且不进行干预。然而，法尔肯豪森不幸地卷入了一场未遂的反对希特勒的阴谋，最终被关进集中营。布鲁塞尔股市在被占领期间名义价格持平，但实际价值有所下降。从长期来看，比利时的股价波动较大，因此股票不是很好的财富增值工具。

接下来，我们谈谈法国，那里发生的故事要复杂得多。

第十章

法国走向衰败

在 20 世纪 40 年代，无论是法国人民还是法国股市都不够明智。他们被德国人欺压。如图 10.1 和图 10.2 所示，在 20 世纪

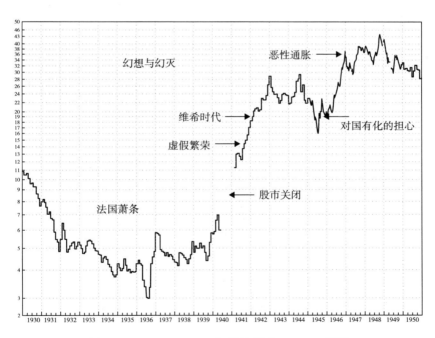

图 10.1　1930—1950 年的法国 SBF－250 指数

资料来源：Global Financial Data，Inc.

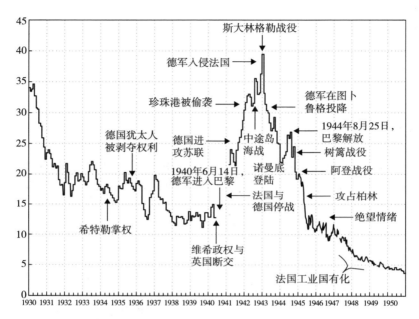

图 10.2　1930—1950 年经通胀调整后的法国 SBF-250 指数

资料来源：Global Financial Data，Inc；Traxis Partners LLC.

30 年代初，巴黎股市跟世界其他地方的股市一样大幅下跌，但不同的是，巴黎股市后来没有持续反弹。事实上，股市更低迷。到了 20 世纪 30 年代末，随着战争的逼近，股票名义价格和实际价值都远低于 1930 年的高点。低迷的巴黎股市反映了法国自我怀疑的情绪。这种情绪在法国长期存在，并且随着长达 20 年的政治混乱以及对一战胜利成果的失望而加深。

在 20 世纪 30 年代，法国政府是个不幸失败的"软弱议会制"政府，被人们贬低为"虚张声势，没有骨气，过于纵容"[74]。这个政府无力解决困扰法国的重大社会问题，特别是经济增长缓慢、失业率增加以及人口出生率骤降。法国民众仍然记得毫无意义的壕沟战使 200 万人丧生，乡村男孩因为恐惧战争尽管自残却仍然被送上前线的故事。第一次世界大战遗留了许多问题，包括工厂罢工和军队叛变等。法国工业生产水平低下。1940 年，德国士兵惊讶地发现，法国农场仍然沿用 50 年前的种植方法。

在整个 20 世纪 30 年代，法国与法国股市一样低迷。[75]巴黎夜生活充斥着过度享乐、纵酒、着装暴露等道德败坏行为，信仰天主教的中产阶级对此感到震惊。新知识分子遭到鄙视，比如莱昂·布鲁姆和安德烈·纪德。布鲁姆嘲讽婚姻，他的剧作《可怕的父母》削弱了父母的权威；纪德纵容自我实现的理念。著名的记者保罗·瓦莱里写道：具有讽刺意味的是，那些令人愉悦和富有艺术创造力的法国作品却不适应法国当时所处的艰难时代。

富裕的贵族和天主教会非常害怕苏联。他们非常羡慕法西斯主义，以及德国和意大利的崛起。他们认为独裁者可能在某些方面蛮横粗暴，但却让社会变得有秩序，至少运转了起来。法国社会有强烈的反犹太主义倾向。1935 年 9 月 15 日，德国颁布了《纽伦堡法案》，剥夺了德国犹太人的公民权利，而法国精英阶层却对此深以为然。

1940 年，法国的惨败引起了人们对社会、经济和政治的极大不满。那年夏天，法国各地的流浪者估计有 1 000 万，占总人口的 25％。他们像游牧民族一样四处觅食，实施偷窃和抢劫，试图躲避德国人。法国处于无政府、无警察、无私人财产权的状态。最糟糕的罪犯是某些解散的法国士兵。

法国的顺从

当时，大多数法国民众被社会和经济的混乱吓坏了。当人们试着改善悲惨的生活时，他们愿意遵守纪律，甚至牺牲一些自由，以换取正常的生活和秩序井然的社会。人们开始相信，希特勒和德国代表着秩序和稳定，以及蓬勃发展的德国经济将带给法国机遇。毕竟，法国陆军司令马克西姆·魏刚将军说过这么一句广为流传的话："在德国的强大攻势下，英国将像鸡一样被拧断脖子。"1941年12月，丘吉尔在加拿大议会的一次演讲中引用了这句话，并调侃道："既然英国像一只被拧断脖子的鸡，那就来点鸡肉！"然后，当观众哄堂大笑时，为了达到戏剧性效果，他停顿一下，又说道："再来点鸡脖！"人们发出了巨大的欢呼声！

当然，德国一直是法国的宿敌，但德国似乎将长期主宰欧洲。英国自身难保，更不用说解放欧洲了。1940年，一句流行的法国俏皮话这样说道："英国人？你见过英国人吗？"当然，没人见过英国人，因为他们乘船逃跑了。这算什么盟友呢？

西蒙娜·德·波伏娃在她的日记中引用了这句俏皮话。她轻蔑地提道，英国人急于逃跑，并留下大量物资，从香烟到汽油应有尽有。因此，法国人当然会问究竟应该与德国结盟还是接受现实。1940年7月，愤世嫉俗的社会观察家安德烈·纪德评论道：如果德国统治意味着富裕，那么90％的法国人会接受，其中75％的法国人会笑着接受。

为了达成停战协议，一些肮脏的政治阴谋应运而生。一战老英雄菲利浦·贝当元帅建立维希政权，成了新的独裁者。当人们喋喋不休地争论时，法国版的墨索里尼皮埃尔·拉瓦尔精明地策划了新维希时代，并且直截了当地告诉议员们要认清现实。他警告道，旧的多党民主政体时代已经结束。

> 我们将摧毁过去的一切，并创造全新的世界。我们要与德国或意大利的宪法保持一致。要么你主动接受这一点，要么希特勒会强加给你。从今以后，只有一个政党，这就是所有法国人的政党。我们以前对民主执迷不悟，然而，它却带给我们更糟糕的资本主义。今天，我们为此付出代价。在我们的周围，欧洲正在打造一个新世界，而我们却置身事外。

贝当是法国的历史风云人物。他出生于一个农民家庭，戎马一生。1917 年，他成为"凡尔登之战的英雄"，他拒绝为了占领几百码的泥泞阵地而顶着敌人的机枪发动正面攻击，从而恢复了法国军队的纪律和士气。因此，他深受军民爱戴，成为民族偶像。根据各种说法，贝当是个愚蠢的人。他的军事书由下级军官代笔撰写。一位名叫查尔斯·戴高乐的军官鄙视贝当，并拒绝了为他代笔写书的"荣誉"。然而，1940 年，当戴高乐组建自由法国旅时，只有 3.5 万人。

贝当身材笔挺，留着浓密的白胡子。1940 年，尽管他已年近九旬，但仍然精力充沛、贪恋美色。贝当为人自负，认为自己无可替代。1940 年 6 月，他在面向法国人民的广播中夸张地宣布："我已将个人才智献给法国，以减轻她的不幸。"早已厌倦肥胖政客的法国人民非常喜欢贝当！保罗·约翰逊后来写道："他很快成为自拿破仑以来最受欢迎的法国领袖，并且受到皇帝般的待遇。"

根据 1940 年的停战协议，德国同意给予法国一定程度的经济自由。法国雇主可以经营公司，支付工人工资。德国政府提供利润丰厚的军备合同。到了 1941 年秋，90 万法国人为德国人工作，他们要么建造大西洋长城防御工事，要么在兵工厂工作。还有 25 万人在德国工作，领取名义工资。在法国被占领的最初几年里，法国企业认为它们不仅能够生存，而且能够与新的军方长官和德国占领者合作而发展。1941 年 2 月，巴黎证券交易所重新开业，并且回应了这种乐观情绪。法国及其工业将成为希特勒和德国所要建立的新欧洲的重要组成部分。这比法国的混乱明显好多了，法国人还有什么好选的呢？至少法国企业为战胜者工作不仅使以前的财富得以保留，而且使新的财富终于得以创造。

在战争开始的头两年里，无论是在占领区还是在维希区，法国人民的生活相对平静。1940 年夏，巴黎的食物供应中断，德国人开设救济厨房，给饥饿的民众提供食物。人们开始认为被占领并不是那么糟糕。一篇社论宣称道："维希政权一年所做的改革，比前任政权在 100 年里所做的还要多。"[76]

尽管如此，仍然有很多人厌恶德国占领者。一位作家描述了德国军队到达巴黎和乡村时的情景：

> 人们热烈地欢迎胜利者。姑娘们挥舞着手帕和围巾欢迎骑着摩托车的德国士兵。
>
> 我觉得巴黎的情况没有变化。巴黎歌剧院和法兰西喜剧院的看台上坐满了穿着正式制服的军官。咖啡馆里

挤满了光头的德国佬，而法国人则满不在乎地待在一旁喝酒。街道上没有汽车，也没有出租车。德国士兵、衣冠楚楚的法国妇女和肥胖的商人只能乘坐人力车。

1941 年 7 月，法国维希政府向德国提出废除停战协议，并起草了一份新协议，要求允许法国拥有主权，并与德国进行军事和经济合作。年逾九旬的一战英雄贝当被任命为新成立的法国维希政府的独裁者，贝当及其副手们显然很高兴德国进攻苏联，对一年前英国在奥兰重创法国舰队愤恨不已。一些德国高级指挥官开始将法国视为亲密的盟友以及德意志帝国的"西线军事长城"。如果法国与德国结成军事同盟，总人口将达 1 亿，英国及其盟国还敢入侵法国吗？英国不是德国和法国的宿敌吗？

然而，无论如何希特勒对此都没有动心。可能是因为种族问题，法国人不是雅利安人。希特勒从未说过法国在种族上是德意志帝国的一部分，也没有回应法国的提议。这是个重大的错误。这类似于希特勒对白俄罗斯人所犯的错。如果法国和德国成为盟友，那么轴心国的实力将大大增强。

没收法国犹太人的财产

尽管许多法国人一开始对德国占领者似乎没有不满，但法国犹太人却惨遭厄运。犹太人的全部财产被立即没收。富有的犹太人都逃离法国。罗斯柴尔德三兄弟、爱德华、罗伯特和莫里斯都设法逃到了美国或英国。[77]法国当局禁止转移资金，莫里斯则在飞往伦敦的航班上携带了一大包古董珠宝，在 1940 年约值 30 万英镑（至少相当于今天的400万英镑），后来他变卖了这些珠宝以维持生活并作为经营资金，而爱德华和罗伯特不得不依靠家族的接济，然而这种接济难免日渐枯竭。

有时候一些富有的犹太人可以通过贿赂脱身。乔治·莱文是一名声名显赫且非常富有的法国犹太人。他在一次德国人对犹太教堂的突袭中被捕，与10名犹太社会党人被关押在一间牢房里。几天后，盖世太保发现了他的身份，莱文被转移到相对舒适的私人牢房，并且伙食大幅改善。接着，一个名叫奥托·韦伯的人来见莱文。韦伯自称是格里茨巴赫博士的助手，而格里茨巴赫博士则是德国元帅赫尔曼·戈林的顾问。韦伯告诉莱文，盖世太保知道他在法国银行苏黎世分行有一大笔存款，如果德国政府收到200万美元，他就可以获释。然而，韦伯又说道，莱文要再拿出20万美元现金，以补偿戈林为此而惹下的麻烦。

这笔交易达成了，但一个月过去了，却没有任何进展。一天早上，海因里希·希姆莱拜访莱文。希姆莱递给莱文一支烟，询问他对现在的待遇是否满意。至于延误，希姆莱向莱文道歉，并告知韦伯已被捕。现在由希姆莱掌管此案，但是交易条件维持不变。希姆莱保证莱文将被转移到西班牙，然后从那里轻松前往伦敦或美国。这次，莱文付了钱，然后被送到了马德里。莱文从未弄清戈林、希姆莱和韦伯之间发生了什么，但显然纳粹在自相残杀。不管怎样，莱文在瑞士存了一大笔钱是英明正确的。

1941年后，盖世太保和维希政府命令法国警察抓捕犹太人。一个名叫莫里斯·帕蓬的人统治着波尔多。他出身贵族，气质优雅，看似和蔼可亲。他坐在办公室里，身后就是三色旗，高效而冷酷地执行着柏林方面和维希政权的命令。1942年和1943年，他"去犹太化"600多家企业，秘密逮捕了1 700名犹太人，其中包括223名儿童，然后用封闭的火车将他们送至法国北部的德朗西集中营。至于他们后来到了哪里，帕蓬漠不关心。当时，选择妥协并与德国人合作的做法比战后人们所承认的要更普遍。如果一个人逃离法国保命，他所有的资产会立即被政府没收，就像在德国一样，选择逃亡是一个代价高昂的决定。

事实上，如果你是一个富有且保守的法国人，那么选择合作和视而不见可以保住你的财产和地位。然而，很多人私下议论道，很多犹太人不是社会主义者或共产主义者，而且没有证据表明德国人在虐待他们。法国警察最可耻的行径之一就是残忍地将4 000名12岁及以下的犹太儿童从他们的父母身边夺走并装上货车运往奥斯威辛集中营。那些警察后来声称他们不知道这些孩子的最终命运。维希政权的一个臭名昭著的反犹太主义者指认了数千名犹太人，并将他们送进死亡集中营。

另外，许多法国人勇敢地帮助犹太人。非犹太裔大学生胸前戴着黄星，为犹太人伪造证件，帮助他们躲避搜查，其中许多人在偏远的村庄藏匿多年。这种勇敢行为是非常危险的。最终，理查德·维宁在他的作品《不自由的法国人：占领下的生活》中写道，近80%的法国犹太人在被占领期间得以幸存。

法国从德国军备合同中获利

1940年秋，德国给法国公司提供了看起来获利丰厚的订单，包括机床、拖拉机、卡车、铣床和资本货物。到了1941年，法国的失业问题变成了劳动力短缺，生产逐步回升。然而，在1940

年夏被俘的 200 万名法国战俘仍未获释，继续在德国艰苦劳作。希特勒和纳粹仍然决心掠夺法国，但一开始做得相当隐晦。

1941 年初，德国大公司的高级管理人员和会计师，比如法本、西门子、克虏伯等，开始到法国大公司参观考察。法国公司的专利、设备和技术工人被"暂时"转移给德国公司。尽管如此，一些法国公司还是从德国的军备合同中大赚了一笔。雷诺工厂被改建为德国坦克工厂；法国汽车工业先驱马吕斯·贝利埃签下了一份大合同，生产德国军用卡车。这些公司的股价飙升，但是人们注意到，那些事先知情的德国官员在正式公布合同之前已买入股票。

那些需要资金的法国公司可以筹集资本。尽管它们无法申请银行贷款，但可以发行股票。问题在于，新股必须以折扣价出售给占领区政府、德国公司、党卫军官员和希特勒的亲信。他们用法国法郎或德国马克支付新股，而马克被随意定价，价值远高于法郎。少数业务繁荣的法国公司，比如巴蒂尼奥勒－夏特林机车公司和标致汽车公司，避免了这种命运，但大多数公司却没有这样的好运，它们的股权被稀释。

法国投资者最初并不担心，因为他们认为纳粹官员持股将是公司的优势，因此股票市场飙升；到了 1942 年底，股票名义价值几乎翻了三倍。德国似乎将赢得战争，或者至少统治欧洲多年。1942 年夏，德军向斯大林格勒和油田推进被认为是好消息：5 万名法国士兵加入德军，在苏联境内作战。法国投资者对苏联怀有深深的厌恶和恐惧。此外，有传言称，包括党卫军在内的占领区德国官员将获赠股票，投资者认为这将确保股价继续上涨。在法国被占领的最初几年里，股票是值得投资的，关于德国业务利益的内幕消息和交易非常猖獗。

1942 年的法国：饥荒、贫困、通胀

然而，随着时间的流逝，法国人所有的幻想都破灭了。很明显，希特勒和纳粹的计划不是与法国合作，而是掠夺法国。占领当局实施了强迫劳动法，实际上迫使 60 多万法国人前往德国，他们在条件恶劣的工厂工作，领取最低工资。由于如此多的法国人被迫离开法国，以及第一次世界大战中数百万法国士兵丧生，法国严重缺乏从事体力劳动和务农的青壮年男性劳动力。食物变得极度短缺，通胀率开始急剧上升。

1942 年，法国大部分地区都陷入饥荒。德国人将大量食物运到德国，以及送至位于东线和西线的德军手中。维宁提到，2 000 名巴黎人排队购买 300 份兔肉。在其他城市，人们凌晨 3 点排队购物，却发现商店里空无一物。为了不饿肚子，一位法官的女儿甚至嫁给了卢瓦尔的一个农民。许多犯罪分子伪装成德国士兵，向他们的法国同胞勒索食物和燃料，许多人不得不去黑市购买食物。农民把多余的食物卖给出价最高的买家，这种做法是可以理解的，实际上，农村的获利是以牺牲城市的利益为代价的。

据说，在 20 世纪 40 年代初的法国，只要有钱，就可以在黑市上买到食物、药品、香烟、酒和衣服。一个人可以出售股票，到银行取钱以及变卖家当，去购买他所需的东西。到了 1944 年以及 1945 年末的冬天，这种情形一去不复返。食物、暖和的衣服甚至战前的葡萄酒等成了购买力最强的物品。

如图 10.1 所示，1942 年底，就实际价值而言股市发展达到

顶峰。随后，德军在斯大林格勒全部投降，这震惊了投资者，股市开始急剧下跌。这个消息与英国日益强大，以及美国在太平洋战场上获胜，令法国股市的投资者担心自己站错了队伍。从那时起，巴黎股市一路下滑。我们承认，巴黎证券交易所没有展现出多少直觉或智慧！

1943 年，占领当局和盖世太保变得更加残暴，民众的抵抗更加激烈，德军最终入侵维希政权。到了 1944 年，法国大部分地区遍布着警察。盖世太保穷凶极恶，丧心病狂。被他们怀疑的任何人都将遭受残忍的折磨。法国经济几乎无法运转，食物极度短缺。通货膨胀和黑市交易让收入大幅减少。股票的实际价值持续下跌，但交易价格勉强持平，从而掩饰了一些痛楚。在法国解放后，股票指数继续下滑，经济停滞不前，通货膨胀率飙升，社会主义再次抬头。然后，在 1945 年和 1946 年，保险、银行、煤矿以及电力和燃气公用事业公司实行了国有化。实际上，法国股市崩盘了。

在法国解放后，社会经历了一个动荡的时期。曾经与德国人勾结的人遭到清算。对这些人来说，解放是一场噩梦。维希政权的警察和军队遭到追捕，并经常被无情杀害。与德国人合作的记者被判处严厉的监禁，但那些为德国人工作的承包商和供应商却很少受到关注。一些商人因为跟德国人合作而被判处监禁。贝利埃被判有罪，他的公司被没收。雷诺死在狱中，但大多数与德国人勾结的法国商人却安然无恙，并保住了股权。正如罗伯特·帕克斯顿在他的经典著作《维希法国：老卫队与新秩序，1940—1944》中所引述的，有一个人讽刺了这种悖论：如果某人参与修建了大西洋长城防御工事，他会被无罪释放，但如果他写了支持修建大西洋长城防御工事的文字，他则会被关进监狱。

贝当和赖伐尔因叛国罪而受审，并被判处死刑。1945 年 10 月 15 日，赖伐尔被枪决。临时总统夏尔·戴高乐将对贝当的判决改为终身监禁，并且将其关押在约岛监狱。1951 年 7 月 23 日，贝当去世，享年 96 岁。戴高乐对贝当的评价是："他的晚年犹如一艘沉船。"[78]

法国的战后经济

法国临时政府在战后最初的几年里实行左倾政策。苏联模式备受推崇，约三分之一的法国人是共产主义者。法国农业一直实行对分佃耕制（地主和农民平分农场收益），并且有很强的国有化传统。许多大企业和银行被国有化。到了 1950 年，就实际价值而言，法国股市是一场灾难，但如图 10.1 所示，名义价格仍在虚假地上涨。实际上，1944 年，就实际价值而言，法国 SBF 指数正在崩溃，但其名义价格却创下新高，尽管涨幅较小。然后，1948 年，通货膨胀率飙升，法国 SBF 指数再创新高。

法国股票投资者被这种虚假繁荣愚弄了吗？这根本不可能！在法国被占领的大部分时间里，通货膨胀率约为 20%，在战争结束后，在 20 世纪 40 年代下半期，通货膨胀率飙升至 60%，其中一部分原因可能是受到延迟的黑市影响。由于统计数据混乱，不可能得出准确的实际购买力，但图 10.2 大致反映了真实的股市。

在从 1940 年到 1950 年的十年里，法国股市的名义价格上涨，但实际价值每年下跌 7.6%，累计跌幅超过 50%。这听起来很糟糕，但别忘了 1982 年的道琼斯工业平均指数与 1966 年的高点相同，但实际价值却下降 50％以上。当然，美国在那段时间里输掉了越南战争，并经历了严重的通货膨胀，但没有被占领。然而，法国股市的严峻数据是，1950 年的实际价值较 50 年前降低了约 20％。

法国股市的表现究竟怎样？即使是怀疑论者也不得不承认，在战争年代（1938—1940 年）、被占领时期（1940—1944 年）以及解放后和国有化的动荡时期（1945—1950 年），法国股市应该表现得更糟糕，毕竟，法国当时经历了如此多的动荡和磨难。实际上，从 1938 年到 1945 年，法国股市的实际价值持平，而名义价格上涨。

股票当然比其他资产类别要好。法郎一路贬值，在这十年间，债券和票据的实际价值每年下跌超过 20％。具有讽刺意味的是，在法国解放后，金融资产的跌幅最大。在 20 世纪上半叶，显而易见，股票未能实现财富的保值或增值，但许多其他国家的股票也是如此。这是非常艰难的 50 年。

法国股票投资者是否有洞察力和智慧呢？在 1940 年法国沦陷后，他们并不聪明，因为他们抛弃英国，认为被德国占领有利可图，并且错误地认为德国人将统治欧洲很长时间。股价一直急剧上涨，并持续到 1941 年，这表明了他们的愚蠢。另外，他们正确地解读了苏联取得斯大林格勒之战胜利的重要意义。

唯有实物资产和黄金可以保值

从 1940 年至 1950 年，最好的投资标的是实物资产和黄金。在这十年间，农田、房产和企业的名义价格大幅增加，因此在

1940年持有这些资产的富裕家庭到了1950年仍然富裕。据笔者所知，这些资产的实际价值较1940年上涨了约20%。换句话说，实物资产是很好的通胀对冲工具，但只能让财富适度地增值。

例如，法国的富裕家族世代囤积黄金。瑞士私人银行家说道，1939年，大多数法国家族约20%的财富是金条，它们要么被存放在瑞士，要么被埋在城堡的后院里。他们几乎没有购买伦敦或纽约的股票或债券。黄金价格与美元挂钩，因此随着通胀的加速，法郎对美元持续贬值，以法郎计价的黄金价格飙升。黄金价格的涨幅肯定大大超过房地产或企业资产，但现在很难知道究竟涨了多少。

在那个可怕的年代，用黄金对冲灾难存在三个方面的问题：

第一，为了卖出一些黄金，你必须找到真正的买家或黑市交易商。在那个充斥着告密者和背叛者的野蛮社会中，任何事情都可能发生，你可能最终会被刺死在巷子里，或者被盖世太保关进地窖。

第二，无论是真正的买家还是黑市交易商，黄金价格都将大打折扣，但由于没有公开的交易市场，这种情况不可避免。

第三，如果你待在被占领的法国，那么你必须藏匿黄金。从1940年的秋天起，所有的法国银行都必须向德国人报告保险箱里的物品内容。占领当局据此发行期票，"借走"黄金，然后再运到德国。战争结束后，这些期票并没有得到兑现，因为纳粹政府在柏林保卫战中销毁了相关档案。随着盟军日益逼近巴黎，所有剩下的黄金均被德国官员没收，以帮助他们躲避即将来临的灾难。然而，在战争最后几年的混乱中，相较于任何其他资产类别，比如房产或企业，埋在后院的黄金更保值、更安全。

在战争期间发财的法国人都是黑市商人。黑市才是捞金的好地方。卑鄙的企业家善于将他们的利润转化为实物资产，并且用黑钱购买并囤积黄金。他们购买黄金是因为随着战争继续，德国时运不济，他们担心战后的局势。在法国解放后，购买房产或炫耀财富是非常危险的。黑市商人在法国被占领期间被人们憎恨，被称作社会的寄生虫。事实上，随着解放的到来，许多黑市商人遭到身体虐待，其财产也被没收。然而，许多黑市商人把不义之财变成黄金，然后在解放后的几年间收购企业。从 1945 年到 1950 年，由于通货膨胀率飙升，黄金是财富的最佳保值工具。

顺便提一下，意大利的情况大抵如此。尽管意大利经历了墨索里尼的独裁、被德国占领和被盟军入侵等创伤，但大约 20 个富裕家族却通过持有实物资产保住了财富。同样地，黑市商人赚到了大钱，并悄悄地将利润转化为合法的企业。在 20 世纪 50 年代，这些企业的价值飙升。虽然在意大利黑市交易极其危险，甚至性命攸关，但却回报巨大。在 20 世纪下半叶，一些大的欧洲企业得到了黑市资金的扶持。

总而言之，在二战期间被占领的欧洲，黄金是最佳的资产类别，可以隐藏财富以及保持流动性。从超长期来看，股票、土地、房产和企业都是不错的资产类别，但黑市却是最赚钱的行业。

第十一章
意大利和德国的财富随风而逝

温故而知新。

——《论语》

无论从哪个角度看，在 1930 年至 1945 年意大利极其悲惨。作为一个国家和民族，意大利人民赋予墨索里尼权力，但却深受其害。墨索里尼的帝国梦想导致了灾难性的军事冒险。意大利与德国联盟惹怒了同盟国，并导致后来盟军入侵意大利。到了 1944 年，意大利国内冲突激化，几乎演变成内战。

　　在整个 20 世纪，意大利股市在全球所有主要股市中实际回报率最低。即使是在战后，与欧洲其他国家相比，意大利的股市回报率波动性也更大，并且表现也更差。这种顽疾挥之不去。意大利人民生气勃勃，但整个国家未能齐心协力。然而，我们感兴趣的是，在 20 世纪 30 年代和 40 年代，当意大利遭受灾难性的、无能的独裁统治时，其股市表现如何。如果只看意大利股市指数（BCI），那么回报率似乎还不错。但是，如果剔除通货膨胀因素，那么实际回报率就相当糟糕。

　　在 20 世纪 30 年代初，意大利饱受通货膨胀、高出生率和普遍贫困的折磨。当时，意大利是个人民痛苦不堪、治理不善、腐败猖獗的国家。墨索里尼用暴力、口才和诡计攫取了国家权力。他自认为是新时代的恺撒大帝，但事实上，他的侧面轮廓是典型的罗马人。墨索里尼这样告诉他的追随者："如果我前进，就跟着我；如果我退缩，就杀掉我；如果我死了，替我报仇。"[79]

墨索里尼热衷健身，体格强壮。他为了看起来更强硬、更威严，有时会留胡须。他的一位情妇曾送给他一把纯金剃刀和剃须用具，他对此非常自豪。他像希特勒一样，不抽烟，很少饮酒。墨索里尼贪慕虚荣，野心勃勃，并且沉迷女色。保罗·约翰逊援引了列宁的话，称墨索里尼一生有 169 位情妇，最后一位在 1945 年 3 月与他一起耻辱地死去。[80]马尔科姆·马格里奇写道："有人会认为墨索里尼如此精通勒索，以至不受威胁。"[81]

墨索里尼掌权后就在罗马挑选了一个宏伟的高顶大厅。一条长长的走廊通向大厅的金色橡木门。墨索里尼的办公桌是教皇在 16世纪用过的，装饰华丽。墨索里尼为了彰显自己知识渊博，在古董木桌上摆满了地图，在墙壁放置高高的落地书架，书架上堆满了有着皮革封面的旧书，上面刻着塞万提斯、普鲁塔克和但丁等名字。

墨索里尼是一位充满激情的演说家。他善于使用夸张法，从而引起听众的共鸣，甚至鼓舞那些穿着宽松西装、满脸迷茫的意大利政府官员。从 1936 年起，希特勒开始向墨索里尼示好。尽管墨索里尼最初对此持怀疑态度，但还是接受了希特勒的奉承，并相信德国将成为未来的强国。到了 1936 年，墨索里尼开始变得狂妄自大。摩根大通最著名的合伙人托马斯·拉蒙特曾到罗马拜访墨索里尼，双方深入交流了摩根大通将承销的一笔重大国际债券。1939 年，意大利与德国签署了备受瞩目的《钢铁盟约》，承诺相互帮扶。

墨索里尼对意大利股市的影响

如图 11.1 所示，在 20 世纪 30 年代初，意大利股市（以及全球其他股市）急剧下跌，但随着墨索里尼权力的巩固出现反弹。
然而，随着时间的推移，墨索里尼宏伟的"新罗马帝国"计划让
投资者心生怀疑。意大利军队为了征服非洲，向阿比西尼亚部落
村庄喷洒芥子气，却没有提振投资者的士气。从 1939 年到 1947
年，尽管意大利股市名义价格大幅上涨，但通货膨胀率同样飙
升，因此股票的购买力并没有持续增长。意大利政府一如既往地
腐败，军费支出全靠印钞票来支撑。股市好像知道了意大利征服
非洲、经济貌似好转以及墨索里尼的狂言都是骗人的，而事实也
确实如此。图 11.1 看似不错，但却是幻觉。

彻底的幻觉

图 11.1　1930—1950 年的意大利 BCI 指数

资料来源：Global Financial Data，Inc.

1940 年，墨索里尼对战利品垂涎三尺，最终向法国宣战，意大利股市因此上涨。墨索里尼说道，数千名意大利士兵阵亡才能向希特勒证明他要求占领法国里维耶尔地区是合理的。当意大利军队面对法军的抵抗而受挫时，墨索里尼将失败归咎于意大利军队将领水平太低，并说道："即使是米开朗琪罗也必须用大理石完成雕像。"[82]

1941 年夏，意大利全力参战，似乎站对了队伍，股市大幅上涨。意大利的新闻媒体遭到严格管控，官方宣称意大利与德国合作，按建立千年帝国的目标共同统治新欧洲。在 1941 年的夏天和秋天，随着德军强势席卷苏联和北非，意大利股市的名义和实际回报率均创下历史新高。

然而，到了 1942 年夏，局势更加动荡。意大利对希腊的进攻成了一场灾难。意大利人对德国从来都没有好感。意大利派了四个师到苏联，与德军并肩作战，然而，当这四个师开始遭受惨重的伤亡时，意大利国内首次出现了公开批评的声音。反对党开始声称意大利作为德国的盟友参战是个糟糕的主意，墨索里尼站错了队伍。10 万名意大利士兵在斯大林格勒向苏联投降，大部分人再也没能回到家乡，还有 10 万人在北非沙漠中被英军俘虏。衣衫褴褛、疲惫不堪的意大利战俘在埃及阿拉曼的照片令人震惊。

在 1942 年和 1943 年上半年，意大利股市持续波动，随后，在 1943 年 7 月暴跌，此时恰逢盟军入侵西西里岛。很明显，盟军接下来打算入侵意大利半岛。1943 年 7 月 25 日，墨索里尼的反对者召开了大委员会会议，经过激烈的辩论，大委员会下令逮捕和监禁墨索里尼。1943 年 9 月 1 日，意大利向盟军投降。

尽管意大利正式向德国开战，但希特勒拒绝放弃墨索里尼，还是命令德军突击队去营救他，然而，墨索里尼此时却被囚禁在山顶的小屋监狱中。希特勒性格中的谜团之一就是他对墨索里尼的不离不弃，但墨索里尼却是那种会见风使舵的人。1941年，希特勒动用参与巴巴罗萨行动的德国军队，去挽救意大利军队在希腊战场的惨重失利。希特勒始终不遗余力地拯救墨索里尼，这究竟是为什么呢？

无论如何，德国突击队不可思议地救走了墨索里尼。希特勒与他亲切重逢，并且安排他在意大利北部掌权，然而，墨索里尼的个人魅力已不复存在。他在德国的扶持下成了傀儡独裁者，而这并没有使他本人和意大利股市得到慰藉。从此，墨索里尼一蹶不振，变得冷漠和残暴。在重新掌权后，墨索里尼处决了那些在大委员会会议中投票反对他的人，包括他的女婿、见多识广的加莱阿佐·齐亚诺伯爵，而后者曾出任墨索里尼的外交部长。

随着墨索里尼和意大利陷入困境，股价理所当然地继续下跌。意大利四分五裂，混乱不堪。实际上，意大利北部几乎陷入内战，法西斯分子被清算，并被草率处决。[83] 从1944年到1945年，社会法治和秩序崩溃，个人财产毫无保障。绝望的强盗团伙在乡间游荡，寻找食物和抢劫的目标。科莫湖周边的一些富有家族联合起来，将他们的财物运到山上的城堡里，决心誓死保卫。强盗团伙不愿攻击如此坚定的家族，不想因此流血负伤。

随着时间的推移，在意大利抵抗运动越发活跃，势力越发强大。这些抵抗运动在意大利北部严重破坏了德军的后防。最终，一支游击队在米兰郊外抓获了墨索里尼以及他的最后一位情妇克拉拉·佩塔奇。1945年3月15日，两人被枪决，尸体被倒挂在路口示众。佩塔奇的裙子被紧紧地绑在她的腿上，以免出现任何最终的不得体举止。

丘吉尔对墨索里尼不屑一顾。令丘吉尔沮丧的是，他的女儿莎拉嫁给了音乐厅的喜剧演员维克·奥利弗，然而丘吉尔却并不喜欢奥利弗。活力充沛的奥利弗一直称丘吉尔为"亲爱的爸爸"，这令丘吉尔更反感。在战争结束后，在查特韦尔庄园举行的一次晚宴上，当时丘吉尔正遭受抑郁症的折磨。[84]奥利弗为了让他开口说话，就问道：

> "亲爱的爸爸，您认识的最伟大的政治家是谁？"
>
> "贝尼托·墨索里尼。"丘吉尔出乎意料地回答道。
>
> "什么？为什么？亲爱的爸爸？"奥利弗惊讶地问道。
>
> "墨索里尼是我所知道的，唯一有勇气处决自己女婿的政治家。"丘吉尔阴沉地注视着奥利弗，抱怨道。

在整个20世纪40年代，意大利的通胀率飙升，股票实际价值每年下跌11.5%。图11.1所示的BCI指数一直飙升，然而这根本就是幻觉。如图11.2所示，通胀吞噬了所有的收益，甚至更多。根据荷兰银行的数据，意大利政府债券的收益率更糟，在那十年里每年下跌了不可思议的27%，而政府票据收益率的年跌幅达到惊人的30%。换句话说，意大利的金融资产在战乱中几乎被完全摧毁，变得一文不值。然而，意大利证券交易所的股价却几乎掩盖了这场灾难。

然而，1945年后，随着战后乐观情绪的不断高涨以及股票实际价值被严重低估，意大利股市开始回暖。在20世纪上半叶末，意大利股市的名义价格年增长率为11.8%，但实际价值与50年

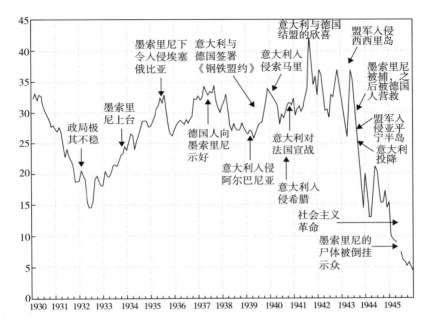

图 11.2　1930—1945 年经通胀调整后的意大利 BCI 指数

资料来源：Global Financial Data，Inc. ；Traxis Partners LLC.

前几乎相同。令人惊讶的是，在 20 世纪 40 年代，意大利股市从未关闭过，即便交易量从 1943 年到 1945 年几乎为零。

　　然而，政府债券和票据的表现更加糟糕。在 20 世纪上半叶，债券和票据实际回报率每年的跌幅为 6.2％，而在 1940 年至 1949 年的十年里每年的跌幅达到惊人的 27.6％。在 20 世纪 40 年代，意大利的股票、债券、票据或里拉等金融资产损失惨重。建筑物和房屋在战争年代大多被摧毁、掠夺或征用，但是土地始终都在。最赚钱的行当非黑市莫属。从 1940 年至 1945 年都很富裕的意大利人，要么从事黑市交易，要么拥有土地。

在意大利和墨索里尼的传奇故事中，有讽刺意味的是，战争拯救了黑手党。墨索里尼曾无情地追捕黑手党。尽管意大利法西斯政权极其腐败，但他们要成为老大。在20世纪40年代初，意大利黑手党几乎荡然无存。盟军入侵意大利结束了法西斯政权对黑手党的打击，让黑手党焕发生机。黑手党头目掌握了意大利裔美国军官的姓名，并且极力讨好这些天真并容易上当的美国人。到了1945年，黑手党控制了黑市交易和地方政府，再次成为意大利的主要势力。美军因此蒙羞。

在德国保住财富

从1914年到1950年，在德国财富几乎无法保值和增值。在此期间，德国输掉了两次世界大战，被敌军占领，背负了巨额的战争赔偿，经历了恶性通货膨胀，成了法西斯国家，遭受了世界历史上最邪恶的独裁统治，并且几乎被炸成了废墟。有产者面对如此严峻的全国性灾难，如何才能保住财富？尤其是面临有史以来最惨烈的大屠杀的少数族裔。

德国犹太人除了提前预料到即将发生的大屠杀并尽可能逃离德国外，别无选择。1944年，非犹太裔德国人应该如何应对呢？数千年来，这个棘手的问题一直困扰着有产者，首先是在地中海沿岸地区，然后是在欧洲，甚至是在南北战争时期的美国。每隔一两代人就会发生一次毁灭性的灾难，积累起来的财富被无情摧毁。到目前为止，美国、瑞典和澳大利亚等少数国家一直相对幸运，但在欧洲，这种世界末日般的事件以各种形式定期发生。

传统观点认为，在世界末日般的大灾难中，最安全的避风港是财产（房屋、农田、林地）。在长篇小说《飘》中，当联邦军队逼近、乡村陷入火海时，斯嘉丽·奥哈拉那风烛残年的父亲告诉她要不惜一切代价保住塔拉庄园，"唯一重要的东西是土地，土地"。第二次世界大战的历史（除了日本的农田）大体上印证了这一观点。房屋在战时被征用、改造或毁坏。在战后，无论是拿回房屋还是获得补偿，都非常麻烦。

然而，土地一直在，即便当地的财产记录被毁，当地居民也记得土地的所有者是谁。当然，有时候，如果土地的所有者是犹太人或令人讨厌，那么当地居民就会装作不知道。无论如何，只要是土地，无论是农田、林地还是城市地块，都可以保值。到了1947年，德国开始重建，土地价格上涨。当然，土地并不具备即时流动性。在1945年末的寒冬，当你的家人忍饥挨饿时，即便拥有大量土地，也无法避免食物短缺。

后来，同盟国对德国（以及日本）的占领是相对温和及开明的。（实际上，美国对日本的占领和改革在一定程度上给日本带来了好处，请参阅第七章。）在德国被美国、法国和英国占领后，私人财产权在西德地区得到了尊重，并最终得以恢复。在那些遭受严重轰炸的城市里，房屋或财产被毁坏得不到任何补偿，但土地所有权却安然无恙。

战前德国经济史

为了理解德国的财富在20世纪上半叶遭受的创伤，必须追溯到1914年。[85]危害德国社会财富和福祉的罪魁祸首之一，是恶性通货膨胀。无论出于何种目的，只要一个国家印钞，就会导致通货膨胀，然后政府由于缺乏勇气，持续不断地印钞，这种可怕的经济恶疾就会产生。当然，引发恶性通货膨胀的因素纷繁复杂，但就德国而言，第一次世界大战失利却是主要原因。1914 年，德国马克与英国先令、法国法郎以及意大利里拉几乎等值，美元兑换这些货币的汇率都在 4 和 5 之间。在 19 世纪末，自奥托·冯·俾斯麦执政以来，德国的军费开支一直靠举债来支撑，后来用战利品来还债。当时，德国经济繁荣，实力强大，人们公认德国陆军是世界上最好的陆军。此外，威廉二世还组建了一支强大的海军，因此他和财政部对赢得第一次世界大战满怀信心，并且认为这种融资模式可以持续下去。只有德国股市对此持怀疑态度，随着战争的临近，股市一落千丈。从 1914 年 1 月到 12 月，德国股市实际价值下跌 41％，到了 1914 年底，柏林证券交易所被迫关闭。

然而，在 1918 年，当第一次世界大战结束时，德国成了战败国，没有任何战利品。德国政府向民众出售了大量政府债券，待战争结束时已欠下巨额公共债务。这导致货币供应量剧增，马克大幅贬值，甚至德国经济在支付第一笔战争赔款前就已经处在恶性通货膨胀的边缘。在第一次世界大战结束后，柏林证券交易所在达成战争赔款条款前重新开放，短暂上涨后就崩盘了。1921 年 5 月，德国必须支付的战争赔款金额确定了：德国将支付相当于国民生产总值 10％和出口额 80％的赔款。摩根大通和其他公司认为，德国根本无力承受如此沉重的负担。

德国经济陷入恶性通货膨胀。到了 1923 年底，通货膨胀完全失控，1 万亿德国马克只能兑换 1 美元。银行每天收取的利率为 35％，家庭主妇推着装满了德国马克的手推车去购物，却只能买到微薄的食物。购买了政府债券的普通民众以及银行储户变得一无所有。出生于德国的纽约石油顾问沃尔特·利维告诉乔治·J. W. 古德曼（后者以亚当·斯密为笔名）他父亲计划退休的故事："我父亲是一位律师。1903 年，他购买了一份保险，并且每个月都按时缴纳保费。这份保险为期 20 年。在这份保险到期时，他兑换出来的钱只够买一个面包。"

这场恶性通货膨胀的赢家是为数不多的在 1918 年或更早时对冲马克的老手、还清抵押贷款的土地所有者以及买入不动产的商人。保罗·约翰逊在《摩登时代》中写道："这是德国历史上最大规模、最粗暴的财富转移之一。"希特勒和德国民众将其归咎于《凡尔赛和约》和犹太投机者。

任何图表都无法反映这场恶性通货膨胀的严重程度，实际上，数字更有说服力。从 1919 年到 1921 年，德国 CPI 逐步上升到 2%。到了 1922 年 6 月，通货膨胀率达到 4%；到了 9 月，达到 22%；到了 12 月，达到 68%。然后，一发不可收拾：到了 1933 年 3 月，通货膨胀率达到 285%；到了 6 月，达到 765%；到了 9 月，达到 1 500 000%；最后，到了 12 月，达到 152 221 670 000%。

由于时间久远，很难确定德国股市在恶性通货膨胀期间的表现。我们使用金马克而非纸质马克，衡量从 1917 年至 1923 年的股票指数。如图 11.3 所示，就实际购买力而言，到恶性通货膨胀持续的第十年，指数从灾难性的低点飙升了四倍。之后在这十年里的其他时间一路下跌，毫无起色。然而，问题是，从 1924 年开始使用包含 213 只股票的、更广泛的股票指数，所以这两个指数没有可比性。当恶性通货膨胀接近结束时，也是最灾难性的阶段，股票似乎是不错的选择，但这主要是因为股票下跌过多，相对于恶性通货膨胀其价值也已严重打折。然而，总体而言，德

国股市充满智慧，因为早在 1914 年德国股市就洞察到了德国将
会输掉战争，然后在 1918 年预计到战胜国将索取战争赔款，迫
使德国破产，最后在 1921 年预见到即将到来的恶性通货膨胀。

图 11.3　1918—1930 年以金马克计价的德国股票指数

资料来源：Global Financial Data，Inc.

　　以上信息对财富保值非常有价值。恶性通货膨胀时有发生，
算是天启四骑士之一。为了在经济艰难时期存活下去，有产者需
要借钱买入地产、房产或企业，然后用贬值的货币来偿还债务，
并完全拥有这些实物资产。当然，如果你的预计出现失误，遇上
了通货紧缩，那么债务就会毁了你，而你的债权人则会是赢家。

　　恶性通货膨胀引发了一系列恶性事件，造成了极端的社会动荡和绝望情绪，导致了希特勒的迅速崛起。虽然德国仍然是一个富裕的国家，但是人们用推车装满货币购物，食物和牛奶的价格一天变动两次，盗贼猖獗，人们因此惴惴不安。农民拒绝卖出食物，工人领了工资就冲向最近的商店。食物骚乱爆发了。为了填饱肚子，德国中产阶级不得不出售或交换珠宝、家具、画作等任何东西。企业、医院和机构纷纷关门停业。1922年6月，温和、有魅力且颇有才干的外交部长瓦尔特·拉特瑙被右翼狂热分子暗杀。一位如此杰出的人物竟然在一个本该稳定的法治社会里被谋杀，这震惊了中产阶级。人们不惜一切代价想要实现社会稳定。

　　希特勒崛起的故事广为流传。在20世纪20年代末，希特勒在狱中向鲁道夫·赫斯口述了《我的奋斗》，而亚尔马·沙赫特博士已成为德意志帝国银行的总裁。早些时候，凯恩斯曾建议德意志帝国银行平衡预算并稳定货币供应。最初，他的建议被忽略了，但后来沙赫特听从了他的建议（尽管沙赫特从未承认，而是将功劳归于自己）。沙赫特引入了以黄金为后盾的新帝国马克，稳定了货币供应，平衡了预算，经济开始稳步增长，通货膨胀率适度，政治趋于稳定。股票价格上涨，但随后股市大幅下跌74%，这是因为1929年至1932年的大萧条影响了全球股市。

　　随着希特勒掌权以及社会秩序初步恢复，股票从历史低点再度攀升，投资者梦想成立一个新的德意志帝国。虽然希特勒对经济学既无知又厌烦，但他明白应该让商界人士负责经济管理，因此他将管理权交给了才华横溢的沙赫特博士。随着社会信心的恢复，沙赫特巧妙地运用货币政策。他颁布强制储蓄的政策，并创新政府财政手段。这些举措都奏效了。从1932年到1936年，失业人口从 600 万减至不到 100 万。从 1932 年到 1937 年，工业生产增长了 102%。工资水平基本不变，罢工被严令禁止，旅游业得到促进，企业利润大幅增加。

尽管德国经济增长部分归功于军备开支，但更重要的是德国工业的内在实力和严谨管理。到了 1938 年，即便德国经济没有蓬勃发展，也至少比其他主要工业国家要健康。当时，德国是仅次于美国的世界第二大经济体。到了 1941 年初秋，随着德军横扫苏联，大量财富从被占领国家涌入德国，德国股市飙升。按实际价值计算，德国股市终于超过 1910 年的历史高点。

令人着迷的是，在 1941 年 12 月初的一个下午，正当德军攻势在莫斯科郊外达到巅峰，德国股市达到了顶部。1942 年，尽管轴心国取得了巨大的胜利，但德国投资者的热情已经退去。这是因为从东线归来的士兵所讲述的故事，是因为他们担心希特勒的独裁统治，还是因为持有股票的德国贵族对希特勒和纳粹政权越发不抱幻想？我们现在知道，早在 1941 年秋，德军高级将领就再次开始密谋将希特勒赶下台。然而，直到 1943 年德军在斯大林格勒失利，广泛的幻灭感才出现。

亚当·图兹在一部长达几百页的鸿篇巨制《毁灭的代价：纳粹经济的建立与崩溃》中，就当时的德国经济提出了另一种解释。图兹博学多才，备受赞誉，是剑桥大学的经济史学家。他在这方面进行了细致的研究。他认为，直到 1939 年，德国仍不能算是一个"复苏、繁荣、强大的经济体"，它被多年的疯狂军备竞赛耗尽元气，并且缺乏自然资源和外汇。此外，农业效率低下，仍然依赖大量人力和马匹，成为德国经济的累赘。实际上，图兹低估了德国工业的效率和创造力。他引用的数据显示，在

1938 年，德国居民的生活水平只有美国居民的一半以及英国居民的三分之二。

　　图兹的这些看法似乎有点牵强。1939 年，所有欧洲国家的农业都是劳动密集型的，这也是战争通常发生在春季和初夏的原因之一。德国工业一直是世界上最好的，尤其是精密制造，但在军事武器方面，图兹的观点可能是正确的。德军东线战场上的指挥官早在 1941 年秋就抱怨过苏联坦克更胜一筹。法国企业在 1940 年春后开始为德军提供坦克、卡车和弹药。

　　按照图兹的说法，到 20 世纪 40 年代初，即使纳粹的统治如日中天，德国经济也处于崩溃的边缘。德国不仅缺乏钢铁、煤炭、石油，甚至缺乏兵源。"稀缺管理"在后来的战争中成了家常便饭。图兹坚持认为，这些长期存在的经济问题影响了希特勒的政治和军事战略决策。

　　图兹说道，就政治方面的影响而言，希特勒对美国的经济实力非常着迷，因为美国幅员辽阔，资源丰富，国内市场巨大。他深入研究了美国陆军、骑兵和拓荒者如何无情地征服印第安人。由此，他制订了开辟东欧殖民地的宏伟计划。他打算先让当地的斯拉夫人挨饿和累死，然后再让德国人定居此地，在东欧建立一个拥有 1 亿人口的德意志民族。希特勒认为，美国对印第安人的灭绝行为证明了他对斯拉夫人的行动计划的合理性。图兹认为，希特勒的生存空间理论解释了，即便到 1941 年德国还没能征服英国，他仍然坚决进攻苏联的原因。

　　就军事方面的影响而言，希特勒知道德国经济疲软，并且资源短缺，因此他认识到德国无法与人口更多、资源更丰富的对手进行长期的消耗战。因此，他不得不在进攻西欧和苏联时采取快速的闪电战策略。

艺术品的价值岌岌可危

在 20 世纪 30 年代和 40 年代，就保护犹太人和德国人的财富而言，如果股票难堪重任，艺术品可以做到吗？艺术品便于藏匿，然而在肆虐成性、到处掠夺、野蛮的军队——无论是德国的还是苏联的——逍遥法外的情形下，这确实是一个风险很大的选择。当然，纳粹热衷于掠夺，尤其是掠夺艺术品。别动队负责人阿尔弗雷德·罗森博格负责没收敌对方的财产，他充满激情地履行自己的使命。就艺术品而言（在许多其他书中都有详细记载），纳粹分子洗劫了博物馆和富有的私人收藏家，并将这些宝物运回德国。希特勒对艺术知之甚少。虽然他在成为政治家之前自诩为一名艺术家，但是他对收藏毫无兴趣。纳粹文化部鼓励原始的日耳曼艺术，雅利安人的形象是英俊、强壮、赤身裸体。

在达到辉煌巅峰之际，希特勒设想在他的出生地奥地利林茨，建造一个巨大的元首博物馆，这个博物馆的藏品质量将超过巴黎的卢浮宫、伦敦的泰特美术馆和纽约的大都会艺术博物馆。他告诉罗森博格，必须从欧洲各地搜刮最佳的画作和雕塑。另一位重要的艺术品搜刮者是空军元帅戈林，相比之下，他认为自己是一位品位高雅的鉴赏家。他特别钟情于 17 世纪荷兰大师的作品，但也喜欢其他流派的作品。他无耻地利用职权恐吓低级别的纳粹分子，用自己手上价值低得多的作品去换取他们手上那些名贵的作品。

罗森博格的任务艰巨而微妙，既要平衡这两位苛刻的领导，又要处理将军和高级政府官员对特定风格和物品的要求。戈林参与最多、最贪得无厌。他不时去巴黎，直接拿走画作、雕塑、挂毯和瓷器并带回德国。因此，从 1940 年到 1944 年夏，巴黎、布鲁塞尔和阿姆斯特丹的数百件最精美的艺术品被运往德国，送给希特勒和戈林。这些藏品经过精心清点和拍照，并在战后被成功追回。成千上万的其他不太出名的艺术品被占领者偷走，其中许多再也找不回来。

在被纳粹征服和占领的国家中，艺术品被洗劫的故事数不胜数。在《失落的博物馆》一书中，赫克托·费里西亚诺讲述了找回大师作品的屈辱和艰辛。伯恩海姆两兄弟在巴黎福堡圣奥诺雷有一家优雅的画廊，当德国人到来时，他们立即将收藏的雕塑，莫奈、雷诺阿、毕沙罗、西斯莱、塞尚和马蒂斯的作品分开藏匿。其中一人将画作寄放于摩纳哥，这些画作在战争中得以幸存。另一人没有料到被德国人占领意味着什么，把艺术品搬到了自己在巴黎的豪宅里。当德国军官在那里驻扎时，他的收藏品被发现并被没收，换句话说，这些艺术品被直接盗走。

然而，这家画廊最好的藏品被从画框中取出，裹在牛皮纸袋中，并被带到了一位密友的城堡里。这座城堡建于 1811 年，仿照美国白宫而建，位于法国自由区崎岖偏远的多尔多涅地区。这对兄弟本以为德国人永远不会到那里去，因此就把画作藏在城堡的屋檐下。不幸的是，1943 年，当德国人占领自由区时，也许是因为这座城堡仿照美国白宫而建，这激怒了德国人，于是他们掠夺了该城堡，带走了所有的家具、佛兰芒挂毯、古董波斯地毯和亚麻布织品，然后将城堡付之一炬。那些无价的、未被发现的画作可能已被毁坏，这也是费里西亚诺这本书名字的由来。

因此，艺术品在被占领国家似乎并不是安全的财富庇护所。1940 年，随着德军逐渐逼近巴黎，许多富有的艺术品收藏家猜测占领者可能会没收他们的财产。此外，他们怀疑如果普通人挨饿，那么精美的艺术品或古董家具是否可以换取食物。他们的想法是对的。例如，珠宝在危急情况下是最好的财富保值工具，因为可以随时用珠宝与希望讨好女友的日本军官交换食品、药品等生活必需品。在被占领的欧洲国家，至今流传着很多故事，华丽珠宝在被占领期间的黑市上以极低的价格交易。

当纳粹入侵波兰时，著名收藏家恰托尔斯基的 5 000 多件画作、古董、瓷器和珠宝，被转移到波兰东南部谢尼亚瓦的一座乡间别墅。但其他有钱人却不屑一顾：例如，德鲁基-卢贝基亲王将银器埋在地下室，阿尔弗雷德·波托茨基伯爵将珍宝藏在隐蔽处，其余的留在原处。[86]不幸的是，这三个家族都被告密者出卖，他们的藏品都被没收了。随着德国人横扫乡村，大房子被洗劫一空。

无奈之下，玛特戈扎塔·拉兹维尔伯爵夫人派儿媳从比亚韦斯托克附近的乡间别墅回到华沙，并吩咐她从银行保险箱中取回家族珠宝。[87]当她到达银行时，德国官员正在按部就班地打开每个保险箱。当她站在那里时，银行经理小心翼翼地将拉兹维尔家族精美绝伦的珠宝藏品摆在德国官员面前。他告诉德国人："真可惜，这些都是假货。"德国人不明就里，冲着保险箱摆手。银行经理低声对他的客户说道："啊，我们救下了伯爵夫人的珠宝！"伯爵夫人和她的儿媳带着珠宝逃到克拉科夫，在那里待了两年，不时卖掉珠宝。

但是，失去财富的方法有很多。不幸的是，这个故事以悲剧收场。一个自称是荷兰外交官的人说服伯爵夫人，让他充当代理人，并将大部分珠宝带到她在西欧的表妹那里妥善保管，而等伯爵夫人逃离波兰后就可以取回。这位所谓的外交官随后逃跑并卖掉了珠宝，而伯爵夫人却被困在波兰。这说明了惊恐不安的富人在战乱中多么容易被骗子伤害。

有些艺术品仍然逃脱了纳粹的魔爪。德国空军征用了罗斯柴尔德家族位于莫里尼大街 23 号的一座豪宅，作为巴黎总部。戈林要去巴黎掠夺艺术品时一定会去那里，但他不知道，在优雅的图书室的书架后面隐藏着一间密室，里面藏着罗斯柴尔德家族藏品中最精美的画作。另外，还有一个法国家族拥有宙斯妻子赫拉的小雕像，这是现存最好的与古希腊和古罗马文化相关的小雕像之一。他们把它用洋娃娃的衣服套起来，在德国人面前成功地掩盖了它的真实价值。

在 1940 年春末，随着德军装甲部队逼近巴黎，巴黎的其他居民出售手中的藏品。一流的画作淹没了艺术品经销商，这是买家的绝佳时机。在 1940 年春，凯恩斯前往巴黎出差，他在榴弹炮声中购买了塞尚和德拉克洛瓦各两幅画作。如果他仍然健在，那么他将能收获这些画作在接下来的 40 年里实现的 40 倍升值。

家族财富灰飞烟灭

德国经历了 20 世纪 20 年代的恶性通货膨胀，30 年代希特勒的崛起，最后是战争、投降和被占领，大量财富随之灰飞烟灭。德国最富有的人之一、钢铁大亨弗里茨·蒂森的故事更为离奇。在 20 世纪 30 年代初，他拿出巨额资金支持希特勒进入纳粹党高层。他认为既然自己已经缴纳会费，那么他的家族财产将受到心存感激的元首的庇护。相反，1938年，纳粹以国家处于紧急状态为由将他的公司国有化，并更换了管理层。蒂森对此非常愤怒，但却无能为力。尽管他的财富大减，但也没有达到使他一贫如洗的地步。

然而，他不知不觉就报了仇。蒂森是多家国际化公司的董事会成员，在全球商界混得风生水起。他对希特勒怀恨在心，积怨颇深。1938年，他告诉英国商人威廉·史蒂芬森自己在柏林附近的一家工厂正在生产数百台新型轻便的"恩尼格玛"密码机，但没有得到政府公正的补偿。然而，史蒂芬森实际上是英国间谍。

蒂森自豪地宣称，"恩尼格玛"密码机是德国技术的典范。这款机器有像打字机一样的键盘，按键连着一套鼓轮系统，而鼓轮之间的关系可以多种方式迅速变化。发送者常规地输入消息，但机器会将每个字母转换成其他字母，因此任何一个成功拦截信号的人只会收到一堆无用的乱码。"恩尼格玛"密码机在接收消息时则根据事先设定的模式翻译，并且输出清晰准确的消息。鼓轮之间的关系可以连续变化。这套密码被称为"ULTRA"，德国人认为它不可破译。

史蒂芬森立即意识到，这种设计简单、安全性高但绝对保密的新型密码机会在即将爆发的世界大战中发挥巨大优势。德军的闪电战战略就是依赖这套具有出其不意、快速隐蔽效果的通信系统。

由于史蒂芬森事先得到警告，因此他在一个偏远的庄园布莱切利公园组建了一个数学家和密码学家团队，让他们负责破解"ULTRA"密码。这是一项艰巨的任务，但最终团队破译了密码。读懂德军的通信内容后来被证明是一项不可估量的优势。

德国犹太人财富的遭遇

当与富裕年长的欧洲人交谈时，令人惊讶的是他们保护财富的意识非常强，尤其是犹太人。他们有一种根深蒂固的"难民心态"，这种不安全感迫使他们质疑繁荣能否一直持续，于是总是忧心忡忡。他们为什么如此敏感，尤其是犹太人，答案其实很明显。在 20 世纪，他们经历了两次战争、恶性通货膨胀、大屠杀和经济大萧条。与其他国家的投资者相比，美国人过着令人难以置信的安定生活，而对我们构成威胁的只有市场。

最悲惨的故事莫过于德国犹太人的遭遇。在 20 世纪 20 年代纳粹崛起之前，犹太人长期以来一直是德国社会和经济不可或缺的组成部分。许多德国犹太人的祖先可追溯到中世纪晚期的法兰克福人。他们在德意志帝国享有崇高的地位。没有人比俾斯麦的财务顾问格尔森·冯·布莱希罗德更亲近俾斯麦。在第一次世界大战期间，许多德国犹太人曾在西线作战，奥托·弗兰克（安妮·弗兰克的父亲）等人因表现英勇而被授予勋章，并晋升为军官。奥托·弗兰克的父亲是一名忠诚的德国人，他在 1916 年购买政府债券支持战争，事实上，后来发生的恶性通货膨胀使债券变得一文不值，因此家族财富化为乌有。然而，多年来，嫉妒和由来已久的偏见催生了德国的反犹太主义倾向。纳粹利用 20 世纪 20 年代的恶性通货膨胀激发这种仇恨。他们刺耳地宣称"犹太骗子"策划了通货膨胀，从人民的痛苦中获取巨额利润，尽管作为贷款人犹太人是通货膨胀的最大受害者。

在 20 世纪 30 年代初，德国犹太贵族社群自认为是德国人，内心充满安全感。他们知道德国有反犹太分子，但他们相信犹太人的社会地位在过去 50 年里是稳步提高的。他们难以接受一个曾培养出如此多伟大的音乐家、哲学家和作家的文明国家，竟然赋予像希特勒这样一个鼓吹种族清洗的人如此大的权力。许多德国贵族同意这种观点。

他们指出，汉堡的沃伯格银行和柏林的门德尔松银行尽管由犹太人控制，但却为德国许多最大的企业提供金融业务。1930年，他们的合伙人在 100 多家公司的董事会中任职，许多犹太人曾在第一次世界大战中服役于德皇的陆军和海军。

然而，在 20 世纪 30 年代初，中产阶级犹太人——那些在小城镇拥有商店和企业的犹太人——开始感受到与日俱增的压力和偏见。1933 年 3 月 30 日，法兰克福发表了一份宣言，内容如下：

> 致社区成员：
>
> 没有什么能剥夺我们与祖国一千年的传统联系；任何苦难或危险都不能使我们放弃世代传承的信仰。我们将谨慎而有尊严地为了自己挺身而出。
>
> 如果没有人愿意为我们说话，那就让这座城市的石头为我们说话；这座城市的繁荣在很大程度上归功于犹太人的贡献，并且有许多见证过犹太公共服务的机构。犹太公民和非犹太公民之间的关系一直非常密切。
>
> 不要灰心！团结一致！任何可敬的犹太人此时都不应该离开岗位。让我们共同努力，保护我们祖辈的遗产。
>
> **法兰克福以色列社区执行委员会**[88]

　　社区执行委员会显然不建议移民。当纳粹指责德国犹太银行家"掠夺人民"时，德国政府给予后者特殊豁免权，因为国家需要后者帮忙出口。如果德国没有出口，希特勒就无法实现他所承诺的就业增长，以及没有外汇购买实现军队快速扩张所需的原材料和军火。到了 1933 年，犹太人在大街上遭到纳粹流氓的粗暴对待，并以莫须有的罪名被捕，有时甚至在被捕后失踪。针对犹太人的金融迫害愈演愈烈。大城市以外的小规模犹太银行受到排斥，被迫以远低于账面价值的价格出售给德国银行。一个拥有公寓的犹太人会被告知雅利安人不再是犹太人的租户，从而被迫以半价出售自己的公寓。由于外汇管制，对外汇款会被征税 78％，除非犹太人打算前往巴勒斯坦。

　　在整个 20 世纪 30 年代，犹太人的日常生活逐步恶化。一名犹太人永远不知道何时会在街上被一群暴徒无缘无故地殴打，或者政府何时会颁布一个武断但严厉的新规定，从而让自己的生意破产。一名世代在小镇上经营杂货店的犹太人突然发现家里的窗户被打碎，德国人在他的商店门前竖起了标语，敦促他的顾客不再光顾这些"犹太吸血鬼"。这些犹太商人往往是正直、备受推崇的社区成员，但突然之间，他们的邻居和朋友不敢继续跟他们做生意或交往。

　　相较于犹太富裕阶层，这些中产阶级可损失的财富更少，因此他们往往更倾向于移民。他们中的许多人就面临着这种悲惨境地，被迫变卖家产，并且移居国外。当然，当他们出售公司和住宅时发现这是一个买方市场，成交价格仅为真实价值的一半。尽管如此，他们还是带上全部家当离开德国，成为几乎身无分文的难民，但仍然拥有一种无价的财富，即他们的头脑。

1935 年 9 月 15 日颁布的《纽伦堡法案》剥夺了犹太人的公民身份以及投票权，并禁止他们担任公职。犹太人不能与雅利安人通婚。正如罗恩·彻诺在《沃伯格家族》一书中所言："这些法律一举废除了犹太人的解放权，并将他们带回中世纪。"关于在集中营里发生了什么，谣言四起，灾难降临的预兆非常明显。随后，1938 年 11 月 9 日发生了袭击犹太人的水晶之夜恐怖事件。

到 1935 年底，已有 10 万名犹太人离开德国，但仍有 45 万名犹太人犹豫不决。例如，显赫的犹太投资银行家马克斯·沃伯格选择留下来继续做生意，从 1936 年到 1938 年，沃伯格的公司通过协助犹太人移民国外以及为德国工业客户提供服务来赚钱。富裕的犹太家族仍然过得很好，他们的仆人在某种程度上使他们免受骚扰。然而，他们的社交生活越来越受限。他们仍然希望最坏的情况已经结束，与此同时，离开德国的代价不断攀升。

拥有财产和财富的德国犹太精英面临着一个艰难的选择：移民国外并放弃他们的大部分财富，或者留下来并希望获得最好的结果。马克斯·沃伯格认为，纳粹主义是暂时的社会病态，逃离他们深深扎根的祖国，并以低廉的价格出售他们数代人积累起来的资产和企业，是一种懦弱、令人沮丧的过度反应。沃伯格坚信事态并没有那么糟糕。此外，纳粹似乎需要他们。即使是到了 20 世纪 30 年代后期，沃伯格公司的合伙人仍然是德国大公司的董事会成员，他们继续为这些公司提供金融服务。从 1935 年到 1938 年，沃伯格公司每年的利润超过 100 万德国马克。

希特勒的经济学家：不寻常的帮助

亚尔马·沙赫特博士是希特勒的经济顾问，他对德国犹太精英很友好，给予后者支持和同情。沙赫特喜欢与他们交往，经常参加他们家里举行的盛大晚宴。他们反过来将热门新股赠予沙赫特，并按照当时的惯例传递内幕消息。沙赫特坚持向希特勒表示，迫害犹太人只会让他获取原材料和外汇的努力变得更加复杂。在 20 世纪 30 年代中期，沙赫特始终向犹太银行家保证，希特勒并不像他看起来的那样具有威胁性，一旦社会恢复秩序和繁荣，对犹太人的迫害就会终结。

沙赫特令人着迷。他在凯恩斯的建议下解决了 20 世纪 20 年代的恶性通货膨胀问题。1935 年，他出任德国央行行长、经济部长和希特勒的经济顾问。沙赫特是一位经济学家，但却没有固守某些经济教条。他基本上靠直觉来做出决策。德国是唯一从大萧条中快速复苏的主要工业国家，沙赫特对此居功至伟。他主导建设高速公路，监督纳粹时代刺激经济的公共工程项目。他是一位传统的贵族银行家，其外表也是如此。他常戴着无框眼镜，漂亮的白发从中间分开，总是穿着背带裤和细条纹西装。他在元首的面前不停地抽雪茄，其他人都不敢这样做。

沙赫特与全球金融巨头们私交甚密。伟大的英国中央银行家蒙塔古·诺曼是他亲密的朋友，对他评价颇高。摩根大通的高级合伙人非常熟悉他。显然，希特勒和戈林对他有一定的敬畏之情。他从未加入纳粹党，但希特勒却让他管理德意志帝国银行。沙赫特后来写道："他（希特勒）对经济学一无所知。[89]只要我维持贸易平衡并有外汇供应，他就不会过问我是如何做到的。"沙赫特似乎完全迷惑了诺曼，而诺曼告诉摩根大通的托马斯·拉蒙特，称纳粹正在"用我们的社会制度对抗共产主义。如果他们失败了，那么共产主义将在德国蔓延，欧洲可能发生无法预料的变化"[90]。

沙赫特傲慢自大。正如罗恩·彻诺所言："沙赫特在希特勒面前显得自由随意，如果其他人这样做，就会丧命。"他不害怕与元首争论。有一次，希特勒送给他一幅画作为礼物，他将画还给了希特勒，也表达了谢意，但直言那幅画是赝品。他巧妙地策划德国拒付外债，并让德国犹太银行家为战时经济提供资金。在20世纪30年代后期，他努力工作，尽量避免像沃伯格这样的家族银行逃离德国，他继续告诉犹太银行家希特勒是充满善意的。然而，那时他肯定知道更多的真相。与此同时，彻诺提到，沙赫特正向希特勒吹嘘，称他阻止犹太银行账户将资金转移出境其实是为德国重整军备提供资金。

然而，随着时间的推移，沙赫特和希特勒之间有了实质性的分歧。沙赫特认为应该允许民用生产和消费，以刺激经济增长，而不是将所有资源用于军用生产。他告诫希特勒，这会扼杀国内消费，并警告希特勒几乎完全建立在军事需求之上的经济的危险性。希特勒在演讲中承诺要摧毁犹太人的大型百货商店，而沙赫特则争辩称这样做将导致9万个工作岗位流失，并损害经济。希特勒听取了沙赫特的建议，并缓和了他的措辞。但尽管如此，这些百货商店最终还是遭到了纳粹暴徒的袭击，最终，作为所有者的犹太人不得不低价出售它们。

1938年秋，沙赫特在贝希特斯加登与希特勒发生了一场传奇的争吵，随后戈林接替他出任财政部长，尽管他仍留在德意志帝国银行。当年，他卷入了第五章所述的柏林军官政变。1939年

12月，在德意志帝国银行的圣诞晚会上，也许是因为节日气氛过于欢快，他猛烈批评了水晶之夜烧毁犹太商店和教堂的过激行为，并提出了一项涉及5万名犹太人的移民计划。几周后，希特勒听到他的言论时将他从德意志帝国银行解雇，但奇迹般地没有将他扔进监狱。沙赫特在战争中幸存了下来。

德国人接管犹太人的公司

到了1937年，纳粹的新口号是"雅利安化"，这意味着纳粹政府想要让德国人接管所有大型企业。该政策鼓励德国人以任何可以协商的折扣价收购犹太人的公司，如果折扣力度不够大，纳粹政府将进行干预，并毫不掩饰地威胁将顽固不化的犹太所有者送进集中营长期关押。如果一位犹太商人能以公允价值的一半出售自己的公司，他就很幸运了。他如果决定移民，就要卖掉房子，这又是一个折扣力度很大的买方市场。一个犹太中产阶级家庭在支付了高额的外汇管制税后几乎只能身无分文地离开德国。

当然，这一切的受益者是那些以极具吸引力的价格收购企业和房地产的德国买家。在这期间发生了大大小小的交易。柏林和汉堡的百货商店仅以其房地产价值的一小部分出售。弗里德里希·弗利克以低于市场价值50%的价格购买了卢贝克高炉公司，这是他梦寐以求的商业瑰宝。还有一个离奇的故事讲述了一个犹太人被迫接受1万只金丝雀而不是现金。他将第一批5 000只金丝雀带到纽约，卖给宠物店，然后返回德国以同样的方式处理掉其余的5 000只金丝雀。然后，他留在纽约建立了一个庞大的宠物销售企业。

随着时间的推移，销售折扣经常会上升到70%。对于那些希望将资金转移到国外的犹太卖家来说，外汇管制税至少占了剩余资金的75％。1938年底，当沃伯格家族最终出售他们的银行时，340万马克的现金收购价格相比1 160万马克的账面价值只是九牛一毛。然后还有85万马克的帝国转移资本税，以及雅利安化委员会批准这笔交易的100万马克印花税，最终，还剩下155万马克。在沃伯格夫妇支付完90％的外汇管制税后，他们离开德国时资产只有15.5万马克。这简直是没收财富的典范！

同样的命运也降临在布莱希罗德家族身上。[91]格尔森·冯·布莱希罗德是奥托·冯·俾斯麦的财务顾问、投资经理和知己。犹太人和容克贵族建立了德意志帝国。布莱希罗德公司成立于1803年，可以说是19世纪末德国实力最强的投资银行之一。布莱希罗德的后代认为，他们已经完全融入德国社会。1936年，当一名家族成员想娶一名普鲁士古老家族的年轻女子时，他申请豁免于《纽伦堡法案》，该法案禁止德国人与犹太人结婚。他的申请被立即驳回，此后不久，这名年轻人病倒了，据说后来死于过度悲伤。1938年，布莱希罗德公司倒闭，其他家庭成员先逃到瑞士，然后逃到纽约。一些家族成员在那里成立了一家新的公司，名为阿诺德与布莱希罗德公司，经营得相当成功。

但至少他们成功逃离了德国。1939年5月，德国"圣路易斯"号客轮离开汉堡，前往古巴，船上有900名富有的犹太人，但他们非超级富豪。他们将在古巴获得入境美国的许可。许多乘客的行李中都有珠宝和未装裱的名画。然而，令人悲伤的是，古巴违背了对这些难民的承诺，美国拒绝为他们签发入境许可，尽管这个问题直接上报给了罗斯福。其中的原因一直不为人知。这艘客轮不得不重返欧洲，其中一些人最终在英国获得了庇护，但大多数人被迫返回德国，并前往集中营，遭受了大屠杀的命运。

　　德国犹太人和被占领国家的富人的财富被无情地剥夺了，其中大部分流入纳粹领导人之手。希特勒本人对敛财并不感兴趣，但他不反对他的追随者这么做，只要这些财富留在主要的纳粹成员手中。大部分人觊觎乡村庄园，而许多人对艺术品垂涎三尺。财务精明的人投资德国和法国公司，因为他们知道这些公司将从军火合同中获益。纳粹领导层内部的腐败和冲突很普遍。根据保罗·约翰逊的说法，希特勒鼓励内部斗争，他喜欢说："必须允许人们相互摩擦，摩擦生热，热是能量。这是制度化的达尔文主义。"[92]

　　在1945年德国投降后，赔偿谈判拖延数年。由于很难评估当时被没收财富和廉价销售的现值，因此大多数赔偿金额很低。就沃伯格家族而言，他们最终获得了续存公司25%的股份，以及一些现金补偿。此外，他们还获得了一项为期五年的期权，可以将他们的股份提高至50%，从而可以控制公司，然而等到期权到期时他们却没有足够的资金来行使该期权。

　　在2007年3月，另一起案件终于得以了结。冈瑟·韦特海姆曾经拥有韦特海姆公司，这是一家讲究而繁荣的柏林零售公司，位于当地主要的购物大街库弗斯藤达姆。1939年，德国政府没收了韦特海姆的这家公司以及波茨坦广场附近的5英亩土地，于是他带着家人逃到了新泽西州。这个曾经富有的人在那里经营一个养鸡场。二战后，这块位于东柏林的5英亩土地几乎毫无价值。一个骗子说服韦特海姆将零售公司和那块土地的所有权卖给自己，紧接着，他又将其转卖给德国大公司卡尔施泰特万乐。这块5英亩的土地在柏林墙倒塌后突然成了炙手可热的财产。它如今是闪耀的豪华公寓、办公楼和丽思卡尔顿酒店的所在地。经过长时间的争论，卡尔施泰特万乐于 2007 年 3 月向冈瑟·韦特海姆的孩子们——他们都已年过七旬，支付 1.17 亿美元买下了这块土地，大约是其当时价值的三分之一。虽然他们没有得到全额赔偿，但总归聊胜于无。

为了保值，将财富转移到国外

世代生活在一个国家的富裕的少数族裔能从中得到哪些启示呢？答案似乎显而易见。在德国犹太人看来，要总是保持警惕。印度尼西亚和菲律宾的富有华侨一直在新加坡或中国香港持有存款，因为他们知道自己的商业帝国随时可能被没收和毁灭。那些创造或继承巨额财富的人应该始终铭记：不要炫耀财富，不管感觉多么安全以及多么融入当地社会，都要始终保留一条退路，并在国外保留一定的财富，但务必确保这些海外财富的法律所有权是明确的、没有争议的。

与此同时，柏林股市的智慧值得致以崇敬。

第十二章
斯大林格勒：世纪之战

不要自己伸冤，宁可让步，听凭主怒，因为经上记着：主说，伸冤在我，我必报应。

——《圣经·新约·罗马书》

在 1942 年下半年，一直处于下风的盟军开始扭转颓势，无论是在亚洲战场还是在欧洲战场。本章描述了斯大林格勒战役，这是"世纪之战"中的关键一役。苏联取得了斯大林格勒战役的最终胜利。这场战役扭转了欧洲财富被毁灭的趋势，德国财富开始毁灭，纳粹帝国开始崩溃。

在 1942 年 3 月，德军在苏联境内的战线绵延 1 500 英里，从列宁格勒以外的芬兰湾向南延伸到莫斯科西侧，再穿过乌克兰直至黑海。3 月初，德军总参谋部在希特勒东普鲁士总部举行的一次会议上强调了后勤补给线过长，并建议采取守势，固守已占领的地盘。有时德国将军们会私下谈论停战的可能性。独裁者希特勒变得更偏执。当时，总参谋长弗兰茨·哈尔德将军在他的日记中写道：

> 有一次，部下向他（希特勒）念了一份相当客观的报告，称在 1942 年苏联仍然能在斯大林格勒以北地区集结 100 万～125 万人，并且高加索地区还有 50 万人，苏联每月至少生产 1 200 辆坦克。希特勒听后怒不可遏，拳头紧握，嘴角溢出白沫，不准再念这些废话。[93]

或许，哈尔德将军不该写下这些内容。他最终被关进了集中营。

相反，希特勒命令德军开始新一轮的进攻。他痴迷于夺取苏联的军工制造中心、共产主义"模范"城市——斯大林格勒，占领高加索油田，并一举全歼苏军。德军的作战计划名为"蓝色行动"。至于莫斯科和列宁格勒，希特勒不打算发动正面进攻，而是采取包抄、切断供给并饿死对手直至对手投降的策略。

德军再次进攻

到了 1942 年春，德国装甲坦克师从 19 个增加到 25 个，但坦克却是 1941 年的旧型号，比苏联 T 38 坦克落后。德军得到了 3 个匈牙利师、12 个罗马尼亚师、3 个意大利师、2 个芬兰师和 3 个捷克斯洛伐克师的增援，尽管匈牙利人与罗马尼亚人有时似乎更喜欢互相争吵，而不是与苏军对战。令人惊讶的是，5 万名叛逃的苏联士兵出于对苏联统治的不满，组成了一个独立师，然而，德军却不愿向他们提供充足的火力支援。

1941 年战役的挫折以及残酷的寒冬，严重打击了德军核心骨干——前线军官和高级士官——的士气和信心。200 万名德国士兵在苏联作战。他们在家信中流露出沮丧之情，有时甚至是绝望。一位德国军官在给家人的信中写道："你无法相信伊万已经死，尽管他的腿被炸掉了，或者他的内脏被刺刀刺穿了。如果他还剩一只胳膊，手边有一支步枪，一旦你经过，他就会翻身朝你背后开枪。"[94] 德国民众开始意识到，赴东线作战几乎等于被判死刑。

然而，1942年春，德军整装待发，奉希特勒之命出征。德军仍然是世界上最精锐的军队。那年夏天，德军挥师南下，再次迎来高光时刻。德国指挥坦克上飘扬着三角旗，沿着顿河和伏尔加河向南挺进，一路冲向格罗兹尼石油区，最终目标是斯大林格勒。最初，德军势不可挡，胜利接踵而至，就像1941年夏的战斗一样。苏军火力不足、机动性差、缺乏训练，因此伤亡惨重。当年，50万名苏联士兵被俘，并作为奴隶劳工被送往德国。8月，希特勒自信地跟陆军元帅埃里希·冯·曼施坦因说："苏军完蛋了。"正如艾伦·克拉克所描述的：

> 人们在三四十英里外就能看到正在行进的德军纵队。巨大的烟尘直入云霄，村庄燃烧以及枪炮开火的烟雾使得这些烟尘更加浓厚。德军纵队头部看起来黑沉沉的。即便坦克已驶过很久，浓烟仍滞留在静谧无风的夏空中，棕褐色的雾霾一直延伸到西方的地平线。这些由卡车和火炮组成，被坦克包围着的德军车队，构成了壮观的景象。对于这些行进的"不可抗拒的巨兽"和"机动方阵"，德军战地记者大加赞美，称"这是20世纪的罗马军团，将去驯服蒙古—斯拉夫部落"。[95]

然而，斯大林仍然相信希特勒的首要目标是莫斯科，并且进攻斯大林格勒只是个诡计。1942年6月19日发生了一件离奇的事情。苏军击落了德军第二十三装甲师参谋雷切尔少校所驾驶的一架"鹳"式轻型飞机。雷切尔无视作战纪律，带着整个南部行动的总体计划和作战序列，这些资料表明德军的进攻目标是斯大林格勒。

雷切尔在坠机后侥幸生还。面对逼近的苏军巡逻队，他试图用随身的鲁格手枪抵抗，却莫名其妙地忘记销毁作战计划，并最终被击毙。苏军巡逻队找到了他被烧黑的公文包，发现了作战计划，然后交给斯大林。希特勒得知这一事件后勃然大怒，下令将雷切尔的师长送上军事法庭。然而，斯大林不相信这些文件是真的，并不予理会。

战局开始逆转

随着德军逼近斯大林格勒，苏军抵抗的猛烈程度呈指数级上升。为了击毙一名德国士兵，苏军往往要牺牲七八名士兵，德国报纸对此深感恐惧，它们的报道里出现了"疯狂的固执"等词语[96]，更可怕的是，"每个德国士兵都认为自己被判了死刑"。7月，斯大林发布了一条严厉的命令："不准后退一步。任何战俘都是祖国的叛徒。恐慌制造者以及懦夫必须当场枪决。"

苏军作战顺序的第一波是步兵，随后是坦克和战地警察，他们可以击毙任何犹豫不前的士兵。被俘是死罪。任何命令撤退的指挥官都会被立即派往惩戒营，而惩戒营则负责执行自杀式任务。苏联士兵必须战斗到最后一刻。当然，通敌者将被立即枪决。

与此同时，希特勒对战局日益感到不安。希特勒一向不满于他的将军们，也变得越发偏执和粗鲁。战地指挥官威廉·格勒纳将军在他1942年8月30日的日记中写道：

今天，元首在会议上再次批判了最高指挥部的军事领导。希特勒再次指责他们自以为是、思维僵化，完全抓不住重点。[97]

斯大林格勒战役

在 1942 年 8 月下旬，德军抵达斯大林格勒郊外，最终的战斗打响了。8 月 23 日，德国"亨克尔"轰炸机对斯大林格勒市中心实施地毯式轰炸。德军点燃了巨大的石油罐，并引发了大火。当德军橡皮艇试图渡过伏尔加河时，河面上是熊熊燃烧的石油。这种噩梦景象后来在电影中重现。在接下来的日子里，德军炮火将斯大林格勒夷为平地。到了 10 月中旬，德军几乎已经控制了整座城市，而苏军阵地只剩下伏尔加河右岸的几座混凝土堡垒。

然而，德军已筋疲力尽，无法扩大优势。他们的补给线长达 500 英里。坦克急需维修，却没有备件。苏德双方陷入了后来被称为"老鼠战"的状态，狙击手对决，小规模巷战，在城市废墟中展开肉搏战。德军在城市巷战中几乎无法发挥机动性和火力优势。一位德国军官在日记中写道："斯大林格勒已不再是城市。当太阳升起时，城市笼罩在燃烧的浓烟中，而当夜幕降临时……狗跳入伏尔加河，拼命游向对岸……动物们逃离这个地狱……而战士们却仍然坚持。"[98]

双方的拉锯战在城市废墟中从未停止，狙击手造成双方的惨重伤亡，德军进攻受阻。苏军擅长狙击战术，最终，德军派遣狙击手学校负责人海因茨·托尔瓦德前往斯大林格勒，而苏军则派出两名精锐的狙击手对付托尔瓦德。双方互相追踪了好几天，在牢固的阵地上对峙，其中一名苏军狙击手尼古拉·库利科夫先开了一枪，然后用棍子顶起头盔。德国狙击手开枪了，库利科夫装作被击中，发出惨叫声。当托尔瓦德抬头观察时，另一名苏军狙击手乘机将他击毙。

苏军包围斯大林格勒

到了秋天，斯大林格勒战役仍在继续。苏军逐步投入更多兵力以及飞机和坦克，然后在 11 月中旬开始合围斯大林格勒。苏军将德军困在城中。德国空军逐渐失去了制空权。当时，苏军发动了一次大胆的袭击，终于成功合围斯大林格勒。苏军必须占领巨大的卡拉奇桥，渡过宽阔的顿河，才能形成对斯大林格勒的合围之势，而德军准备炸掉卡拉奇桥，并在桥上驻扎了一个工兵排。一旦苏军坦克逼近，威胁到这条关键的交通线，德军就立即炸毁这座桥。

在 11 月 23 日下午四点半，驻守的德国军官听到了坦克的轰鸣声，他的第一反应是可能是苏军。然而，他从望远镜里看到的却是德国霍希装甲车，上面有第二十一装甲师的标志，一队坦克紧随其后。于是，他以为是前来斯大林格勒的德国援军，并挥手致意。当霍希装甲车停在桥上时，100 名手持自动武器的苏军突击队员突然出现。他们消灭了大部分德军工兵，成功夺取了卡拉奇桥。随后，苏军坦克纵队开过这座桥，并在深夜时分与苏军第五十一师会合。艾伦·克拉克曾写道："苏军彻底形成了包围圈，这将扼杀 25 万德军，第二次世界大战的转折点到来了。"[99]苏军在斯大林格勒战役后彻底掌握了战略主动权，尽管德军后来偶尔获胜，但也只有战术意义。

　　12 月，希特勒命令埃里希·冯·曼施坦因将军发动一次重大进攻，试图突破苏军的包围圈，解救被困在斯大林格勒城中的第六集团军。尽管德国援军在一开始取得了一些进展，但在距离斯大林格勒五十英里处，攻势受阻，停滞不前。此后不久，这支德国援军被苏军包抄，不得不匆忙撤退。此时，德国第六集团军因营养不良和斑疹伤寒已经虚弱不堪，无力自保。1943 年 1 月 8 日，德军拒绝了苏军的最后通牒，苏军随即发动了大规模进攻。即便德军顽强抵抗，每天也不得不后撤 1 英里。1 月 22 日，苏军距离市中心仅 10 英里，发动了总攻。德军在激烈的巷战后被苏军围困在一个宽 4 英里、长 8 英里的长方形区域内，遭到狂轰滥炸。

　　曾经威风凛凛的德军在被包围的最后日子里陷入饥饿、疾病以及被苏军俘获的恐慌之中。尽管匈牙利、意大利和罗马尼亚军队被德军镇压，但仍然发生了叛变，局面混乱不堪。苏军的包围圈越来越紧。希特勒对他的战地指挥官怒不可遏，命令他们战斗到底，并将高级将领擢升为元帅，许多还活着的高级军官也得到提拔，但这已无济于事。1 月 30 日晚上 19 点 45 分，第六集团军司令部的无线电操作员发了最后一条电报，称"苏军已到地堡门口，我们正在销毁设备"。他在电报结尾处加了两个国际无线代码"CX"，表示"本电台将终止发报"[100]。这场战役终于结束了。

　　尽管战役已结束，但希特勒命令不准投降。1943 年 1 月 30 日，陷入斯大林格勒包围圈的第六集团军残部投降，到 2 月 2 日，德军停止了所有的抵抗。当时天寒地冻，23 名德国将军和 91 000 名德国士兵被关押在露天战俘营里。他们只有破烂的大衣来抵御风雪，口粮是面包和稀汤。曾经所向披靡的德国第六集团军最终只有 5 000 人回到德国，而仅仅两个月前他们有 22 个师和 285 000 人。

德军在斯大林格勒投降震惊了德国民众，并且如前所述，这在被占领国家引起了巨大的反响。尽管德国和整个欧洲的媒体都受到严格控制，但这场失利的规模却无法掩盖。苏联发布了德国被俘将领的照片，他们看起来身体健康、酒足饭饱，与那些衣衫褴褛、步履蹒跚的被俘士兵形成鲜明对比。德国民众第一次意识到，不仅德军可能被苏军击败，而且德国实际上可能会战败。德国军官团中流传着造反的笑话。针对希特勒的暗杀计划再次兴起，人们开始考虑谈判议和。一直以来，柏林是个充斥流言蜚语、恶意诽谤的地方。约翰·托兰在他的《希特勒传》一书中提到，1943 年初，德国部长瓦尔特·冯克的妻子与威廉·弗利克的妻子在柏林的派对上毫不掩饰地私下议论，称希特勒疯了。[101]

希特勒身心状况恶化，德军撤退

希特勒似乎被这场失利彻底击垮了。他终日待在劳斯腾堡沉闷的指挥地堡中，变得越发忧郁、愤怒和避世。他的健康每况愈下，并饱受胀气、头痛和失眠之苦。他快速衰老，头发花白。医生给他注射腺体剂，并建议他服用抗抑郁药物。他花数小时研究地图，命令小股部队进攻次要目标。希特勒的日常安排向来没有规律。他一直是个夜猫子，在这方面与丘吉尔相似。在德军辉煌的日子里，他像中世纪的君主一样，经常在德国各地穿梭，参观工厂和学校，但现在，他变得脾气暴躁，性情古怪。

希特勒的脾气暴戾到了极点。他称自己的将军们为"懦弱的猎犬"。晚上，他不再跟高级军官们打成一片，几乎直到天黑才离开指挥地堡。大多数会议都在晚上举行，经常开到几乎天亮，而与会者筋疲力尽。一些历史学家认为，他的一位医生无意中给他注射了一定剂量的水银，从而导致他的左手麻木。

希特勒对军队有很强的控制力，然而，这种情形已不复存在。他变得更加多疑，并开始担心自己的人身安全。施陶芬贝格发动了暗杀阴谋，希特勒曾敬重的众多高级军官参与其中，这深深地伤害了希特勒的自尊。深得希特勒青睐的古德里安将军形容了希特勒的衰变，并说道："他左手颤抖，脊背佝偻，目光呆滞，失去了往日的光芒。"[102]

德国空军元帅戈林在第一次世界大战中是战斗机飞行员，曾获得铁十字勋章，也一度是希特勒的副手和亲信，却也名誉扫地。他吹嘘德国空军能拯救在斯大林格勒作战的德军，而且盟军轰炸机永远不会威胁鲁尔区。1943 年 8 月，随着德国城市遭到的轰炸加剧，愤怒的人们在柏林的一次演讲中质问戈林："你曾说将使我们免受英国皇家空军的袭击，那么空袭何时才会停止？"[103]1943 年底，戈林退休，回到位于卡林哈尔的别墅，从狩猎、吗啡以及掠夺来的法国博物馆和富有犹太人的世界级艺术收藏品中寻求慰藉。

在斯大林格勒战役后，德军从整个东线开始逐步撤退。莫斯科不再受到威胁，列宁格勒之围得到解除。至于滞留在苏联境内的德国军队，正如一位将军所说："我们就像是抓住了狼的耳朵，始终不敢松手。"[104]对于斯大林格勒战役，丘吉尔在《命运的铰链》中这样写道："这场毁灭性的灾难终结了希特勒用武力征服苏联，以及用极权暴政摧毁共产主义的努力。"当纳粹征战狂潮达到巅峰时，他们席卷了欧洲大部分地区，一直延伸到亚洲的伏尔加河，几乎触及非洲的尼罗河，现在已开始退去，并且一去不复返。

由于美国忙于血腥残酷的太平洋战争，因此过了很久美国人才认识到斯大林格勒战役的重要性。美国股市在中途岛海战后短暂反弹，接着再次低迷。他们几乎忽略了来自苏联战场的消息。然而，正如安东尼·比弗在他史诗般的著作《斯大林格勒1942》中所指出的，斯大林格勒战役对世界其他地区产生了显著的影响。在被占领的欧洲，抵抗运动因战局逆转而倍受鼓舞。苏联军队的英勇壮举以及新闻中衣衫褴褛的德国战俘在大草原上蹒跚而行的场景，打破了德国军队不可战胜的神话。更重要的是，德军在斯大林格勒的惨败让世界各地的许多同情者和怀疑者相信，共产主义是一股充满活力的力量，并将对战后的世界政治产生深远的影响。正如丘吉尔所指出的，斯大林变得更加专横和顽固。丘吉尔在雅尔塔会议上对斯大林做出让步，部分就是因为斯大林格勒战役。

战败于斯大林格勒对德国经济的影响

纳粹政府在斯大林格勒战败后担心大众会失去信心，随即对股价实施管制，掩盖失利的事实。在二战的其余时间里，任何一名德国人都无法卖出股票，除非优先卖给德意志帝国银行，德意志帝国银行会按照1941年12月的股价用政府债券购买股票，但是这些债券将继续留在银行里。这个方案毫无吸引力，尤其是因为债券价格暴跌。德国的财富遭到双重打击，一是因为盟军的轰炸，二是因为政府的法令。有传闻称，在德国战败于斯大林格勒以及实施股价管制后，私下的股票交易几乎不存在，并且交易价格也极低。还有证据表明，大约与此同时，一些纳粹领导层和将军开始着手保护他们的财富。由于乌克兰和波兰的乡村庄园突然变得岌岌可危，因此他们将现金和黄金偷运到苏黎世、马德里以及阿根廷和智利的避难所。

到了 1943 年春，德国经济实际上退化为易货经济。德国民众从休假的士兵那里得知东线战场惨败的真相。人们对希特勒的不满和忧虑与日俱增，但所有人都知道盖世太保是虐待狂，并害怕遭到迫害。德国是个令人恐怖的警察国家。

在德国 CDAX 指数的实际价值走势图中，最令人感兴趣的不是从 1939 年底到 1941 年秋的巨大涨幅，而是该指数早早就达到了顶峰（见图 12.1）。1941 年秋，当德军逼近莫斯科和列宁格勒时，难道德国投资者真的认为希特勒对苏联的进攻将难以为继？直到 1941 年 12 月，巴巴罗萨行动（如第六章所述）才真正结束，但在 10 月，苏联的寒冬就逼近尚未做好过冬准备的德军。就在那时，德国将领开始对这场战役感到焦躁不安，并与希特勒争论战略问题。也就是在此时，冯·朗斯泰特向他的妻子倾吐心声："广阔的苏联吞噬了我们。"[105]

显然，投资者必定知晓了德军将领的这些疑虑并认真对待，尽管在 1942 年的夏天和秋天德军再次取得了巨大的胜利。笔者以及大多数真正的历史学家都认为，一年多后的斯大林格勒战役才是真正的战争转折点。这个转折点非常显而易见，所有人都可以看出德军战败的惨重程度。1941 年秋，巴巴罗萨行动消耗了德

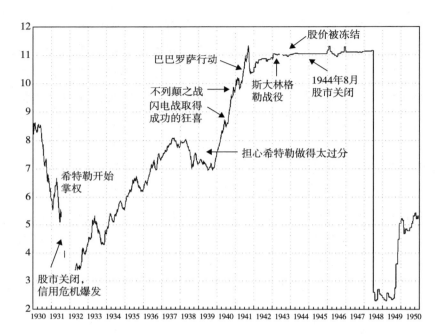

图 12.1　1930—1950 年的德国 CDAX 指数

资料来源：Global Financial Data，Inc.

国的实力，此时是个更微妙的股市高点。此时德国股市见顶也表明了，即使在警察国家，股市也能做出冷静的判断。丹·鲁普雷希特把 1945 年以前 75 年的指数表现联系在一起，得到了以德国金马克计价的股市历史数据，如图 12.2 所示（将 1918 年的指数设定为 100）。由于该指数不包括股息（没有这方面的数据），所以它夸大了股市下跌的程度。从 1914 年到 1943 年，尽管股价的波动程度令人震惊，但却有一些很好的买入机会，然而，德国股票无法保值。值得注意的是，从 1943 年到 1946 年，股价实际上被冻结了。如前所述，令人震惊的是，德国股市非常有先见之明，预见了第一次世界大战德国即将战败，战胜国强加的战争赔款将是一场灾难，以及恶性通货膨胀即将压垮股市，这完全展现了群体智慧的威力！

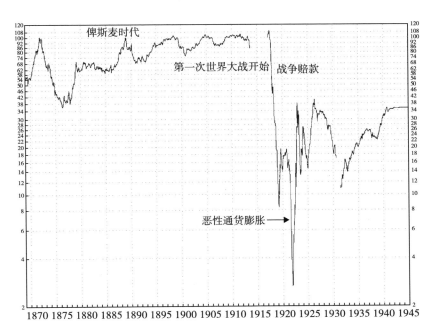

图 12.2　1870—1945 年以德国金马克计价的股价指数

资料来源：Global Financial Data，Inc.

1943 年春，约瑟夫·戈培尔努力消除德国人民的沮丧之情和失败主义。他争辩道，德国仍然处于和平时期，600 万人生产消费品，150 万名妇女受雇为佣人，还有超过 10 万家豪华餐厅在经营。他呼吁德国人民致力于"全面战争"。他在希特勒隐居期间发表了一系列演讲。他所传达的信息是：当然，我们可能会输掉这场战争。那些不肯努力的人，将导致我们输掉战争，而那些最努力的人，将让我们取得胜利。

然而，为时已晚。太多的年轻士兵战死沙场；太多的平民在轰炸中丧生；德国人民不再上当。尽管如此，必须承认的是，即使到了1944年，仍然有许多德国人相信希特勒以及生存空间的梦想。伟大的作家冈特·格拉斯在自传中讲述了那年7月，在施陶芬贝格密谋暗杀希特勒失败后，他和邻居们一道谴责那些阴谋者是"一群奸诈的贵族"。

然而，到了1944年，希特勒深知自己已失败。他的健康恶化程度非同寻常。他步履蹒跚，看起来像一个疲惫不堪的老人。在生命的最后一年里，他变得越发孤僻，很少出现在人群或军队面前，而他回到德国时也基本一直待在他的专列上。阿尔伯特·施佩尔讲述了一件事。那天晚上，他与希特勒坐在红木镶板装饰的餐车里。

> 餐桌上摆放着银器、玻璃器皿、瓷器和鲜花，十分讲究。我们开始用餐时都没有注意停在相邻轨道上的一列货运列车。用于装载牲畜的车厢里肮脏不堪，挤满了刚从东线战场归来的德国士兵，他们盯着我们用餐。希特勒突然看见了窗外的凄凉景象，然而，他却没有朝那些士兵打招呼，反而果断地命令仆人拉上窗帘。到了战争后期，希特勒与普通前线士兵的会面方式就是这样的，而他自己也曾经是其中一员。[106]

笔者认为，在1941年12月的某个下午，当德军巡逻队穿过薄雾和雪地，隐约看见莫斯科的教堂尖塔时，这是德军的巅峰时刻。然而，1943年初，斯大林格勒战役以德军投降而告终，这场被誉为世纪之战的战役是苏德战争的转折点。两年后，柏林在苏军的猛烈进攻下像斯大林格勒一样变成废墟。在二战结束前，苏军有900万人阵亡，还有1 800万人受伤，450万人被俘，在被俘者中只有180万人幸存。据可靠消息，约1 800万苏联平民丧生。

如前所述，希特勒一直痴迷于打造一个有2亿人口的德意志帝国，其版图从德国一直绵延到莫斯科。在巴巴罗萨行动开始前的最后一次会议上，希特勒告诉他的将军们消灭苏联才是"真正的"战争，并且这是他一直的目标。现在回想起来，希特勒最重大的决定就是进攻苏联，然而他在三个方面估计错误。

第一，希特勒错误地认为苏联人民对政府心存不满，没有抗击外敌入侵的斗志。希特勒傲慢自大，出于种族动机蔑视苏联是"原始的斯拉夫社会"。

第二，为了挽救墨索里尼在希腊战场失利的颜面，德国不得不派兵远赴希腊作战，这导致了巴巴罗萨行动被迫推迟，从原定的5月中旬推迟到6月的第三个星期，因此德军未能在苏联的寒冬来临前及时抵达冬季营地，夺取莫斯科和列宁格勒并终结这场战争。假如德军如期发动巴巴罗萨行动，并以同样的速度推进，那么到10月他们将抵达莫斯科和列宁格勒，夺取苏联的首都和政治中心，并且可以舒适地烤火取暖。现在回想起来，这一决定改变了整个战争进程。

第三，嗜血残暴的党卫军暴徒在被占领的苏联领土上实施残暴统治，使得希特勒失去了苏联西部省份的民心。残暴的统治引发了当地民众的顽强抵抗，耗尽了德军的资源，并且危及其补给线。这是个愚蠢至极、生死攸关的错误。

至于如果苏联失去首都和交通中心，向德国投降求和，那么整个战争的结局会怎样，会持续多久，恐怕只有上天才能知道。

苏军进入德国

德国的 20 世纪金融史如此吸引人和可怕的原因，是该国经历了最严重的瘟疫，以及最极端的灾难。当二战结束时，德国的情况比日本还要糟糕。希特勒甚至幻想，美英最终会联手德国对抗苏联，因此他要求德军继续在东线作战。到了 1945 年 1 月，东线战场上的苏军有 300 万人，而德军仅有 45 万人，并且他们的年龄从 14 岁到 60 岁不等。尽管德军几乎毫无胜算，却不打算投降，并给苏军造成了巨大的损失。他们在柏林发动了激烈的巷战，这更加令苏军怒不可遏。在 1945 年初的冬天，苏军开进东普鲁士，进而进入德国。

在德国投降后，食物极度短缺。那些先前逃离的德国平民开始返回家园。在被占领的最初几个月里，股价不再受纳粹的管控，甚至非正式的报价也崩溃了。在接下来惨淡的五年里，好时巧克力条、幸运牌香烟和煤块成为德国的易货媒介。

1956 年，在创建德国商业银行指数前，德国股市没有数据记录。在那以前，吉伦、德国统计局和纳粹德国计算的指数都不怎么准确，但仍能大致反映德国股市的走势：

• 在 20 世纪的头十年，德国股市表现强劲，于 1912 年达到高点。

- 然而，随着欧洲局势的动荡，第一次世界大战爆发，以及战争持续，股市急剧下跌。
- 1913 年，1 德国马克相当于 2.38 美元。
- 1918 年，在德国投降后，1 德国马克跌至 7 美分。
- 到了 1922 年，1 美分相当于 100 德国马克。

后来，一些专家将德国马克急剧贬值及其引发的恶性通胀归咎于盟国对德国施加的严厉战争赔偿。实际上，德国的货币崩溃和恶性通胀与战争赔款关系甚微。

在 20 世纪 20 年代初，德国股市因恶性通胀而举步维艰，但到了 20 年代末，德国股市却在全球股市中表现较佳。在希特勒上台后，德国经济复苏，股价上涨。在 30 年代，德国股市实际年回报率为 6.5%——这在当时仍然疲软的全球经济中表现最佳。1940 年和 1941 年，德国股市继续上涨，随后在莫斯科郊外的那场大雪中达到高点，然后在接下来的十年中遭受重创。在 40 年代的十年间，德国股市的名义年回报率下降 6.4%，经通胀调整后的实际年回报率为 −10.3%。到了 1949 年，德国股市只有1940 年购买力的三分之一。以上这些数字来自伦敦商学院埃洛伊·迪姆森、保罗·马什和麦克·斯丹顿，但笔者认为他们也会怀疑这些小数点的准确性。

德国长期国债的情况更加糟糕，其购买力在这十年中每年下跌 20.8%，到了 1949 年，其购买力较 1940 年下跌了 90%。德国短期国债的表现相对较好，每年仅下跌 2.4%，尽管德国短期国债的持有者在 1923 年的恶性通胀中一无所有。

在 20 世纪上半叶，德国投资者经历了两次世界大战、货币贬值、恶性通胀、德国战败和被占领等一系列打击，从 1900 年到

1950 年，德国股票的实际购买力每年下跌 1.8％，这意味着 100 德国马克贬值为 40 德国马克。在这种遭受通胀和战争摧残的经济环境里，德国长期国债每年下跌 7.8％，较 1900 年的购买力下跌 90％。更严重的是，德国马克相对于美元贬值 96％，相对于英镑贬值 86％，这意味着德国马克贬值加剧了德国投资者的损失。德国金融资产的所有者因为他们领导人的罪行而付出了高昂的代价。

在 20 世纪中叶，这场战争摧毁了德国的财富。股票和债券显然未能实现财富保值，更不用说财富增值了。图 12.2 显示的半对数图让所有百分比变化看起来很接近，在一定程度上掩盖了财富缩水的真实程度。在 1948 年夏末，德国股市重新开放，股价较 1941 年秋的高点下跌 90％。尽管到了 1949 年底该指数翻了一番多，但损失仍然惊人。

尽管如此，在经历了 20 世纪上半叶的严峻形势和极度低迷后，德国股市在 50 年代的十年里增长 10 倍以上，实际年复合增长率高达 24.6％。因此，从 1900 年到 1960 年，德国投资者的投资回报率为每年 2.4％。对于输掉了两场战争、饱受独裁统治之苦的德国来说，取得这样的表现还算不错。德国的许多老牌大公司，如西门子和拜耳，在战争中幸存下来，并在 60 年代繁荣发展。在 20 世纪 40 年代末和 50 年代，许多新兴企业崛起，后来发展为中型家族企业，成为财富机器。它们恢复了德国的经济实力，并使许多德国人重新富裕起来。

从 1950 年到 2000 年，德国股市的实际年回报率为 9.1％。长期国债的年回报率为 3.7％，德国马克相对于美元升值了 50％。这样的转变如此令人不可思议！显然，为了取得这样的投资表现，投资者必须具备持久的定力、坚定的信念以及顽强的意志。

第十三章
在亚洲和北非战场反败为胜

1942年初，丘吉尔相信，随着美国和苏联的参战，肯定可以取得战争的最终胜利，除非他所谓的"大同盟"在压力之下破裂，或者德国获取了某种全新的战争利器。然而，在1942年的头几个月里，日本碾压英国和美国，因此战争局势并不乐观。在伦敦和澳大利亚，人们对战争指挥方式的指责与日俱增（如第二章和第五章所述）。澳大利亚总理约翰·科廷一直是丘吉尔的眼中钉。长期以来，新加坡一直被视为大英帝国在亚洲坚不可摧的战斗堡垒，因此，新加坡的失守令澳大利亚深感恐惧。

英军从马来半岛的撤退是一场令人沮丧的血腥灾难。部署在新加坡的英国皇家空军战机已经老旧不堪，根本无法抗衡日本零式战机，而从英国运来的新式战机必须组装后才能参战。它们首飞就不得不与先进的日本战机对决。结果，日军迅速获得了马来半岛的制空权，但帕西瓦尔将军领导下的英国、印度和澳大利亚军队仍有86 895人，而日军只有约26 000人。帕西瓦尔又高又瘦，长着两颗突出的兔牙，但他不是个强力领导者。

相比之下，后来被称为"马来之虎"的日本将军山下智之身高体壮。英军没有坦克，因为几年前伦敦的某位天才认为装甲车在丛林战中毫无用处。日军不仅有很多坦克，而且有很多自行车，从而占据了火力和机动性优势。从未见过坦克的印度军队对他们所谓的"金属怪物"深感恐惧。澳大利亚少将戈登·贝内特对英军"完全丧失斗志"感到震惊，并警告墨尔本方面，除非立即增援，否则将发生灾难。澳大利亚总理科廷不断向丘吉尔施压，称必须立即采取行动，否则将为时已晚。作为回应，丘吉尔派出一个印度旅和一个英国师，但不幸的是，这些援军几乎不起作用。印度旅年轻、缺乏经验，没有接受过丛林战方面的训练，而英国师在船上待了近三个月，对丛林战毫无准备，无法匹敌日军。相比之下，日本人在开战前详细侦查了地形。日军特务和装备已偷偷地渗透，例如，大量自行车被偷运到马来半岛的各个地点，为日本步兵提供机动性。日军做好了进攻的准备，并且使用坦克和自行车在丛林中快速推进。丛林、气候和夜晚为日军提供了有利的条件。酷热的高温、沉闷的潮湿、昆虫、蛇和痢疾严重困扰交战双方，但日军已进行充分的丛林和夜战训练。[107]他们学会了如何保持健康，并连续数周在丛林中靠微薄的食物和饮用水度日。因此，适应丛林战的日军能够有效地用小股部队展开突袭和渗透，逐步瓦解英军前线。最终，为了守住防线，英军被迫大规模撤退，但为时已晚。当他们撤向新柔长堤时，不断地遭到小股日军两栖作战部队的渗透和包抄。

2月初，盟军退到新加坡，这是大英帝国在亚洲的基石。以近卫师团为首的日军穷追不舍。位于新加坡的盟军人数两倍于日军，并且他们的防御阵地相当坚固。按照军事理论，他们本应可以坚守。丘吉尔命令英军现任总司令阿奇博尔德·韦维尔：

> 我必须承认，你的电报令我震惊不已。我从没想过
> 新加坡这座堡垒的峡谷以及0.5英里至1英里宽的护城

河，竟然无法抵挡日军北面的进攻。这个岛建成堡垒的
意义何在？当我们讨论这些事情时，你为什么从未向我
指明这一点？

在目前的局势下，我们的人数比日军多得多。我们
应该顽强战斗，并且消灭对方。此时，我们绝不能有保
全部队或者照顾平民的想法，必须不惜一切代价战斗到
底。指挥官和高级军官应该跟士兵们生死与共。大英帝
国和军队的荣誉岌岌可危。我希望，你对任何软弱行为
都毫不留情。苏军在奋战，美军在吕宋岛顽强抵抗，这
事关我们国家和民族的声誉。我们全军都应该与敌人殊
死搏斗。[108]

然而，此时据守新加坡的盟军士气低落。他们因为高温、战
斗、疟疾和痢疾而疲惫不堪。在 10 万名士兵中，英军有 33 000
人，澳大利亚军队有 17 000 人，其余是印度士兵和马来士兵。
1942 年 2 月 11 日，韦维尔发电报给丘吉尔，称他的部队有些
"自卑"[109]。同时，韦维尔滑倒并摔断了背骨。他将住院数日，
并休养数周。英军地面指挥官帕西瓦尔报告道，他的部队"精疲
力竭，无法抵抗日军的进攻"[110]，更不用说反击了。英军的弹
药、给养和饮用水告急，城中大部分中国人对南京大屠杀记忆犹
新，非常担心被日军占领。丘吉尔厌恶他的将军们，再次命令怯
懦的帕西瓦尔"坚守堡垒"[111]。

新加坡沦陷

日军继续强攻，并巧妙地突破了第一道防线。盟军的重炮面

朝大海，固定在原地，因此毫无用处。1942 年 2 月 13 日，3 000
名重要的盟军专家乘坐小船撤离新加坡。然而不幸的是，他们被
日本海军巡逻队发现，几乎全部被杀或被俘。盟军失去了关键的
技术专家。次日，盟军继续后撤，城内局势恶化，混乱不堪，缺
粮少水。日军突击队开始渗透进城，但与一般的围困相比，情况
还不算太混乱。

　　然而，没过几天，一切都结束了。1942 年 2 月 15 日，位于
新加坡的盟军以 2∶1 的人数优势，向日军缴械投降，丘吉尔称
之为"英国军事史上最惨重的灾难"。全球股市震荡。持续下跌
的伦敦股市开始暴跌，尽管仍然高于 1940 年的低点。澳大利亚
股市上出现抛售。

　　过了几天，帕西瓦尔带领超过 10 万名盟军战俘——有些报道
称是 13 万，前往樟宜战俘营，而大多数战俘将无法活着出来。
日本军队夺取了新加坡这个巨大的海军基地，并且大部分船坞设
施完好无损。山下智之在战后承认，日军像盟军一样缺乏饮用水
和弹药，他们的进攻只是虚张声势。日军补给线如此之长，以至
如果盟军再坚持一周，那么日军将不得不撤退。1946 年，山下智
之作为战犯被处决。

　　新加坡突然投降令同盟国震惊，并引起恐慌。日本的军事实力
似乎可以与无敌的纳粹战争机器相媲美。日军在整个亚洲的进攻似
乎势不可挡。在这场战役中，盟军共伤亡 138 703 人，而日军仅伤
亡 9 824 人。澳大利亚面临最直接的威胁。科廷总理称"这是一次
可耻的背叛"。新加坡沦陷不仅加剧了澳大利亚本土的危险，而且
使一个精锐的澳大利亚步兵师全军覆没。20 多年来，为什么新加
坡的防御工事面朝大海，只能抵抗来自海上的舰船进攻，而无法抵

抗来自其背后的陆地上的进攻？谁应该对这个愚蠢的决策负责？问题的答案是英军总参谋部。他们认为，入侵者无法通过茂密的丛林从陆路发动进攻。丘吉尔无须对此负责，因为他那时尚未掌权，但在伦敦和墨尔本，他却因战争失利而受到严厉谴责。

后来，正如保罗·约翰逊在其著作《摩登时代》里所说的，一些历史学家认为，丘吉尔在罗斯福的鼓励下无意中导致新加坡沦陷。如前所述，在 1941 年的夏天和秋天，斯大林强烈抱怨道：苏联为生存而战，并让德国无暇进攻英国，但却没有得到任何军事援助。当然，这种指控非常荒谬，因为英国人在生死攸关的战斗中不惜一切代价向苏联提供武器援助。然而，丘吉尔在罗斯福的坚持下将原本打算运往新加坡的坦克和新式战斗机，运到了阿尔汉格尔斯克和摩尔曼斯克。德国 U 形潜艇和军舰猛烈攻击英国的运输舰队，并造成英军舰船、人员和武器的巨大损失，但这些成功抵达苏联的英国坦克和飞机无疑在 1941 年苏联圣诞节反击战以及后来的斯大林格勒战役中发挥了作用。约翰逊写道："因此，历史上最大的讽刺之一，就是丘吉尔作为最后一位大英帝国主义者，可能不得不牺牲一个自由帝国，而去保护一个极权帝国。"[112]

日军威胁缅甸和印度

来自缅甸战场的坏消息越来越多。1942 年 2 月下旬，英国和印度军队在宽阔的锡当河与日军交锋。英军被迫撤退，并且炸毁了河上唯一的桥梁，因此，一个印度旅被困在河对岸。这个抛弃举动严重打击了剩余印度军队的士气。可怕的是，日军入侵印度，并与德国结盟的可能性似乎更大了。丘吉尔对此非常担心，试图将计划返回澳大利亚的两个澳大利亚师调派到缅甸。在写给科廷总理的信中，他说道："世界上没有其他东西可以填补这个空缺。"[113] 然而，科廷对英军的作战能力已经失去信心，于是拒绝了丘吉尔的请求。大英帝国内部的亲密纽带正在瓦解。

丘吉尔在英国国内陷入媒体和批评者的围攻之中。艾伦·布鲁克将军在他的日记中写道："对于我们军队的失败，各位大臣发表了最令人不快的言论。我极力克制自己。政客们总是喜欢享受胜利的甘甜，而不愿品尝失利的苦涩。这次内阁会议非常令人不快。"

如图 13.1 所示，随着新加坡的沦陷，伦敦股市上出现了抛售浪潮，然后因为连续失利进一步下跌：

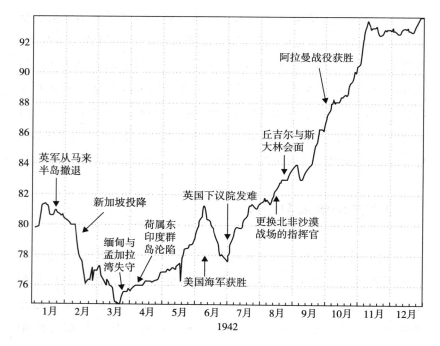

图 13.1 1942 年的英国金融时报指数

资料来源：*Financial Times*；Global Financial Data，Inc.

- 1942 年 3 月 8 日，荷属东印度群岛沦陷。
- 4 月 9 日，菲律宾沦陷。
- 4 月 29 日，曼德勒失守。
- 5 月 6 日，马尼拉湾入口处的科雷希多岛失守，这也是菲律宾群岛最后的据点。
- 锡兰失守。
- 还有，孟加拉湾失守。

此时，澳大利亚国内怨声载道，印度叛变的谣言四起。这是个真正的至暗时刻。3 月下旬，罗斯福亲笔写信给丘吉尔，描述他正被"缺乏背景和知识"的著名专栏作家批评。然而，这种抱怨在美国国内制造了一种近乎失败主义的消极气氛。这是美国股市在当年春天下跌的重要原因。在信的结尾处，罗斯福给丘吉尔提供了一些建议，所有同样身处困境的投资组合经理都应该将其牢记于心：

> 我知道，你将保持乐观和斗志，但如果我建议你应该像我一样，我想你应该不会介意。我每个月去海德公园待四天，独自一人，远离纷扰。只有遇到很重要的事情时，我才接听电话。我希望你也试试，砌几块砖或画一幅画。[114]

盟军在北非和北大西洋战场接连失利

与此同时，1942 年春，英军先前在北非战场来之不易的胜利被逆转了：奥金莱克将军在沙漠中遭遇惨败；英军在图卜鲁格（位于利比亚的东北部，靠近埃及边境）驻扎了 25 000 人，却在一天内土崩瓦解，这意味着整个利比亚失守。英军穿过沙漠，向埃及边境撤退 400 英里，5 万人阵亡或被俘，并且丢弃了大量武器装备。德军开着缴获的英军车辆，用着缴获的油料、武器和弹药，一路向前突进。盟军回到了两年前的地方。不难想象，隆美尔的下个目标就是开罗。事实上，贪慕虚荣的墨索里尼妄想与隆美尔一起参加在开罗街头举行的胜利游行。

此外，正如丘吉尔所描述的，北大西洋是德国 U 形潜艇的"天堂"。德国 U 形潜艇、驱逐舰和巡洋舰以及战机不断攻击负责给苏联运送武器装备的英国船队，经常损失过半。那里条件极为恶劣，冰暴肆虐，气温低至零下 10～20 度。由于极端寒冷和潮湿的生活环境，船上结核病蔓延。士兵们因无休止的警戒和战斗而疲惫不堪。英国战舰的上层建筑经常覆盖着冰层。如果不戴手套，那么手一旦碰到钢铁就会立刻被冻住。如果战舰被击沉，士兵在冰冷的海水里只能存活一两分钟。（两部伟大的小说，尼古拉斯·蒙塞拉特的《残酷的海》和阿利斯泰尔·麦克莱恩的《尤利西斯号》，描述了这些运输船队。）即使英国付出了巨大的努力并遭受了惨重的损失，斯大林仍继续向罗斯福抱怨英国运输船队数量不足。1942 年 4 月下旬，罗斯福因此责备了丘吉尔，丘吉尔则回答道：

> 此外，单靠反潜战机无法解决北极护航舰队所遇到的困难。敌军的重型战舰和驱逐舰随时会发动袭击。当前这支运输船队就遭到了敌军驱逐舰的袭击，虽然敌军

被击退，但我们的一艘战舰也因此负伤。我们最好的六英寸主炮巡洋舰"爱丁堡"号被德国 U 形潜艇严重破坏，正被拖往摩尔曼斯克。"特立尼达"号在上次护航任务中负伤，目前也在那里。我刚得到消息，"乔治五世国王"号与"旁遮普"号驱逐舰相撞，导致后者沉没，而后者携带的深水炸弹爆炸，炸伤了"乔治五世国王"号。[115]

对英军和丘吉尔失去信心

在那些日子里，尽管丘吉尔不愿意承认，但由于坏消息每天接踵而至，他深感自己陷入了围攻之中。丘吉尔不仅对他的将军们失去了信心，而且对英军失去了信心，怀疑他们在势均力敌的情况下是否有能力战胜德军和日军。一位经历了连续的糟糕表现并日复一日地面临着持续的意外损失的投资组合经理，应该会对丘吉尔的倦怠无奈感同身受。

但是，这是战争，而不是投资，所损失的不仅有经济，还有生命。所有这些失利导致了巨大的生命、装备、飞机和舰船损失。一切似乎都不顺利。对于世界各地的盟军来说，1942 年的冬天和春天是个严峻的时刻，新闻媒体对战争失利的批评非常激烈。遭到轰炸的伦敦以及其他重点城市的居住条件非常糟糕。1942 年 2 月 17 日，比弗布鲁克勋爵（丘吉尔的密友和知己）写信给丘吉尔，提议道："人们失去了信心，希望政府能够恢复这种信心。"

然而，投资者和伦敦股市却从未完全失去信心，也从未陷入1940 年夏的极度绝望。聪明敏锐的股市就像老谋深算的丘吉尔一样，坚信随着美国的参战，盟军最终必将获胜，问题仅在于这场战争会有多痛苦和多漫长，以及当战争结束时英国会变得多贫穷。然而，这是个黑暗而严峻的时刻。

令人着迷的是，伦敦股市在珊瑚海海战和中途岛海战后出现反弹。随着沙漠战场局势的不断恶化，以及丘吉尔的领导地位受到挑战，伦敦股市在 6 月的大部分时间里表现疲软。人们对战争指挥水平的批评越来越多，议会则在酝酿更换首相。从当时的媒体报道来看，投资者似乎对这两方面都深感不安。1942 年 6 月上旬，丘吉尔前往华盛顿，与罗斯福磋商战争局势，会谈进展顺利，但英国国内却在酝酿一场哗变。他回到英国后发现自己面临下议院的"不信任"投票。五年后，丘吉尔在《命运的铰链》一书中写道：

> 几十名下议院议员热烈地讨论着，新闻媒体做出尖锐的批评和刻薄的指责，而大多数议员的态度则相当悲观。

候选人在下议院的一次补选中仅获得了近 20 000 张选票中的 6 226 张，这被广泛解读为人们对战争管理的不满。议会走廊里和伦敦的报纸上充斥着"决定性政治危机"的议论。值得注意的是，丘吉尔不仅是首相，而且是国防部长，而一些批评就针对他的双重角色。1942 年 6 月 25 日，下议院提交了一项谴责动议，内容如下：

> 虽然下议院对英国皇家军队在极其艰难情况下所表

现出来的英勇和坚忍表示敬意，但对战争的中心方向却没有信心。

这项动议的发起者与丘吉尔相识多年，有些甚至与丘吉尔自幼相识。其中一位是罗杰·凯斯爵士。尽管他跟丘吉尔是老朋友，但却被丘吉尔撤职。他觉得丘吉尔没有听取他的建议，并对丘吉尔心怀不满。另一位是备受推崇的政治家约翰·沃德洛－米尔恩爵士。他们都明白，如果下议院通过了"不信任"动议，首相就得下台。在丘吉尔的战时内阁中，没有一位成员支持这项动议，内阁里没有政治阴谋，但辩论很激烈，有时甚至涉及个人攻击。

贝文一直是丘吉尔的眼中钉。他说道："首相总把失利说成是灾难，仿佛这是上帝的过错，但却把胜利归功于自己。"[116] 有人问贝文为什么要攻击首相。

"如果丘吉尔下台，你觉得会怎样？"

贝文厉声回答道："好吧！假设他真的下台了，我们要怎么办呢？给希特勒寄张明信片，宣布我们投降吗？"贝文不是丘吉尔的追随者。还有一次，他形容丘吉尔"是一个处于青春叛逆期的人"。

该动议反复提及丘吉尔在漫长的职业生涯中所遭遇的失败，比如他担任第一海军大臣时，英国在加利波利和挪威战役中失利。该动议还指责英国政府一直对战争局势过于乐观。有人批评丘吉尔对现场的军事指挥干预过多。沃德洛－米尔恩爵士认为，丘吉尔过于忙碌，不堪重负。而丘吉尔毫不犹豫地回答道："我不希望摆脱重担。我只不过是想在充分讨论后得到大家的理解和支持。"[117]

与此同时，丘吉尔正在经历一场令人沮丧、疲惫不堪的家庭危机。按照威廉·曼彻斯特的说法，丘吉尔的儿子伦道夫是个"流氓"，他们父子经常争吵。[118]伦道夫对他的母亲更苛刻，声称她"憎恨"自己。伦道夫英俊帅气，但酗酒成性，咄咄逼人，举止过分。他经常令人生厌，树敌众多。实际上，一家伦敦俱乐部修改了章程，称"伦道夫·丘吉尔没有资格成为会员"。曼彻斯特还提到，阿尔德利的斯坦利勋爵给伦道夫切除了消化道肿瘤。当他得知给伦道夫切掉的肿瘤没有发生癌变时，他在俱乐部的酒吧里说道："切除了伦道夫身上非恶性的一部分，真是太可惜了。"[119]

约翰·梅查姆在《富兰克林和温斯顿》一书中提到，伦道夫在战争期间驻扎在埃及，而他的年轻妻子帕梅拉则与年长的埃夫里尔·哈里曼长期相恋，后者当时是美国驻伦敦大使。1942年春，伦道夫得知此事后，认为他的父母早已知情，却未告诉他，也没有干预。实际上，在珍珠港事件发生当天的深夜，帕梅拉和哈里曼曾与丘吉尔在查特韦尔庄园聚会。[120]随后，丘吉尔家中发生了一场激烈的争吵，这无疑让已经陷入困境的丘吉尔更加痛苦。伟大的人物，就像投资经理一样，有时甚至在面临生死攸关的事业危机时还得应对令人疲惫的私生活骚扰。

而与此同时，来自战场上的消息仍然令人沮丧。隆美尔和他的非洲军团的闪电袭击，令英军将领和第八集团军非常震惊。到了1942年6月中旬，隆美尔已经包围图卜鲁格，而这个要塞之前曾多次易手。接下来的一周发生了激烈的战斗，德军突破了第十一印度旅的防线，并占领了图卜鲁格的大部分地区。1942年6

月 21 日，33 000 名英国、印度和南非士兵在图卜鲁格投降。就像新加坡沦陷一样，英军大批人员过早投降，以至许多几乎还没有参战的部队都不敢相信他们居然未抵抗就投降了，但是他们当时的处境可能是令人绝望的。隆美尔似乎准备入侵埃及，占领开罗。隆美尔的参谋长视察了战利品。他在向柏林报告时特别强调了下面的第二句话：

> 这份战利品着实丰厚，包括够 3 万人用三个月的补给，以及 1 万多立方米的汽油。**如果没有这些战利品，那么我们的装甲师部队在接下来的几个月里就没有充足的口粮和衣物。**[121]

当所有人热议这次惨败时，温特顿勋爵率先诘责丘吉尔。他认为，首相必须对这一连串灾难负责，现在应该下台。以下内容摘自《命运的铰链》一书。

> 众所周知，1940 年，首相是我们勇敢和坚毅的领袖。然而，自 1940 年以来发生了很多事情。内阁成员中有不止一位适合担任首相的人选。因此，尊敬的绅士（丘吉尔）应该辞去首相职位，而只担任外交大臣，因为他在处理与苏联和美国的外交关系上表现得非常完美。

前任战争大臣莱斯利·霍尔—贝利沙总结道：

> 那些反复被证明是错误的判断，我们怎么能还相信

呢？下议院必须对此做出决定。请想想我们面临的巨大
风险。大英帝国在 100 天里丢掉了远东，那么，在接下
来的 100 天里，还会发生什么呢？

丘吉尔最后一个发言。他以强有力的结束语开始发言：

　　　　这场漫长的辩论接近尾声。我们的议会在战时有着
无拘无束的自由，这太了不起了！一切能想到或翻出的
事情，都可以用来削弱对政府的信心，证明内阁大臣的
无能，削弱他们对自己的信心，使军队不相信人民对他
们的支持，让工人对他们努力制造的武器失去信心。以
首相为首的政府官员成了一群毫无存在感的人，并遭到
诋毁，如果可能的话，甚至在全国人民面前对他们进行
诋毁。这一切通过广播向世界各地传播，使我们的朋友
苦不堪言，而让我们的敌人欢欣鼓舞。

　　然后，丘吉尔进行了有力的辩护。他承担了责任，但指出装
备低劣和兵力不足等问题由来已久，在他执政之前就存在，因此
并非他的责任。最后，他坚持自己奉献"热血、辛劳、眼泪和汗
水"的初衷，并补充说"还有许多不足、错误和失望"。在压倒
性支持的呐喊声中，他结束了这次发言：

　　　　每一张选票都至关重要。如果那些攻击我们的人不
再那么厚颜无耻，而是把他们对我们的不信任动议变成
对他们自己的不信任动议，那么请千万不要误解，每一

位支持英国的朋友以及我们事业的忠实仆人都会欢呼起来，并且失望的丧钟将在我们努力推翻的暴君耳边响起。

1942 年 7 月 1 日，下议院以 475 票对 25 票否决了这项动议。这对丘吉尔来说是一场压倒性的胜利，令人印象深刻。在英国及其盟国遭受一系列挫折后，只有 25 票反对丘吉尔，这标志着英国人民团结一心，这非常振奋人心。敌人没有从中得到任何安慰。罗斯福给丘吉尔发来电报："真替你高兴。"

当天，伦敦股市 1942 年 6 月的暴跌结束了，随后强劲反弹，到 1942 年 11 月上旬，上涨了 20%。股市需要丘吉尔。随着时间的推移，股市的表现越来越好，北非沙漠战场上的局势也在逐渐逆转。贪慕虚荣的墨索里尼派遣更多的意大利军队加入北非沙漠战场，并再次夸下海口，称要与隆美尔一起参加开罗街头的盛大胜利游行。然而，1942 年 7 月下旬，由于新西兰师英勇作战，德军未能突破英军防线。在月光下进行的肉搏战中，隆美尔的指挥部几乎被攻陷。德军补给线过长，装甲车需要维修，攻势停滞不前。开罗得救了。

1942 年 8 月，5 000 名加拿大和英国突击队员在法国西北部海岸的迪耶普港发动了一次突袭，这是盟军对德军的首次大规模两栖作战，可惜并不顺利。此次突袭虽然出乎德军的意料，但几乎所有计划都出了错。德国守军比预计的更强大，悬崖也更陡峭。盟军登陆艇驶入了错误的海滩，军舰的炮火打偏了。加拿大方面有 900 人阵亡，有 2 000 人被俘。对于日后全面入侵法国而言，这次突袭无疑令人沮丧。

那个夏天，丘吉尔在议会面临着另一场令人不快的危机。当时，斯塔福德·克里普斯爵士担任枢密院议长，而先前他曾出任英国驻莫斯科大使，并且由于个人原因没有及时向斯大林报告丘吉尔提供的德国要突袭苏联的情报。克里普斯是工党领袖、素食主义者，崇尚自由，滴酒不沾，讨厌雪茄。一位下议院议员说道："克里普斯来自一位老处女的家庭。"丘吉尔有这么一句名言："我讨厌的美德他占全了，而我欣赏的恶习他一个都没有。"

克里普斯自命不凡，称"承蒙神恩"[122]，但他是一位非常能干的管理者。作为枢密院议长和下议院领袖，他负责向下议院解释政府的行动。他与首相的顺畅沟通至关重要。

到了 9 月，克里普斯开始认为自己被忽视，于是写信向首相抱怨。[123]此外，他对战争的总体指挥不满。英国人民的士气每况愈下，他们对"领导不善"感到沮丧和不满。克里普斯提议实行双重指挥，另一重自然指的是他自己。丘吉尔回信道："亲爱的克里普斯，收到你的来信我感到很惊讶，也有点难过。"然后，丘吉尔开始驳斥克里普斯的论点。他们之间的通信内容令人着迷，因为在"亲爱的首相"这样的问候之后，他们之间的对话刻薄尖锐，但并没有辱骂对方。最后，克里普斯辞职，被调到飞机生产部。

丘吉尔和克里普斯之间发生了一件趣事。作为枢密院议长，拘谨自负的克里普斯经常用一些琐事纠缠丘吉尔。一天下午，克里普斯命令他的助手立即面见丘吉尔，请首相签署一些文件。克里普斯的助手发现丘吉尔在"会员专用"洗手间里，而那里抽雪茄形成的烟雾弥漫。克里普斯的助手敲了敲洗手间的门。丘吉尔回复自己很忙，请他离开。克里普斯的助手礼貌地回答，枢密院议长希望立即得到答复。丘吉尔大声回答道："请你告诉枢密院议长，我还在洗手间里，没空理他。"[124]

斯大林会见丘吉尔，要求英国提供支持

1941 年初，斯大林需要武器来对付希特勒。他在罗斯福和丘吉尔的面前总是表现得咄咄逼人，经常粗鲁无礼。他不断要求西方盟国开辟"第二战线"以减轻苏联军队的压力。1942 年和 1943 年，英美船队绕过挪威的北角和熊岛，运送武器给苏联，船只和人员损失惨重。

1942 年夏末，丘吉尔踏上了漫长而危险的旅程，前往莫斯科会见斯大林。他在《命运的铰链》一书中讲述了当他们握手时他注意到斯大林握手有力，非常结实。他们的第一次正式会晤"非常不愉快"。斯大林斥责盟国没有在欧洲开辟第二战线，也没有送来更多的物资。他说盟军"太害怕与德军交战。如果英军像苏军一样，就不会那么害怕德军了"。然后，他又问道："难道英国皇家海军没有荣誉感吗？"在随后的会议中，斯大林继续使用这种侮辱和威吓的口吻，甚至嘲笑北极护航舰队的损失。最终，会议在晚上七点结束。随后，斯大林说道："为什么不到我家里喝一杯呢？"

丘吉尔应邀，许多工作人员也加入其中。斯大林的女儿亲切地与他们见面。后来，丘吉尔在给罗斯福的信中写道，她害羞地吻了他，但没有参加晚宴。他们喝了很多的伏特加酒。直到凌晨一点三十分，一头巨大的乳猪才上桌，这是斯大林最喜欢的用餐时间。尽管他们之间的交谈热烈而坦诚，但氛围并不友善。到了凌晨三点，晚宴终于结束，丘吉尔罕见地头痛欲裂。

丘吉尔从来没有像罗斯福那样对斯大林产生好感，而总是对他心存疑虑。1945年2月，在雅尔塔会议的一次晚宴上，罗斯福为斯大林发表了一番赞美的祝酒词，但丘吉尔却沉默不语。苏联代表团盯着丘吉尔，期待他的回应。丘吉尔的外交大臣推了推他。丘吉尔低声回答道："但他们不想要和平。"最后，他说道："敬斯大林总理，您的外交政策体现了对和平的渴望。"当大家举杯畅饮时，他对翻译小声嘟囔道："波兰，捷克斯洛伐克，罗马尼亚……"[125]

英军在北非战场的胜利标志着战争的重大转折点

1942年8月，丘吉尔更换了英军在沙漠战场的最高指挥官，蒙哥马利将军接管英国第八集团军。尽管蒙哥马利自负傲慢，但却是一位勇敢的将军和鼓舞人心的领导人。第八集团军重振雄风，并装备了新式的美国"格兰特"和"谢尔曼"坦克。

1942年9月底，隆美尔因过度操劳而返回德国疗养，格奥尔格·施图姆将军接过了他的指挥权。10月，德国非洲军团在埃及距离阿拉曼（埃及北部地中海沿岸，亚历山大港以西约65英里）15英里处，与英军展开了一场激烈的战斗。这场大战即将开始时施图姆死于心脏病发作，希特勒请求隆美尔结束疗养，重新执掌指挥权。隆美尔立即带领德军装甲部队展开进攻，但这次却遭受重创。

英军在空军的近空支援下发起了有力的反击，第二天就突破了德军阵线。到了第三天，全线溃败的德军师团开始撤退。此时，意大利军队已全面撤退，9名意大利将军被俘。

希特勒下令不让德军继续撤退，然而他的命令失去了往日的魔力，最后一搏已无济于事。蒙哥马利命令英军奋力挺进，希望能分割德军非洲军团，并将其彻底摧毁，但一场突如其来的大雨阻挡了英军的追击步伐。尽管如此，英军获得了阿拉曼战役的巨大胜利：4 个德国师和 8 个意大利师被歼灭，3 万人被俘，大量物资被缴获，而英军仅损失了 1.3 万人。

一直被誉为无敌的隆美尔首次遭遇了失利。突然之间，英军终于有了一位英勇善战的将军。丘吉尔认为，阿拉曼战役是一个史诗般的事件，是战争的重大转折点。在阿拉曼战役之后，英国和美国在所谓的西线战场发起了攻势，不再苦于防御。到了 11 月，英美联军实施"火炬行动"，成功登陆北非。再加上苏联在斯大林格勒战役中的胜利，以及美国在太平洋战场上的胜利，战局显然发生了逆转。丘吉尔在他的回忆录中写道："几乎可以说，在阿拉曼战役之前，我们从未打过胜仗，而在阿拉曼战役之后，我们所向披靡。"[126]

到了 1943 年 5 月，无论是在非洲沙漠还是在非洲大陆，所有的德国和意大利军队都被歼灭。

盟军继续进攻

1943 年，英美联军在意大利与隆美尔率领的德军再次激烈交锋，并且成功登陆西西里岛。他们接下来的目标是意大利，但这些胜利并没有推动股市上涨。

1943 年，英美联军获得了制海权。1943 年春，盟军与德国 U 形潜艇部队之间的长期战斗发展到了决定性阶段。到了 1944 年，英吉利海峡、北海和地中海都相当安全。在整个战争期间，德国潜艇部队有 3.5 万人，但 92％ 都已丧生。美国海军在太平洋取得了对日本舰队的明显优势。如果没有制海权，无论是在欧洲登陆作战还是在太平洋攻占岛屿，都无从谈起。

盟军武器性能的提升反映了美国参战的重要性。美国丰富的资源、充足的兵源和改进的武器对战争进程起到了重要作用。英国议会的批评声音荡然无存，丘吉尔被誉为战略大师。这就像投资经理在熊市触底前因满仓而备受指责，然后在牛市繁荣时被人们交口称赞。

正如人们所预料的，为了实现征服和获得荣耀，蒙哥马利、戴高乐和乔治·巴顿等个性鲜明的人物展开了激烈的竞争。巴顿和蒙哥马利都是难以相处的自大狂，互相鄙视。他们在入侵西西里岛时为了争夺占领墨西拿市的荣耀，竟然让两个德国师逃回意大利。丘吉尔对蒙哥马利评价道："在战斗中，立于不败；在失败中，不可战胜；在胜利中，无法忍受。"[127]

巴顿个性张扬、无所畏惧，并且坚信自己是罗马时代勇士的直系后裔。他是一位诗人和军事天才。然而，他常常违抗他自认为过于保守的命令，并辱骂殴打他瞧不起的懦弱士兵。1945年，他在德国死于一场车祸。然而，那时，第二次世界大战的转折点已经过去。自由事业的存亡已不是问题，但正如丘吉尔当时所警告的，从生存到胜利有许多阶段。危险并非来自毁灭，而是来自疲惫和僵局。重要的是耐心和坚持。投资经理在处理客户关系时这一点也至关重要。

英国皇家空军和美国空军对德国实施了激烈的轰炸，摧毁了许多城市，导致成千上万的平民和儿童丧生。美国飞行员兰德尔·贾雷尔在他的诗《第八航空队》中描述了飞行员的情绪。

其他凶手纷纷打着哈欠：

其中三人玩牌，一人睡觉，

一人躺着计算任务，汗流浃背，

直到他的心脏跳动着：一，一，一。

哦，凶手们！然而，这就是事实：

…………

人们尽力用鲜血洗手。

盟军在 1942 年和 1943 年的胜利对纽约和伦敦股市的影响

1942 年和 1943 年，伦敦和纽约股市强劲上涨，这在很大程度上与战争局势有关。后来，这两个股市更加受到战后经济前景的影响。

1942 年初，伦敦股市随着新加坡的沦陷而下跌，但在 1942 年底以及 1943 年的大部分时间里大幅攀升。1943 年 12 月，伦敦股市出现回调。如第八章所述（见图 8.1），1942 年，纽约股市在珊瑚海和中途岛海战期间下跌，但后来一直上涨。按照伊博森投资顾问公司的统计数据（见表 13.1），大公司股票上涨 20％，而小公司股票飙升 44％。然而，1942 年，股市成交量进一步下降，日均仅成交 45.5 万股，股市年底的市盈率为 8.2 倍。

1943 年，尽管年初上涨缓慢，股市的表现却更加出色。到 1943 年底，大公司股票上涨了 26％，小公司股票飙升 88％，相当令人震惊。小公司股票受到追捧的原因，是人们猜测这些公司在战争部的支持下获得业务，而它们的工厂、机床和专利将在和平年代变得非常有价值。1943 年，纽约证券交易所的成交量再次达到每天 100 万股，股市年底的市盈率为 12.8 倍。1944 年 6 月下旬，纽约股市在诺曼底登陆事件后强劲上涨，然后在 12 月随着阿登战役的爆发再次下跌。此次战役是德军的最后一次反击。

为了充分理解 1943 年至 1945 年美国股市的遭遇，有必要回顾 1929 年至 1945 年美国金融资产的遭遇。在这 16 年间，美国经历了两个极端焦虑的时期：20 世纪 30 年代初的经济大萧条和通货紧缩以及 40 年代的战争。美国出现了历史上最严峻的长期熊市，一个强劲的周期性牛市，然后股市急剧下跌，最后开始了战后的长期牛市。

表 13.1　1929—1945 年美国金融资产的起伏

不同类别资产的表现					
年份	大公司股票	小公司股票	长期国债	短期国债	通货膨胀率
1929	−8.4	−51.4	3.4	4.7	0.2
1930	−24.9	−38.1	4.7	2.4	−6.0
1931	−43.3	−49.8	−5.3	1.1	−9.5
1932	−8.2	−5.4	16.8	1.0	−10.3
1933	54.0	142.9	−0.1	0.3	0.5
1934	−1.4	24.2	10.0	0.2	2.0
1935	47.7	40.2	5.0	0.2	3.0
1936	33.9	64.8	7.5	0.2	1.2
1937	−35.0	−58.0	0.2	0.3	3.1
1938	31.1	32.8	5.5	0.0	−2.8
1939	−0.4	0.3	5.9	0.0	−0.5
1940	−9.8	−5.2	6.1	0.0	1.0
1941	−11.6	−9.0	0.9	0.1	9.7

续表

不同类别资产的表现					
年份	大公司股票	小公司股票	长期国债	短期国债	通货膨胀率
1942	20.3	44.5	3.2	0.3	9.3
1943	25.9	88.4	2.1	0.3	3.2
1944	19.8	53.7	2.8	0.3	2.1
1945	36.4	73.6	10.7	0.3	2.3
平均（不考虑复利）	7.4	20.5	4.7	0.7	0.5
平均（考虑复利）	3.5	7.6	4.6	0.7	0.4
1美元将增长为	1.8	3.5	2.14	1.12	1.06

资料来源：Ibbotson；Traxis Partners LLC.

尽管股票回报率的波动性令人瞠目结舌，但是，如果股票持有者能够坚守不移，一直持有股票，那么他们的投资回报仍然相当不错，尤其是考虑到 1929 年正值有史以来最大的股票投机泡沫的顶点。从 1930 年至 1940 年，美国出现了长达十年的大熊市，股票名义年回报率是负值，但由于通货紧缩，实际年回报率为 1.9％。在 20 世纪 30 年代，政府债券表现最佳，实际年回报率高达 7.1％。然而，许多投资者的心理再也没能恢复。

从 1929 年到 1945 年，政府债券的表现优于大公司股票，这样的结果并不奇怪，因为当时通货紧缩，经济衰退。此外，政府债券回报率的波动性远低于股票，在这 16 年间只有 2 年的回报率为负。小公司股票的丰厚回报再次证明了这种波动剧烈但充满活力的资产类别的价值。同样地，它们在中途岛海战后迅速崛起，然后从 1942 年至 1945 年底一路猛涨！

截至 1949 年 12 月 31 日的上半个世纪，美国股票的名义年回报率为 7.4%，政府债券的名义年回报率为 3.8%，而实际年回报率分别为 4.9% 和 1.4%。然而，在同一时期，在英国股票和政府债券的名义年回报率分别为 5.1% 和 2.9%，而实际年回报率分别为 3% 和 0.9%。

从 1946 年到 1948 年，通货膨胀率飙升，无论是大公司的股票还是小公司的股票都步履蹒跚，而债券的回报率则略微上涨。投资者普遍认为通货膨胀是暂时的，而通货紧缩将卷土重来，并且对股市波动心存恐惧。社会的普遍看法是，在战争结束后将会出现长期的经济衰退，因为征兵只是暂时解决了失业问题，如果没有军备需求，工业生产就会崩溃。人们并没有意识到巨额的储蓄和延迟的需求会改变经济形势。因此，人们继续投资债券，几乎没有投资者进行投机。

盟军入侵欧洲和日本的故事已被多次讲述。进攻侵略国的本土是一项艰巨的挑战，英、美、苏三国之间的协调问题十分棘手，但那是另外一个故事，与本书的内容无关。到了 1944 年底和 1945 年，股市对战后的世界前景更多的是怀着惶恐而不是期待之情。

在 1945 年战争结束后，正如所指出的，大多数投资受托人坚定地向后看，担心若没有国防开支的刺激战后全球经济将陷入如 20 世纪 30 年代那样的萧条停滞和通货紧缩。在机构投资者的投资组合中，债券占 60%～70%，而股票占 30%～40%。这种做法错得离谱。到 20 世纪 40 年代末，美国股市将迎来持续约 20 年的大牛市。相比之下，债券市场即将开始史诗般的长期熊市。这是 20 世纪第三个 25 年的重大资产配置决策，而当时几乎所有的大型机构投资者都做出了错误的判断。

第十四章
朝鲜战争

在二战结束后，苏联随即密谋扩大势力范围，并试探西方国家的态度，尤其是美国。迄今为止，最引人注目的事件发生在1950年的朝鲜半岛。1945年，为了引诱苏联进攻日本，美国和英国沿着三八线把朝鲜半岛一分为二：一个是资本主义国家，另一个是社会主义国家。

这种损人利己的做法带来了严重的后果。参加朝鲜战争的美军士兵都参加过二战，并且使用二战期间的武器。这场战争是对股市智慧的有趣考验，尤其是日本股市。

这些后果包括美国军队在亚洲与中国军队发生惨烈的地面交锋。54 000名美国士兵在朝鲜战争中阵亡，这几乎与在越南战争中的阵亡人数相同。在这场战争中，美军被迫惨痛撤退（这可能是美军历史上最屈辱的时刻之一）；美国海军陆战队第一师出其不意地登陆韩国仁川，包抄并分割朝鲜军队；美军逼近中国边境；中国军队发动猛烈反击。在朝鲜战争爆发的第一年，韩国首都汉城（后改名"首尔"）曾四度易手，战局摇摆不定。美国总统在战争结束前仓促解除麦克阿瑟将军的指挥权。实际上，这场战争让德怀特·艾森豪威尔当选总统。最后，1950年，美国还发生了另一场对股市智慧的有趣考验，这件事出人意料，尽管与朝鲜战争无关，但却让人们突然对杜鲁门总统失去信心，并且极大地扰乱了美国投资者。[128]

美国对抗社会主义扩张

朝鲜战争首次考验了美国对抗社会主义在全球范围扩张的决心。朝鲜战争不是一场普通的地区冲突。朝鲜的军力远比韩国强大，因此克里姆林宫把朝鲜半岛作为首选目标。美国国务卿迪安·艾奇逊后来表示，在西方国家看来，没有比朝鲜更糟糕的战场了。因此，美国面临的第一场重大考验发生在亚洲，而不是西方国家预料的欧洲，但西方国家领导人意识到了这场考验的重要性。

如果朝鲜击败韩国，建立一个社会主义国家，那么亚洲的形势，尤其是作为资本主义堡垒的日本，就不容乐观。伦敦和华盛顿的国防战略家也担心，朝鲜战争是朝鲜想进攻日本的前奏，甚至是第三次世界大战的开始。在战争初期，势不可挡的朝鲜军队几乎将韩国军队和仓促集结的美军赶入大海。1950 年 6 月 25 日，朝鲜战争爆发，全球股市因此陷入恐慌。

如图 14.1 所示，在纽约，道琼斯工业平均指数暴跌。在汉城沦陷后以及美军参战的数日里，股市短暂反弹，但随着战况的恶化，美军似乎要被一路逼退到釜山，甚至溃败入海，股市继续急剧下降。然而，到了 1950 年 7 月下旬，尽管战事吃紧，但股市却触底反弹。当时陷入绝境的美国陆军和海军陆战队得到了一个令人吃惊的命令，"要么坚守，要么战死！这里不是亚洲的敦刻尔克，也不是巴丹岛"[129]。

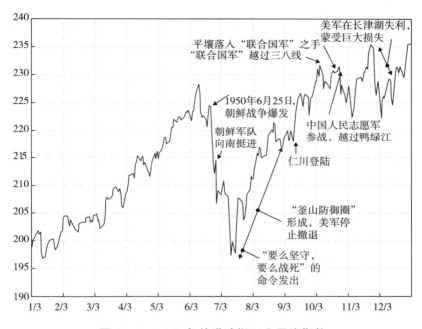

图 14.1　1950 年的道琼斯工业平均指数

资料来源：Dow Jones & Co.；Global Insight.

到了 1950 年 8 月 1 日，50 000 名美军士兵驻扎在釜山，并且每天都有部队和重型装备（包括 155 毫米自行榴弹炮）来增援。随着固守釜山滩头阵地的局势越发明显，股市开始回升。当股市得知美军在仁川登陆成功时，股价开始飙升。有趣的是，攻下朝鲜首都平壤未能刺激股价继续上涨，这或许是因为股市意识到中国即将参战，并给美军带来灾难性的后果。

伦敦股市的表现相似，但稍显温和。1949 年第四季度初，金融时报指数开始强劲反弹，到了 1950 年 6 月，上涨 25%。由于亚洲与英国利益密切，尤其是中国香港地区，朝鲜战争的消息冲击了伦敦股市。阿特利首相非常担心，亲自飞赴华盛顿，与杜鲁门总统直接磋商。

然而，日本股市的反应最为强烈。一方面，日本股市还不成熟，相对脆弱。到了 1949 年春，东京场外交易市场开始火爆。艾尔·阿里日豪泽在他的著作《股市战争》一书中写道：尽管东京证券交易所已经关闭，但它旁边证券协会的一个小房间里挤满了 360 名经纪人、40 名交易员和 24 名记者，日成交量超过 100 万股，而 1944 年全年成交量仅为 6 800 万股。因此，实际上，占领当局被迫同意东京证券交易所于 1949 年 5 月 16 日正式开放，这引发了日本股市对日本崛起的狂热情绪。

在接下来的 12 个月里，日本股价飙升。然而，6 月 25 日，朝鲜发动进攻，这种乐观情绪戛然而止。朝鲜军队在朝鲜半岛的突进令人恐慌。日本媒体质疑美国是否参战，以及如果朝鲜获胜，那么日本的命运将会如何。日本会是下一个目标吗？刚组建的日本自卫队无力保卫日本列岛。

此外，朝鲜与日本历史积怨深重。日本残酷地占领了朝鲜将近半个世纪。任何不满或反抗的朝鲜人都会被割掉鼻子，甚至丧命。日本占领当局把割下的鼻子堆在一起，恐吓朝鲜民众，因此，对于日本在朝鲜民众心中的形象，日本不抱任何希望。日本投资者惊慌失措。在朝鲜战争爆发后的 11 天里，日经指数从 1950 年 6 月 25 日的 176 点跌至 7 月 6 日的 85 点，这也是日本股市在 20 世纪下半叶的最低点。尽管朝鲜半岛局势相当严峻，遭受重创的韩国和美国军队继续南撤，但日本股市却很有洞察力，在当天跌至谷底。韩国和美国军队没有被横扫入海。

同样重要的是，日本股市还洞察到了其他事情。朝鲜战争将

给萧条的日本经济带来巨大的推动力，因为美国在朝鲜战场投入
了大量军队和物资。1950 年底，中国的攻势引起股票短暂抛售，
股价急剧下跌，但由于战争带来的经济繁荣，在接下来的 18 个
月里，股价迅速飙升。日本企业也从日本政府提供的重建合同中
获得了丰厚的利润。股市是敏锐而聪明的。

　　在整个 20 世纪 50 年代，日本股市从 1950 年的低点急剧上涨
的背后推手，不仅仅是战争利润和经济重建。投资者开始意识
到，日本开始了历史性的长期增长时代。大约 40 年后，到了
1989 年 12 月中旬，日经指数从 85 点上涨到 39 000 点以上。图
14.2 中的大图使用半对数形式，而图 14.2 中的小图仍使用传统

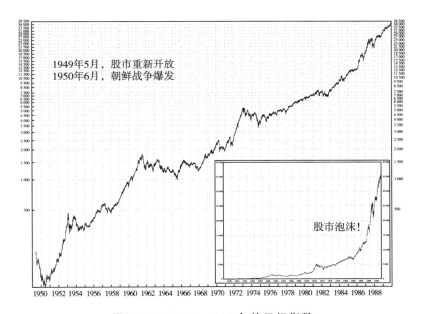

图 14.2　1949—1989 年的日经指数

资料来源：Nikkei；Bloomberg；Datastream.

形式。股市的攀登线如此陡峭，以至 1950 年的下跌几乎不可见。正如你所看到的（但几乎看不到），1950 年底，股价对中国的攻势做出了反应，但在 1951 年日本经济复苏的强劲力量，令所有其他因素都相形见绌。

朝鲜战争的历史背景

早在 1950 年 6 月之前，美国国防规划人员就知道，朝鲜的军力比韩国要强大；然而，他们从未想象过朝鲜半岛会成为一个重要的战场。1949 年，随着苏联从朝鲜撤军，美军从韩国撤离。而当时，在一次重要讲话中，艾奇逊国务卿甚至没有将韩国纳入美国的战略防御范围。美国假设朝鲜战争只不过是美苏战争以及可能的美中战争的附带。在这种情况下，朝鲜半岛几乎没有战略价值，不值得美国投入宝贵的资源进行防御。陆军副参谋长马修·里奇韦将军后来说道："我们的委员会从未考虑打一场局部战争。对于我们来说，原子弹将让对手不敢轻举妄动。"[130] 另外，许多迹象表明麻烦正在酝酿中。从 1949 年到 1950 年春，韩国和朝鲜的边境冲突几乎每天都会发生，不仅参与人数多，且伤亡重大。朝鲜凭借苏联提供的大量装备和军事训练，建立了世界上规模最大的军队之一。朝鲜的陆军和空军比韩国强大得多。相比之下，美国提供给韩国军队的装备和援助极其有限。

美国对韩国的援助很少的原因在于韩国总统李承晚。他生性好斗，个头矮小。1949 年，李承晚吹嘘道，如果没有苏联，韩国军队可以迅速击败并占领朝鲜。美国国防部对此感到震惊，他们完全不希望李承晚进攻朝鲜，担心把中国卷入战争，并引发第三次世界大战。美国担心他挑起事端，因此严格限制韩国军队的进攻能力。四个部署在三八线的韩国步兵师实际上是只有卡宾枪的轻武装部队，他们没有大炮或坦克等重型装备。

基本上，朝鲜巧妙地骗过了美国和韩国，暗中增强自己的武装力量。麦克阿瑟在他的回忆录中写道："朝鲜在增强自己的战斗力方面表现得非常精明。"1950 年 4 月，朝鲜突然改变策略，停止对韩国的反击，平壤方面发表"和平"提议，希望南北双方能实现统一和实行民主选举。由于韩国人口比朝鲜人口多，这一提议使西方国家对朝鲜半岛的统一抱有希望，至少是对朝鲜半岛的未来保持乐观。朝鲜沿着边境部署了一支类似于韩国军队的轻武装步兵部队。然而，与此同时，朝鲜秘密地将配备了重型武器的正规步兵和坦克师（包括最新式的苏联 T-34 坦克）集结到边境附近，宣称进行军事演习。美国和韩国的情报部门对此毫无察觉。6 月 25 日，三分之一的韩国军队正在休假。

朝鲜发动进攻

在 1950 年 6 月 25 日黎明时分，暴雨倾盆，10 万名朝鲜士兵越过边境，这支部队包括 6 个步兵师、3 个整编旅、200 辆坦克以及相当多的近地空中支援。朝鲜军队还使用舢板在韩国防线的后方登陆。朝鲜的进攻出其不意。[131] 最初，朝鲜的轻武装步兵发起攻击，突破了毫无准备的韩国防线，之后向两侧闪开，配备了苏联 T-34 坦克的主力部队随即而来，消灭了装备不良的四个韩国师。[132]

虽然韩国军队试图抵抗，但时间很短，因为他们根本不是朝鲜军队的对手。韩国军队使用二战时的火箭筒，但炮弹被苏联坦克弹开。

部署在边境上的韩国军队在 24 小时内几乎被彻底摧毁。6 月 26 日，苏联 T-34 坦克到达韩国首都汉城的郊区。6 月 27 日，朝鲜军队攻占汉城，李承晚和韩国政府仓皇而逃。通往釜山的道路被难民堵得水泄不通。

朝鲜劳动党领袖金日成在朝鲜首都平壤发誓将在一个月内"粉碎"韩国。金日成身材高大、孔武有力，是一名真正的抗日英雄。他在朝鲜的报纸上谦虚地自称"伟大的思想家和理论家，创造了无数传奇、无可匹敌、具有钢铁般意志的杰出指挥官，永远的胜利者，慈爱的人民之父，将人民拥抱在自己宽阔的怀抱中"[133]。

美国对朝鲜进攻的反应

到了 6 月中旬，伦敦、华盛顿和东京的专业人士普遍认为，韩国军队将被逼入海中，而朝鲜军队将获胜。《华盛顿邮报》写道，这让人想起了 1940 年纳粹横扫法国的闪电战。在华盛顿和伦敦，有人担心这是苏联抢夺地盘以及进攻日本的前奏。6 月 27 日，全球股市再度出现抛售，然后维持稳定。《纽约时报》头版刊登了一篇新闻报道，标题为《战争恐慌造成新的重大损失后，股市反弹；成交量近 500 万》。该报道声称，道琼斯指数一度下跌 5%，但随后大幅回升，最终收盘时仅下跌 0.73%。在全球股市中，伦敦股市跌幅最大，接着是纽约股市，加拿大股市紧跟其后。

　　然而，杜鲁门总统快速做出了反应。6 月 28 日，他命令麦克阿瑟调遣驻日美军支援韩国。西方世界对此予以压倒性的回应。该消息一经宣布，美国众议院和参议院立即爆发出欢呼声。《纽约时报》的艾尔索普兄弟和《华盛顿邮报》的詹姆斯·雷斯顿等社论作家，称赞了杜鲁门总统的胆识和勇气。股市大反弹，美国将挺身而出！来自白宫的消息刺激了股市。大卫·麦可洛夫在其史诗般的传记《杜鲁门》一书中，提到了一名伊利诺伊州的共和党人写给总统的信："或许某人说您是一位玩老秃鹰、大口喝威士忌的扑克牌手，但该死的，自 1909 年 3 月老泰迪离任以来，美国终于有了一位草根总统。"

　　杜鲁门总统确实喜欢喝威士忌，但 67 岁的他身体健康、精力充沛。他工作勤奋，每天早上 5 点起床，早餐是一片干吐司、水果、一个鸡蛋、一条培根和一杯脱脂牛奶。然后，他快走两英里，每分钟高达 120 步。在开始工作前，喝一盎司老爷爷或野火鸡波本威士忌，"让引擎运转起来"。早上 7 点，他就正襟危坐在办公桌前，穿着无可挑剔的双排扣西装。他自豪地声称这套西装穿了 15 年，但仍然合身。他活力四射，充满自信。所有为杜鲁门工作或与他接触过的人都喜欢他。[134]

美国军队实力不济、毫无准备

　　麦克阿瑟在他的日本司令部迅速下令，调遣威廉·迪恩将军指挥的第二十四步兵师以及一个海军陆战队团。第二十四步兵师由二战老兵和没有战斗经验的新兵组成。当时，驻守日本的任务广受欢迎，因为日元非常便宜。美国军官和士官与他们的日本女友住在基地外，日本中年妇女为士兵们整理床铺、洗衣服和擦靴子。在军官俱乐部和士官俱乐部里，一瓶啤酒只要 10 美分。第二十四步兵师最艰巨的演习是攀登富士山。这支部队实力不济，状态不佳，大部分装备仍为二战期间的武器，后来遭到朝鲜军队的重创。

麦克阿瑟在他的回忆录中生动地描述了 6 月 29 日他访问朝鲜战场的经历。尽管麦克阿瑟有很多缺点，但他很勇敢。麦克阿瑟不顾反对的声音，让他的"巴丹号"飞机降落在前线的简易机场上，然后冒着炮火视察战场。

> 我看到一英里外的这座 14 世纪城市的废墟升起浓烟，满目凄凉。红色迫击炮的攻击持续不断，敌人冲向桥梁。我的下方以及山坡两侧，都是正在撤退的部队。他们疲惫不堪，毫无秩序。具有红十字标志的救护车上挤满了呻吟的伤兵。天空回荡着死亡飞弹的轰鸣声。到处是恶臭。笼罩在尘土里的难民，阻塞了所有的道路，但他们没有恐慌或呜咽。[135]

麦克阿瑟刚刚错过了可怕的一幕。那些乘坐手推车、旧汽车和自行车的韩国平民大声尖叫，向南逃跑。他们挤满了汉江上的四座桥梁。这是一个恐慌的暴民场面。尽管桥上挤满了人，但韩军司令部却下令炸毁其中三座，只留下一座，供仍在汉城的韩国军队撤离使用，但朝鲜军队正快速逼近。[136]威廉·曼彻斯特描述道，麦克阿瑟用望远镜简单观望后命令道："炸掉它们。"然后，他的车队扬长而去。

美国和韩国军队撤退

麦克阿瑟回到东京后命令部队向南"有序撤退"到 275 英里以外的釜山。他意识到，美国没有时间组织足够的力量来抵抗朝鲜的进攻。他的策略非常明智，用空间换时间，将增援部队从海上和空中运到釜山。朝鲜战争前线长达 150 英里，地势复杂，群山连绵，到处都是水田和沟渠。泥泞的道路上挤满了数十万南逃的难民以及他们的牛车。美国海军陆战队埋怨道，韩国是世界上最辽阔的山地国家。到 7 月中旬，麦克阿瑟部署了第一骑兵师和第二十五师，但他们与第二十四师一样，无法适应酷热的地面战争。

那时，韩国军队已经溃不成军。美韩军队经常以 1：3 或 1：10 的人数进行战斗。此时正值季风季节，他们在暴雨中撤退，气温高达 38 度，湿度令人窒息，军装破烂不堪，M-1 步枪锈迹斑斑。[137] 士兵们喝了用人粪作为肥料的稻田里的水，患上了严重的痢疾，脱水严重。美国士兵对当地地形、朝鲜人或语言一无所知。麦可洛夫讲述了一名步兵后来对那些日子的回忆："伙计们汗流浃背，直接在裤子里拉屎，像行尸走肉一样前行。我的感觉是，我们要找一座山，然后遭到攻击，之后再找一座山，再次遭到攻击，周而复始，这个地方真要命！"在开战后的一周内，大多数部队的伤亡率达到三分之一，一些年轻士兵闻风而逃。一位年轻的海军陆战队军官在给妻子的便条上潦草地写下了鲁珀特·布鲁克的十四行诗《士兵》。[138]

如果我死了，请想起我：

外国田野的某个角落

那里是永远的美国。

在一个陡峭的山口，这次撤退很快变成了一场溃退。成千上万的难民阻塞了道路，让撤退行动难以开展。朝鲜特种部队脱掉绿色制服，穿着脏兮兮的白裤子和衬衫，假扮成农民，混在难民中，并且以此为掩护，向陷入困境的美韩军队发起进攻。美军分不清楚哪些人是平民、哪些人是敌军，有时就不分青红皂白地向难民开火，或错误地炮击认为有朝鲜突击队躲藏的村庄。

美军第二十四师与朝鲜军队展开了激烈的战斗，先是在锦江前面的高地，然后是在大田。双方在大田进行了激烈的巷战。7月 19 日，大田陷入火海，美韩军队被分割包围，第二十四师师长威廉·迪恩将军失踪。他最后一次被人看到是他用 0.45 口径手枪去阻止一辆坦克。他的尸体始终未被发现。前线风云莫测，美军经常会发现敌人出现在自己身后。他们在如此陌生的国家里不知道该信任谁。《巴尔的摩太阳报》的一名记者讲述了一支小分队徒步穿越 50 英里山路的经历。

这支小分队最初有 80 人，但只有 25 人成功逃生，其他人要么被杀，要么精疲力竭，倒下继续战斗。杜鲁门说道，这是美军历史上最英勇的撤退行动之一，也是最黑暗、最屈辱的时刻之一。

朝鲜继续进攻

到 7 月 20 日，麦克阿瑟调遣了大部分驻日美军，包括沃尔顿·沃克将军的第一骑兵师和第八集团军。朝鲜军队仍在向南突进，每天前进 20 英里。对美军来说，把新到的增援部队分散部署在混乱的战场上是个孤注一掷的决定，但别无选择。美国曾试图整合美韩军队，但此时韩国军队士气低落，大批士兵逃跑。到了 8 月初，战争局势混乱绝望。麦克阿瑟在东京向他的战地指挥官沃克明确表示，不允许朝鲜半岛发生"亚洲版的敦刻尔克大撤退，巴丹大撤退"，美军必须"全力死守"。美军士兵熟知麦克阿瑟在东京的帝国生活方式，因此他的这种语调并不受欢迎，尤其是不受海军陆战队欢迎。当时流传这样一个笑话，麦克阿瑟说："你们这些蠢货去全力死守，而我则享用晚餐、抽雪茄。"[139]

朝鲜源源不断地投入新部队、大炮和坦克，共有 13 个师参与进攻。他们以营团为单位，组成一系列纵队，沿着道路和山路挺进，渗透和包抄美军阵地。然而，他们的后勤补给线正在拉长。美军侦察机发现，卡车从中国东北和苏联西伯利亚运来大量物资。此外，美军的空中力量开始发挥作用。美军飞机在白天打击朝鲜军队穿过三八线的行动，并且轰炸桥梁和道路。因此，朝鲜军队不得不在夜间进行补给。

此外，朝鲜最精锐的部队在一路突进中消耗殆尽。7 月下旬，他们的推进速度开始放缓。与此同时，美国陆军和海军陆战队得到增援，武器装备从海上源源不断地抵达釜山。到了 8 月 7 日，疲惫的美韩军队残部围绕釜山筑起防线。这道防线位于洛东江背面，长达 130 英里。美国空军在战场上提供近地空中支援，海军在"侦察部队"的协助下提供海上炮火支持。一个配备了重达 50 吨的 90 毫米加农炮的自行坦克团，以及一个 155 毫米榴弹炮营同时抵达。朝鲜军队无法推进，进攻势头被遏制住。美军进行了顽强的防御。[140]

随着双方加强工事并得到增援，战争陷入僵局，直到 1950 年 8 月。英国派出 2 000 名士兵，盟国也派出援军。土耳其军团证明了自己的勇猛作风。虽然雨季已结束，但仲夏的酷热令人窒息。麦可洛夫写道，尘土漫天飞扬，卡车在正午时不得不开灯行驶。激烈的战斗仍在继续，朝鲜军队试图突破釜山滩头阵地，但未能成功，伤亡惨重。另外，如果美韩军队强行过河，攻占对方牢固的防御工事，那么也会付出惨重的代价。

美国对朝鲜战争的支持减弱

但是，美国国内的舆论风向完全变了。杜鲁门遭到美国公众、媒体和共和党人的猛烈抨击。人们普遍问道："美国年轻人为什么要在这个遥远的、被上帝遗弃的国家牺牲呢？"人们写给杜鲁门的信件以及民意调查显示，反战比例高达 20∶1。媒体严厉批评了美军的作战方式，并质疑美国为何对朝鲜战争毫无准备。共和党领袖、参议员塔夫脱呼吁艾奇逊辞职，而颇有影响力的艾尔索普兄弟则写道，国防部长约翰逊的政策是"灾难性的"。

另外，一些鹰派人士要求使用原子弹，以避免更多的美国年轻人牺牲。一条横幅写着："总统先生，您以前这么做过！再来一颗原子弹，战争就结束了。"对于杜鲁门总统来说，更棘手的是，中国国民党希望出兵参战。麦克阿瑟亲自飞往中国台湾地区支持蒋介石。这激怒了美国国务院和国会中的反蒋派。

到了 7 月中旬，道琼斯工业平均指数在一个多月里从 229 点跌至 197 点，下跌 14%，但随着前线战局趋稳，以及釜山防线坚固，8 月底，该指数回升至 222 点。尽管如此，媒体的论调仍然是悲观的，市场分析人员担心超额利润税以及亚洲的未来。人们经常谈及多米诺骨牌效应。

麦克阿瑟击败朝鲜的策略

事实上，对于杜鲁门总统来说，麦克阿瑟变得越来越麻烦。麦克阿瑟操纵媒体以及他在国会的朋友，争取更大的行动自由。从麦克阿瑟当年的演讲中，人们很难理解杜鲁门和艾奇逊为何如此担心，但归根结底，这是因为麦克阿瑟打算对朝鲜和中国发动毁灭性的攻击，而不顾这将带给全球的严重后果。杜鲁门和艾奇逊担心，这会引发第三次世界大战。令人难以置信的是，杜鲁门和艾奇逊从没见过麦克阿瑟本人，事实上，麦克阿瑟从 20 世纪 30 年代末起就再也没有返回美国。

当时的情况是，朝鲜战争陷入残酷的僵局，而且美国国内强烈不满。麦克阿瑟想让美军深入对方的侧翼和后方，切断他们的补给线，包围汉城以南的敌军。对此，麦克阿瑟在他的回忆录中谦虚地称之为妙招。否则美军就只能从釜山防线正面突围，但即便这样做奏效，整个朝鲜半岛也会陷入一场旷日持久的残酷战争。

麦克阿瑟选择仁川作为两栖登陆的进攻点。仁川位于汉城以西、釜山以北。仁川跟美国的泽西城差不多。美国的军事专家坚持认为仁川完全不适合两栖登陆，因为必须经过一条狭窄蜿蜒的航道才能进入仁川港，并且这条航道很容易布雷。如果船只被水雷击沉，航道就会被堵塞。仁川港没有海滩，潮汐很猛（30 英尺高或更高）。只有涨潮时登陆艇才能靠近月尾岛上高耸的海堤。在涨潮两小时后，登陆艇就会陷进泥里。当潮水涨到最高点时，海堤仍然高出水面 60 英尺，因此，人们认为在此登陆无异于自杀。此外，月尾岛上还有精锐的朝鲜守军。即使占领了这个要塞，美国登陆部队也必须冒着敌人的火力穿过一条长长的石堤冲向仁川，并在市中心展开巷战。

1950 年 8 月，美国总统特使埃夫里尔·哈里曼访问东京。麦克阿瑟做了一场长达 2.5 小时的精彩演讲，向哈里曼阐述这个作战计划。麦克阿瑟表示，他有能力完成这个不可能完成的任务，从而震惊并击溃朝鲜军队（他将自己比作 18 世纪的英国将军沃尔夫，后者在 1759 年的魁北克战役中战胜了法国将军蒙卡尔姆。麦克阿瑟在制订作战计划时习惯将自己与已故的将领相提并论）。美国必须迅速决策，刻不容缓。9 月 15 日，发生潮汐时最适合登陆，也必须在冬季来临前发动进攻。麦克阿瑟自己制订了整个作战计划，睿智老练的哈里曼对此给予高度评价。

然而，当哈里曼回到华盛顿向总统、参谋长联席会议和国家安全委员会报告该作战计划时，他们震惊不已。参谋长联席会议主席、广受尊敬的战略家奥马尔·布莱德雷将军说道，这是"我听说过的最冒险的计划"[141]。海军作战部长福雷斯特·谢尔曼海军上将宣称道："如果要列出所有可能的不利因素，无论是地理方面的还是军事方面的，那么仁川全占了。"其他参谋长联席会议成员也纷纷表示赞同，甚至麦克阿瑟手下的一些参谋也承认胜算只有 1/50。布莱德雷写道："一旦失败，这可能会引发一场国家甚至国际灾难，不仅有军事上的，而且有心理上的。"毕竟，可能出错的因素太多了。

　　然而，杜鲁门认可这个计划。他知道这是一场豪赌，也明白失败的后果。军方对此持反对态度。杜鲁门不喜欢、不信任或不尊重麦克阿瑟。他认为麦克阿瑟是个"装模作样的自大狂"。杜鲁门对将军们、西点军校教育以及军事种姓制度的评价也很低。尽管如此，他喜欢这个计划，并命令参谋长联席会议的三名成员、哈里曼和陆军部长弗兰克·佩斯前往东京，与麦克阿瑟进行最后一次战争会议。

　　在此次会议上，军事专家坚持认为仁川登陆计划过于冒险。[142]参谋长联席会议认为仁川远离前线，调遣海军陆战队第一师将减弱并危及釜山滩头阵地，并且如此规模的登陆行动很难保密。但最重要的还是仁川登陆计划太冒险了。海军陆战队作为第一波攻击部队能否在朝鲜守军的正面火力下成功登上陡峭的海堤，军事专家对此表示怀疑。两栖登陆专家认为，登陆艇将成为容易被攻击的目标；海军专家坚持认为，航道太窄。哈里曼指出，由于潮汐落差太大，所有的部队都必须在第一天登陆，并且没有后勤补给。这是个孤注一掷的计划。

　　麦克阿瑟在他的回忆录中写道，在所有人发完言后，他休息片刻，整理思路，开始说道："会议室里的气氛越发紧张。如果说沉默孕育着什么，那就是这个。我父亲警告过我：'军事会议滋生胆怯和失败主义。'"多年以后，当时在场的陆军部长弗兰克·佩斯告诉笔者，当他听到麦克阿瑟说的这些话时他的头发几乎竖了起来。麦克阿瑟接着说：

　　　　你们认为这个计划不切实际，这反而让我确信它有出其不意的效果，因为敌方指挥官也会认为没有人敢发起如此大胆的进攻。战争取胜的最重要因素就是出其不意。海军专家对潮汐、水文、地形等不利因素的反对意见确实是中肯的，但这些不利因素并非无法克服。我对海军充满信心，事实上，我似乎比海军对他们自己更有信心。

然后，麦克阿瑟接着说道，唯一的替代方案就是留守釜山，在防御战中继续遭受重大伤亡，或者尝试突围，进攻朝鲜。他估计这将导致 10 万美军和韩军士兵丧生。他即兴发挥，令人惊讶地总结道：

> 如果我们打输了在亚洲的战争，那么欧洲的命运将受到严重威胁。如果我们取得胜利，欧洲可能会免于战火并保持自由。如果我们在此做出错误的决定——由于惯性而做出致命的错误决定——我们就会完蛋。我几乎可以听到命运之钟的滴答声。我们必须立即行动，否则就是坐以待毙。
>
> 如果我估计有误，遇到敌军的顽强抵抗，我会亲自到场，下令立即撤退，避免遭受血淋淋的挫败。唯一的损失将是我的职业声誉。但仁川登陆计划不会失败，而是必将成功。

会议室里一片寂静，没有人说话。登陆计划最终通过了。

奇袭仁川

在接下来的两周里，美军秘密集结了 62 艘舰船和 70 000 名士兵，成立了登陆作战部队，打算 9 月 8 日动身。当海军陆战队准备登船时，麦克阿瑟收到了参谋长联席会议发来的消息。在此之前，参谋长联席会议成员已经返回华盛顿，向总统和国家安全委员会报告。对于这条消息，麦克阿瑟称"让我后背发凉"[143]，其内容如下。

> 我们密切关注韩国近期的局势。鉴于第八集团军已经调用所有的后备力量，如果作战计划如期启动，我们希望你评估此次行动的可行性以及成功的可能性。

麦克阿瑟深信这是华盛顿方面在给自己留后路，以防作战计划失败，他立即回复了他的推理概要。

一天后，麦克阿瑟收到了参谋长联席会议的神秘回复，声称根据他的回复，参谋长联席会议"批准此次行动，并告知总统"。

1950 年 9 月 13 日凌晨，美军开始进攻，这完全出乎敌方的意料。朝鲜军队以为月尾岛坚不可摧。在这次协同作战中，训练有素的海军陆战队侦察部队在海军开炮前乘坐独木舟，悄然抵达月尾岛的海堤，然后用绳梯和抓钩爬上海堤，悄无声息地杀死朝鲜哨兵。然而，这并不像听起来的那么容易。双方在海堤上和哨所里展开了激烈的白刃战。37 名美国突击队员负伤，但没有人丧生，这真是个奇迹。两名突击队员被授予海军十字勋章，这是美国第二高的荣誉勋章。

随即，美军舰载飞机和护航巡洋舰轰炸了月尾岛和仁川的军事目标，第一波登陆艇抵达防波堤，海军陆战队登上防波堤。上午9点，潮水退去，一些登陆艇在巨大的泥滩上搁浅，但这并不重要，因为美军已经攻占月尾岛。海军陆战队穿过堤道，在仁川市内开始了激烈的巷战。第七师紧随其后加入战斗。第一天下午，麦克阿瑟亲自去了月尾岛，欣慰地发现朝鲜军队开始加强防御工事。如果仁川登陆计划推迟一个月，那么将不可能成功。

在占领仁川后，美国海军陆战队和陆军兵分两路，迅速向内陆挺进，其中一路奔向汉城，以及宏大的金浦机场，那里停着朝鲜空军的米格战机。第三天，美军控制了金浦机场。另一路则向水原和另一个重要机场挺进，然后再横穿半岛，完成钳形包围圈。

上述两路部队到位后，随即南下占领汉城，包围朝鲜军队主力。这一切进展得相当完美。朝鲜军队对此毫无防备。他们在远离前线的后方几乎没有部署作战部队。两天后，朝鲜军队被彻底包围。

与此同时，美韩联军巡逻队发现了朝鲜军队釜山滩头阵地的薄弱环节。麦克阿瑟立即命令第八集团军和韩国师猛攻，争取拿下。起初，朝鲜军队顽强抵抗，给美韩联军渡过洛东江制造了很大的困难。然而，随着美韩联军成功渡江，朝鲜军队惊慌失措。他们持续遭到美国战机的扫射和轰炸，他们的坦克和自行火炮是美韩联军的主要轰炸目标。朝鲜军队这才知道他们的退路和后勤补给线在身后250英里的地方已被切断。

与此同时，美国装甲师和步兵师迅速北上。一些朝鲜部队完全瓦解，丢盔弃甲。他们要么投降，要么遁入乡村，向北逃跑。路上到处是朝鲜军队丢弃的坦克、自行火炮、迫击炮和各种武器。朝鲜军队的撤退变成了溃败。在接下来的两周内，13 万名朝鲜士兵投降或被俘。在仁川登陆计划成功 12 天后，一切都结束了。那支围攻釜山的朝鲜大军几乎全军覆没，汉城也被美韩军队重新占领。

1950 年 9 月 29 日，汉城又成了韩国政府的首都。麦克阿瑟在他的回忆录中描述了那一刻。

> 一排排全副武装的"联合国"和韩国官兵，静坐在战火纷飞环境下的会议室里。两旁的窗户破烂不堪，散发着死亡的气息。我的思绪回到了我在马尼拉马拉卡南宫的那天，当时我将政权还给了菲律宾当局。我请全场的人起立，与我一起诵读主祷文。
>
> 人们站起来，摘下钢盔和沾满泥土的军帽。我们齐声诵读主祷文，我记得当我们念到"国家、权利和荣耀都属于您，直到永远，阿门"时，玻璃碎片正从破碎的屋顶上哗哗地落下。

随后，麦克阿瑟沐浴在荣耀中，骑马穿过汉城的街道，人们站在道路两旁，鼓掌欢呼，手中挥舞着美国国旗。

与此同时，华盛顿乃至整个美国沉浸在喜悦之中。这是战争史上最引人注目的转折之一。总统和参谋长联席会议几乎无法相信这个消息。麦克阿瑟在他的回忆录中记述了世界各地传来的祝贺和溢美之词。（当然，那些反对仁川登陆计划的人的记忆是选择性的，他们声称自己一直支持仁川登陆计划，只不过提出了"建设性建议"而已。）众所周知，胜绩众人功，败局一人责。

美国军队摧毁朝鲜军队

在接下来的几周里，人们热议是否应该进军朝鲜，彻底摧毁其军事力量。人们一直担心人口众多的中国会感觉受到威胁并参战。参谋长联席会议和麦克阿瑟认为，必须摧毁朝鲜的军事力量，否则韩国的威胁无法解除，而"联合国"则犹豫不决。最终，参谋长联席会议命令麦克阿瑟越过三八线，歼灭朝鲜军队。麦克阿瑟选择兵分两路，第八集团军沿西海岸奔赴平壤，而第十军团则前往朝鲜东部。然后，麦克阿瑟宣称，这两支部队将建立起一个"大规模的包围圈，从而结束战争"。麦克阿瑟狂妄自大，就像一个矮胖子站上一堵高墙，然后重重地摔下来。

朝鲜东海岸与西海岸隔着陡峭的山脉，因此两支部队之间的联络和运输非常困难。麦可洛夫说道，尽管参谋长联席会议认为采用兵分两路的做法"非常冒险"，但在麦克阿瑟最近获胜后，没有人敢质疑这位军事天才。麦克阿瑟在他的回忆录中没有提及任何反对意见。无论如何，在最初获胜以及夺取平壤后，战局却出乎意料地发生逆转，美军、韩军和"联合国军"突然发现自己开始了绝望的撤退。

中国人民志愿军在毫无征兆的情况下突然参战，在美国第八集团军的侧翼撕开一个缺口，将其赶回平壤，并利用这个缺口将第十军团逼回三八线。中国人民志愿军在寒冬下的长津湖，分割包围了美国海军陆战队第一师，后者不得不在零下30摄氏度的严寒中，带着阵亡士兵的尸体，在战斗中撤退，艰难抵达 40 英里以外的兴南港。美军的这次撤退可以与色诺芬的万人大撤退相提并论。

股市对朝鲜战争以及美国国内突发事件的反应

当"联合国军"占领平壤时，道琼斯工业平均指数大幅攀升，但当中国参战时，股市上出现抛售。然而，到了 11 月下旬，随着战争进入血腥的拉锯战阶段，股市再次反弹。"联合国军"沿着三八线的山丘筑起了战壕和碉堡，战线趋于稳定。对于这一阶段的战争，詹姆斯·布雷迪在《韩国回忆录：最寒冷的战争》中进行了精彩的描述。前线的一侧是规模庞大的中国人民志愿军以及朝鲜军队残部，另一侧是 6 个美国师、韩军和"联合国军"。

随后，在 1950 年 12 月的第一个星期，华盛顿发生了一起匪夷所思但却充满人情味的争执，这起争执涉及美国总统、他的女儿玛格丽特以及一位音乐评论家。这个事件让道琼斯工业平均指数出现震荡。这个引人入胜的案例表明了一个完全不可预见的、随机的、看似微不足道的事件如何影响金融市场的表现。事实上，这反映了市场的愚蠢，而非智慧。

玛格丽特是杜鲁门的独生女，简直是杜鲁门的掌上明珠。1950 年，她正值 26 岁，笑容甜美，个性迷人。长期以来，她一直渴望成为一名音乐会歌手。她学过声乐，训练刻苦，内心坚定。

然而，实际情况却是她的高音上不去。当时，她正与瓦格纳歌剧的女主角海伦·特劳贝尔一起工作。特劳贝尔警告她，称她还缺乏经验，需要再学五年。据报道，当特劳贝尔告诉总统这些时，他用拳头敲桌子，表示完全赞同。

然而，玛格丽特却另有打算。她曾在许多小型音乐会上登台演出。当有机会参加大型音乐会时，她坚持要登台演出。总统本人也是一位音乐爱好者，会弹钢琴，经常参加各种音乐会，并且带着演奏曲目的乐谱。

1950年12月5日，玛格丽特在宪法大厅举办了她的首场大型音乐会。根据历史学家大卫·麦可洛夫的描述，她演唱了一个轻松的曲目，赢得了热烈的掌声，并被要求再表演四次。尽管如此，部分观众对她的表演并没有形成特别深刻的印象。这次音乐会结束后，有人评论道，如果玛格丽特不是总统的女儿，她将无法登上宪法大厅的舞台。

当时，《华盛顿邮报》颇具影响力的音乐评论家、33岁的保罗·休谟撰写了一篇毁灭性的评论，并在第二天早上发表。

> 杜鲁门小姐是一个独一无二的美国现象。她的嗓音悦耳，但音量偏低，音质不足。她在舞台上很有魅力。然而，杜鲁门小姐的演唱并不出色。很多时候她唱得很平缓——昨晚比过去几年更平缓。人们很难轻松相信她可以顺利完成个人演唱会。
>
> 在我们听她演唱的这些年里，杜鲁门小姐并没有进步。她仍然无法以接近专业的水平进行演唱。对于她所呈现的音乐，她几乎没有传达出任何东西。

第二天早上5点30分，杜鲁门总统翻开《华盛顿邮报》，首先阅读评论栏。当读到休谟的评论时，他勃然大怒，立即给休谟写了一封短信，并安排人寄出。杜鲁门脾气暴躁，后来他告诉艾奇逊，称他知道自己容易出现情绪失控，而这往往让他麻烦上身。麦可洛夫列举了其中一些例子。例如，杜鲁门冲着伯纳德·巴鲁克发火（称他为"老山羊"），冲着国会议员发火（称海军陆战队"只不过是海军的警察部队，一台宣传机器而已"），曾打电话给专栏作家德鲁·皮尔逊并辱骂后者。杜鲁门尤其不喜欢煽动乌合之众的专栏作家威斯布鲁克·佩格勒。正如杜鲁门说过的："我从来没有让他们下地狱。我只是说出事实，而他们认为那就是地狱。"他在带有白宫标志的便笺上给休谟写了信，内容如下：

> 休谟先生：
>
> 我刚读到你对玛格丽特演唱会的糟糕评论。在我看来，你是个一事无成的老头子，渴望取得成功。当你写下那些无稽之谈时，表明你已精神错乱。
>
> 我希望有一天可以见到你。届时，我会把你打得鼻青脸肿。流氓佩格勒在你的面前简直称得上是绅士。[144]

相比之下，一家较小的华盛顿报纸《时代先驱报》则评论道，玛格丽特声音"迷人"，演唱的莫扎特咏叹调清新自然。然而，直到上午晚些时候，总统才读到这篇评论。

休谟和《华盛顿邮报》的编辑管理层决定不理睬杜鲁门的这封信。然而，这封信的复印件却在编辑部内部流传。有人将其交给小报《华盛顿新闻》，该报在头版刊登了全文。随后，全美媒体和杜鲁门的政敌对此进行嘲讽，而休谟却友善地说道："我只能说，一个失去了亲密朋友（杜鲁门的新闻秘书在演唱会当天突然去世）并且背负着当前世界危机的可怕重担的人，偶尔发脾气是可以理解的。"

其他人则没有那么宽容。《芝加哥论坛报》称，这封信证明杜鲁门缺乏胜任总统一职所需的"心理素质和稳定情绪"。各家报纸的社论批评道，杜鲁门过于关注对他女儿的评论，而不是每天在朝鲜战争中牺牲的士兵和海军陆战队队员。12月9日，《纽约时报》引用了这封信的内容，并评论道："据报道，这封信中的措辞比删减版更粗俗。"另一家刊物写道："杜鲁门总统的众多弱点之一，是他完全分不清楚历史和表演。"当时，杜鲁门正在解除麦克阿瑟的指挥权，后来，麦克阿瑟与他在国会的支持者利用该事件贬低杜鲁门的判断力和精神状态。麦克阿瑟在他的回忆录中轻蔑地描述了这件事。

那些涌入白宫的信件和电报指责杜鲁门在国家面对危机时"语言粗鲁"和"幼稚狭隘"，其中一封指责道，"你向全世界表明你只不过是一个自私的笨蛋"。一些人表示同情，称他只是像任何慈爱的父亲一样做出反应。然而，该事件却让纽约、芝加哥和华盛顿的知识精英和媒体对杜鲁门更加失去信心，并且无情地嘲笑他。这是杜鲁门在总统任期内的低谷之一。请记住，杜鲁门在总统任期内并未得到公众的认可，直到后来才成为英雄。正如艾奇逊所形容的，杜鲁门是一个"内心强大的船长"。起初，玛格丽特对她父亲的信感到羞愧，但后来被他的慈爱所感动。

无论如何，在杜鲁门写信给休谟大约一周后，纽约证券交易所出现大幅抛售。如图14.3所示，这次下跌是个绝佳的买入机会，美国股市即将迎来梦幻般的牛市。股市群体对意外事件的瞬时反应可能是非理性的。有时候，股市会被传统观念所误导，或者过于情绪化，它的最初反应可能是错误的。在这个案例中，股市很快改变了主意，不再理会杜鲁门的这封信，认为这是一个无关紧要的事件。股市里不存在永恒不变的真理。

这次，股市错误地把一个相对较小的事件以及一个相当人性化的反应当成一个重大事件，并且怀疑杜鲁门的执政和决策能力。股市之所以出现这种下意识的反应，部分是因为时局的动荡。中国人民志愿军参战，让美军从胜利变为失败，而美军陷入了一场既不得人心，又看似没有出路的战争之中。

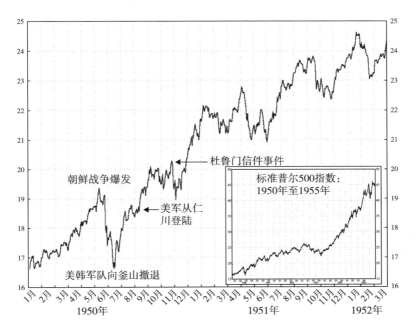

图 14.3 1950 年 1 月至 1952 年 3 月的标准普尔 500 指数

资料来源：Standard & Poor's；Global Insight，Inc.

无论如何，釜山撤退事件和杜鲁门信件事件所引发的股市底部，后来再也没有出现过。韩国的财富在日本占领韩国多年后几乎荡然无存，即便还有剩余，也在朝鲜战争中被彻底毁灭。这也许是所谓的"创造性毁灭"。唯一重要的事就是拥有土地。韩国在接下来的50年里从废墟中崛起，成为全球最具活力的经济体之一，连同韩国股市。

第十五章
在灾难时期保全财富

那些忘记过去的人，注定会重蹈覆辙。

——乔治·桑塔亚那

无论是对于参战士兵还是对于世界上大多数人，二战都意味着恐怖和痛苦。亚洲在日本的残酷占领下遭受了无尽的贫困和痛苦。中国国民党军队无情地盘剥民众。在亚洲记录二战的文字较少，亚洲在二战前创造的财富也少得多，然而，仍有许多财富永远消失了。

　　在 20 世纪 40 年代，在幅员辽阔的欧洲大陆上，水源污染，粮食短缺，疾病肆虐，侵略军到处施暴，除了生存，人们别无他求。

　　但是，一些幸运的家庭却在乡村找到了香格里拉般的避难所。这方面的轶事广为流传。1940 年，一些富裕的法国家庭逃离巴黎，带着财宝遁入乡村，蛰居在人迹罕至的农场里。虽然他们生活贫困，但却相对自在，并在战争中得以幸存。在被占领期间，炫耀财富和故意抵抗都会引起德军或当局者的注意。人们尽量避免自己的房子显得过于豪华，以及避免自己的农场显得异常肥沃。比利时、荷兰和丹麦的情况大抵如此，而东欧的情况略有不同。

　　在二战期间，房地产（相比农田）在欧洲大部分被占领区通常不是好的资产。正如诺曼·戴维斯在他精彩的著作《战争中的欧洲》中所指出的，在战时持有实物财产是危险的。实物财产容易被抢走、被炸掉、被毁坏或者被没收，而且越吸引人就越有可能被夺走。

德国法西斯纳粹独裁政府通常尊重私人财产权，除非财产所有者是犹太人。事实上，在20世纪30年代，英国和美国的保守派人士认为，法西斯政府对财富的威胁比民主政府要小。众所周知，约瑟夫·肯尼迪强烈反对美国与英国结盟并参加二战。他是罗斯福的眼中钉，甚至威胁到罗斯福于1940年连任总统。迈克尔·贝施洛斯在他的书《总统的勇气》中清晰地讲述了罗斯福总统为了让肯尼迪闭嘴而采取的策略。后来，罗斯福评论道，肯尼迪不信任民主，"他完全沉迷于给他的九个孩子每人留100万美元的想法，这解释了为什么肯尼迪持反对意见。在肯尼迪看来，对于小资产阶级的未来，希特勒的领导比丘吉尔的领导会让人更安全"[145]。

东欧被占领国家的情况则大不相同。无论占领军是德军还是苏军，他们几乎总是征用这些国家的良田美宅。当战争的迷雾、占领军带来的混乱消散后，很难认定原来的所有权。英美军队在占领区征用财产并长期占有。后来，当美国占领日本时，情况也大抵如此，但美军最终把房产还给了原来的所有者。

波兰的土地被掠夺

希特勒洞悉德国士兵的想法。他很清楚，军队在战争刚开始时就渴望获得战利品。因此，德军明确宣布，在西欧战场取胜并夺取东欧生存空间后，1940年的战利品将是波兰的肥沃农场，1941年的战利品将是乌克兰的肥沃农场。军衔越高，分得的农场也就越大，并且铁十字勋章获得者将得到优待。德军将领和纳粹高官将波兰贵族的大庄园收入囊中。

那些普鲁士将军大多出身贵族，特别喜欢庄园，但他们家境相对贫困。他们中的某些人（例如古德里安将军）在 1940 年和 1941 年休假时花了大量时间寻找完美的庄园，其他人则征用奴隶劳工来修葺他们的祖传房产。这是普鲁士贵族最后的高光时刻。当二战结束时，普鲁士贵族几乎消失殆尽。一位历史学家声称，在 8 800 名普鲁士贵族中，有 6 400 人阵亡，有 500 人在战后自杀，有 500 人死于苏联战俘营，还有 200 人在自己的庄园里被奴隶劳工杀害。

在二战期间，东欧的许多城镇在苏德军队之间来回易手。比如，波兰维尔纽斯市于 1939 年 9 月被苏军占领，1939 年至 1940 年被立陶宛军队占领，1941 年再次被苏军占领，随后被德军占领，1944 年中期又被苏军占领。[146] 除了偏僻的农场或林地以外，私人财产在战争中荡然无存。

每个案例都极其复杂，盘根错节。例如，1941 年，德军强行征用了一个波兰贵族家族的大庄园，将其改造为军队医院。作为重置计划的一部分，德军把庄园的农田分给了与他们合作的波兰家庭。到了 1945 年，苏军逼近该庄园，德军医护人员被迫撤离，但却没有交通工具运送伤员。

这座大庄园位于村庄附近的马路旁，而这个村庄的东边有座石桥。1944 年秋的一天，德军的一个营在苏军的追击下撤退过桥。德军车队在村庄里停下来，从卡车上跳下来四名士兵和一名下士，他们还带了一挺 50 口径重机枪。德军营长命令下士"守住这座桥！"下士敬了礼。次日清晨，苏军赶到那里，当他们的先头部队经过桥中央时，德国守兵开火，伪装的重机枪扫射满是苏军士兵的卡车。当天晚些时候更多苏军士兵试图过桥，但均被德国守兵击退。到了第二天下午，苏军动员两辆坦克才消灭这个机枪攻击点，三名德国士兵战死。村民们逃到乡下。

最终，苏军士兵攻下了这个村庄。后来，波兰政府把这个医院改建为孤儿院，将农田分给了波兰农民。

在接下来的 35 年里，这座大庄园的原主人在法国过着贫困的生活，因为向当时的波兰政府索赔毫无意义。1993 年，在波兰旧政府倒台后，原主人的后代提起了所有权诉讼。然而，新政府却没有归还庄园，因为庄园的所有权无从追溯。最终，他们没能从政府那里得到补偿。[147]

匈牙利的庄园被掠夺

匈牙利的情况有所不同。匈牙利一直与德国结盟，与苏联对战。匈牙利大约 10% 的人口是犹太人，他们控制着制造、银行和经纪等行业，而匈牙利非犹太人的财富主要是土地和房产。1941 年，匈牙利被迫加入德国，派了三个师到东线战场。1944 年，德军占领了匈牙利，逮捕了所有能找到的犹太人，没收了他们的财产，并将他们送到死亡集中营。后来，苏军解放了匈牙利，匈牙利成为社会主义国家，而有产者的土地和财产都被没收。

1912 年，安德拉斯出生于匈牙利的一个贵族家庭，他的传奇故事很能说明问题。[148]安德拉斯的家族世代拥有一座宏伟的庄园，2 000 英亩的农田，以及位于布达佩斯的公寓和豪宅。1930 年，安德拉斯从军校毕业后加入了精锐骑兵营。在二战来临之际，他别无选择，只能在东线战场加入德军，并且他对苏联从来都没有好感。1942 年，战马能快速通过泥地或森林，因此骑兵可以发动快攻，然而坦克却束手无策。1944 年，战局逆转，德军开始撤退，安德拉斯所在的部队经过匈牙利，进入奥地利。于是，他向美军投降。安德拉斯在美国战俘营里待了七个月，直到德国投降后才获释。

安德拉斯后来回到匈牙利才发现家族财产已被没收，并且位于布达佩斯的公寓和豪宅在战争中被炸毁。他几乎身无分文，一贫如洗。趁着战后的混乱，安德拉斯逃到了西方，最终到达美国，结婚生子，在长岛教那些喜欢骑马的股票经纪人的女儿骑马，长达 35 年。后来，在匈牙利旧政府倒台后，安德拉斯的儿子（安德拉斯本人已去世）申请赔偿。经过多次争论，以及翻查发霉的旧档案，匈牙利新政府归还了破败不堪的庄园以及 200 英亩农田。仅此而已！安德拉斯的儿子估算，这些赔偿仅相当于安德拉斯 1940 年净资产的 5%。至于那些匈牙利犹太人，即便他们还活着，也得不到任何赔偿。

安德拉斯由于没有进行资产的多元化配置，因此付出了高昂的代价，不得不在美国从事体力活。正如他所描述的，在战后初期，无论受教育水平和资历如何，当你填写工作申请表时只要透露自己曾在匈牙利军队服役、在美国战俘营待过，即便是在美国，机会之窗也将无情地关闭。然而，这个故事的结局还算圆满。安德拉斯的两个儿子在美国长大，要么是因为遗传基因好，要么是因为勤奋的移民精神，他们学习努力，拿到了哈佛大学的奖学金，取得了经济上的成功。现在，他们的女儿在长岛跟阿根廷人学习骑术。最好的、最便携的财富保值工具，可能是头脑和技能。

捷克斯洛伐克的土地和财产被掠夺

　　土地和财产等财富的结局往往出乎意料。1939 年，贵族洛伯科维茨家族（非真名）继承了数目庞大的财产，包括庄园、农田、艺术品、精美家具、古董银器、无价的瓷器藏品，以及一座布拉格郊外山上的精美宫殿。在德军入侵捷克斯洛伐克后，这座宫殿变成了德军总部。为了解决食物短缺问题，德军用奴隶劳工耕种农田。四年后，苏军解放了捷克斯洛伐克。

　　与此同时，1940 年，洛伯科维茨家族成员逃到美国，定居在波士顿。多年以来，他们一直持有一些美国国债，虽然生存无忧，但远说不上富裕。家族掌舵人一直带着家族的记录、契约和账目，但当他打算申请抵押贷款时，银行家们对此不屑一顾。作为苏联的卫星国家，这些捷克斯洛伐克财产不能作为抵押品。洛伯科维茨家族后代在波士顿上了高中和大学。在 20 世纪 90 年代初，捷克共和国成为资本主义国家。洛伯科维茨家族的大儿子成为一名房地产经纪人。他回到布拉格，在律师的协助下提交了家族的文件记录，请求政府归还家族的财产。

　　经过反复讨论，捷克政府最终做出裁决，洛伯科维茨家族可以拿回所有能找到的实物财产，包括银器和家具，但他们必须证明在 1939 年拥有这些财产。他们有权拿回他们的宫殿和土地，但不包括他们"自动放弃所有权"的农田。在接下来的六个月里，洛伯科维茨家族的大儿子及其兄弟根据家族记录以及许多财产上的家族徽章，找回了自家宫殿里的银器、艺术品和家具。依照政府的裁决，无论是在餐馆、别人家里、旅馆还是在博物馆，他们只要发现属于他们家族的物品，都可以随时拿回。

　　然而，当他们发现庄园甚至宫殿已经破败不堪时，变得无精打采。虽然它们的历史价值很高，但修复宫殿和庄园却要耗费巨资。但是，他们并没有什么钱。事实上，他们还要支付高额的律师费和财产税。现在，他们名下有很多房产和财产，但没有现金。他们为了支付账单和税款变卖古董，充当导游。正如洛伯科维茨家族的大儿子所说："或许最终结局将会圆满，但与此同时，我错过了波士顿的房地产牛市。"[149]

被占领国的惨况

　　在被占领的国家，人们的生命和财富面临着各种各样的威胁。亲身经历过的人指出，一般来说，占领军不会带来大麻烦。在大多数情况下，他们所干的坏事只不过是小偷小摸、酗酒大醉和寻花问柳。对人们的生命和财富构成严重威胁的，是那些打赌德国获胜或者苏联将永远统治东欧的人，包括残暴的警察、贪婪的行政官员以及卑鄙的地方政客。在被德国占领期间，他们要么是加入党卫军的德国底层民众，要么是通敌者。后者虽有罪恶感，但由于了解当地情况，以及长期积蓄的怨恨，往往会带来致命的威胁。当地居民鄙视和憎恨这些通敌者，在战争结束时，他们有时遭到处决，并总是被公开羞辱。

　　另外，很多家庭深受苦难。一位看着妻子和孩子快要饿死或急需药物的父亲，可能会与占领者或者行政官员勾结，换取生存必需品。后来，他和他的家人遭到排斥和可怕的报复。成为德国士兵情妇的年轻女子在战后付出了惨痛的代价，她们的孩子遭到嘲讽和羞辱。那是一段残酷艰难的历史。

股票与债券：哪个在战时更保值

在 20 世纪上半叶危机四伏，股票和债券能否更好地保值和增值？这取决于时间跨度。如表 9.1 所示，在整个 20 世纪，在那些赢得战争的幸运国家，股票实际年回报率为 6.5％，债券实际年回报率为 1.8％，甚至票据也有正的实际年回报率，这些数字令人印象深刻！尽管在 20 世纪世界经济大幅增长，技术长足进步，但却发生了两次血腥的世界大战、恶性通货膨胀以及两次严重的长期熊市，折磨着幸运的国家，也折磨着不幸运的国家。

在整个 20 世纪，不幸运国家（见表 9.2）的股票实际年回报率也相当可观，达到 4.2％。毕竟，股票在 100 年的时间里提升了资本的购买力，甚至包括在日本、德国和意大利等经历过长期噩梦的国家。那是整整一个世纪。在 20 世纪上半叶，许多国家的股票实际年回报率极低或为负，尤其是在那些战败并被占领的不幸国家，并且在 20 世纪 40 年代这十年里实际年回报率为负，高达两位数，如表 15.1 所示。

表 15.1　实际年回报率（％）

	1900—1949 年		1940—1949 年	
	股票	债券	股票	债券
比利时	−1.5	−1.7	−1.7	−6.5
丹麦	3.9	1.9	1.0	0.3
法国	−0.5	−6.3	−7.6	−21.7

续表

	1900—1949 年		1940—1949 年	
	股票	债券	股票	债券
德国	−1.9	−7.8	−10.3	−20.8
意大利	0.2	−6.2	−11.5	−27.6
日本	0.3	−6.0	−25.7	−35.2
荷兰	2.5	1.2	2.2	−1.5
西班牙	3.4	1.6	−2.0	−1.8

资料来源：*Millennium Book* Ⅱ；*ABN Amro.*

本书总共研究了 15 个国家股票的实际年回报率。在 20 世纪上半叶，只有在 4 个国家（美国、澳大利亚、加拿大和瑞典）股票每 20 年的实际回报率为正，而其余 11 个国家的股票购买力略有下降。如果你在这 20 年里碰巧需要用钱，那么这无异于雪上加霜。然而，由于股票的流动性，你不得不得出以下结论：股票是你大部分财富的最佳投资选择。

如表 15.2 所示，在 20 世纪上半叶，在法国、德国、意大利和日本股票的表现糟糕，而在 40 年代的十年里，在这些国家股票的表现则是灾难性的。在这悲惨的十年里，股票跌幅如此之大，以至完全抹去了此前 40 年的微弱上涨。债券的回报率也是灾难性的。如果你在 20 世纪 40 年代待在法国或轴心国，并且持有大量纸币，那么这十年将漫长难熬。纸币不仅大幅贬值，而且流动性很差。此外，其他类型的资产也在贬值。到了 1944 年，几乎没人支付土地和房产的租金，但至少你可以从自己的农场获得食物，并用黄金和珠宝来交换其他物品。

表 15.2　实际总回报率（%）

	1900—1949 年		1940—1949 年	
	股票	债券	股票	债券
法国	-22	-96	-55	-91
德国	-60	-98	-66	-90
意大利	11	-96	-71	-96
日本	16	-96	-95	-98
荷兰	243	81	24	-14

资料来源：*Millennium Book Ⅱ*；*ABN Amro.*

　　尽管以上这些数字无误，但却几乎无法反映德国和日本股市的实际情况。在 20 世纪 40 年代的大部分时间里，这两国股市受监管或关闭，也就是说，在相当长的时间内，几乎没有正常运转。二战后，法国的通货膨胀率达到 30%，意大利的超过 40%，日本的高达 50%。尽管德国官方宣布的通货膨胀率较低，但实际数字无从得知。在 20 世纪 40 年代，在丹麦和荷兰股票的实际价值略有上升，部分是因为这两个国家都没有经历严重的通货膨胀。无论如何，在那些主要的不幸运国家，股票在战时和战后都损失惨重。相比之下，在 1914 年至 1918 年，也就是在第一次世界大战期间，全球股市的购买力下跌了 12%，而德国股市下跌了 66%。

小心所谓的"长期持有型"股票

　　历史再次告诉我们，即便是在那些幸运的国家，股票投资也应该多元分散。不存在可以永远持有的"长期持有型"股票，因为没有一家企业可以永远保持竞争优势。可以维持数十年的领先优势几乎不存在。尽管有些优势可以维持相对较长的时间，但也是短暂的。此外，压倒性的证据表明，企业竞争优势的持续时间在缩短。在这个加速变化的世界里，这样的结果并不令人意外。这是商业发展的本质。还有一点，正如约瑟夫·熊彼特所说，战争是"创造性毁灭的狂风"，加速了技术的进步。

一般来说，企业的发展过程应该是，获得竞争优势，利用该优势取得经营成功。随后，公司股价飙升，股票受到市场追捧，成为一只"长期持有型"增长股。但是，随着公司规模的扩大，公司将招致竞争对手并变得缺乏灵活性和创造力。接着，公司老化，增速放缓，最终反应迟缓或陈旧过时。组织生态学的研究结果表明，由于新公司创造新业务，因此世界经济中有着大量的创新，但大型成熟公司的创新却少得多。换言之，公司不去创新，企业家才会去创新。IBM 和英特尔曾经是伟大的创新型公司，现在是企业研究实验室。真正的创新者是比尔·盖茨，而不是微软。

例如，有些股票在变化较为缓慢的过去能够长期保持竞争优势。埃里克·拜因霍克在《财富的起源》一书中写道，在 17 世纪和 18 世纪，英国东印度公司在 4 个国家居于完全垄断地位，主导了咖啡、羊毛和鸦片的全球贸易，并且组建了自己的陆军和海军。实际上，如有必要，国王会授权它发动战争。然而，世界变了，英国东印度公司却没能跟上变化的步伐，在技术创新面前，公司"巨大的核心竞争力长城"坍塌了，并于 1873 年倒闭。

1917 年，《福布斯》杂志刊登了美国 100 家最大公司榜单。接下来的 71 年经历了经济大萧条、第二次世界大战、20 世纪 70

年代的通货膨胀以及壮观的战后经济繁荣。到了 1987 年，这张榜单上的 61 家公司已不复存在，有 21 家公司仍在营业，但无法再进入前 100 名。最终，只剩下 18 家公司仍然排在前 100 名。在这 18 家公司中，除了通用电气和柯达以外，其他公司的表现均低于股市指数。后来，柯达出现经营困难，唯有通用电气成为真正成功的幸存者。1997 年，福斯特和卡普兰回顾了标准普尔 500 指数自创建以来 40 年的历史，最开始入选该指数的公司只剩下 74 家，然而这些公司的表现落后指数 20%。

巴菲特被誉为不朽的投资大师，但即便身为投资先知，他也会误判个股。1996 年，他对可口可乐公司大加赞扬，认为这是一只坚不可摧的特许经营增长股，可以永远持有，股价随之大涨。然而，巴菲特没有预料到公司面临的诸多社会、行业方面的不利因素，以及公司本身固有的问题，股价被严重打压。同样的情况也发生在巴菲特最喜爱的另一家公司——《华盛顿邮报》上。

拜因霍克在另外一项研究中引用了罗伯特·威金斯和蒂姆·鲁弗利创建的数据库。这个数据库记录了战后分布在 40 个行业的 6 772 家公司的经营业绩。他们筛选出那些在所处行业保持 10 年及以上领先地位的卓越公司。他们发现没有哪个行业可以高枕无忧。尽管高科技行业的变化速度比一般行业要快，但所有行业都在加速变化。他们还发现，只有 5% 的公司保持了 10 年以上的卓越绩效，仅有 0.5% 的公司保持了长达 20 年的竞争优势。只有 3 家公司——美国家庭用品公司、礼来公司和 3M 公司闯过了 50 年大关。

将财富分散投资在股票上几十年或者几代人，意味着要么买入指数基金，要么找到不同寻常的投资管理公司。富有远见的公司可以构建一个分散的投资组合，在扣除税费后至少能跟上甚至有望超过大盘。指数基金有两大优势：第一，换手率低；第二，管理费极低，从而可最大限度地降低税金和交易成本。现在，你可以购买任何行业的指数基金。许多研究表明，就长期而言，美国的普通投资者无论买入个股还是投资主动型股票基金，获得的回报都远低于投资标准普尔500指数。笔者很抱歉这样说，但在统计学意义上专业投资者的确无法做得更好。

记录显示，长期持股的回报率很可能远超通货膨胀率。如果你所在的国家局势非常稳定，并且指数基金的长期实际回报率很可能为400~700个基点，那么为什么还要痴迷于其他投资方式呢？如果你仍然相信投资神话，并且是高水平的专业投资者，那么你也许会获得更高的回报，但不要对此抱太大希望。最重要的是，不要把所有鸡蛋放在为数寥寥的几个篮子里。俗话说"把所有的鸡蛋都装进一个篮子里，然后看好这个篮子"，但这只是股票经纪人的信口开河。没有实现多元分散的投资组合有很大的风险。

常识和历史告诉我们，均值回归是投资界的万有引力定律，尤其是股票投资。没有能够产生超级回报的资产类别！超高的回报会吸引过多的资本，而资金规模是投资表现的敌人。任何人都不应心存幻想，认为私募股权或对冲基金会有所不同。

黄金、艺术品和债券都不是好的选择

另外，二战期间的欧洲史表明，黄金和珠宝可以保护一小部分财富，算得上是"疯狂之钱"。然而，如前所述，二战的历史告诉我们，不要将黄金和珠宝锁在本国的保险箱里。一旦征服者

索取保险箱的钥匙，银行将乖乖上交。可以用自己家里的保险箱，或者把贵重物品藏在安全的地方。最重要的是不要告诉任何人。当邻居家的孩子挨饿时（就像 1945 年和 1946 年的冬天，社会陷入混乱），他们将无恶不作。如果"野蛮人"再次到来——无论是恐怖袭击还是瘟疫，那么你肯定希望这些"疯狂之钱"触手可及。

艺术品也不是好的资产。艺术品容易被烧毁、损毁，而且不便藏匿。二战后，仅华沙就报告了 13 512 件艺术品失踪案。据说，某些人成功取出画框里贵重的画作，走私到安全的国家。需要注意的是，即便他们试图出售这些名画，脱手价格也非常低。

至少是在 19 世纪，固定收益类投资远不及股票投资。即使是在那些幸运的国家，固定收益类投资的回报也比股票投资要低，尽管波动性也更低。在许多国家债券收益率的标准差约为股票的一半，而票据的波动性约为股票的四分之一。就流动性而言，它们都还不错。伦敦和纽约的固定收益市场在整个战争年代保持相对流畅。

在那些不幸运的国家，固定收益类投资严重亏损。尽管政府债券通常被认为是相对无风险的，但德国票据投资者在 1923 年血本无归，德国债券投资者在一战后实际损失超过 92%。在这个饱受战争蹂躏的世界里，通货膨胀的危害很大，不适合进行固定收益类投资。在那些战时混乱无序的不幸运国家里，债券无法出售，票据也无法兑现。然而，在 20 世纪 30 年代，由于通货紧缩，债券却是表现最好的资产。

自满是死敌！

历史的教训和当下的启示是，如果你是富裕的少数派，尤其是少数族裔，你应该始终保持警惕，切忌趾高气扬，目中无人，因为你拥有财富会不可避免地引起别人的嫉妒，这种嫉妒最终会变成仇恨。你需要转移相当一部分资金到境外。如果你在二战期间身处不幸运的国家，那么你的境外存款可以救你的命。第十章提到了犹太富商乔治·莱文，他有先见之明，在法国境外有存款，这是个未雨绸缪的完美案例。然而，将大量财富转移到境外往往要付出沉重的代价。但在战后重建时持有资金则大有裨益。

另外，如果你在战时留在境内，挣扎求生，那么你的境外财产也无能为力。你还需要一处避难所或一条逃生通道。如果你有境外存款，但却被困在境内，忍饥挨饿、被囚禁在监狱或集中营里，那么这肯定令人沮丧。尽管许多富裕的法国人——无论是犹太人还是非犹太人，在瑞士都有存款，但却不得不忍受被占领期间的苦难生活。

历史和访谈记录表明，富人几乎总是会变得骄傲自满、盲目自信，也就是钱多人傻。许多犹太人才华横溢、见多识广，但过于自满。他们在德国待得太久，地位稳固，简直无法相信自己会面临大屠杀的危险。他们活得太安逸，自以为有权贵撑腰，自己对德国的经济至关重要。他们认为纳粹的反犹太主义是偶然现象，希特勒只是叫嚣而已。犹太人的公司、银行和百货商店利润丰厚，他们不愿廉价出售，支付高额的转让税，再将大打折扣的收益存入苏黎世的银行账户里。

因此，犹太人很少有境外存款，并且对希特勒的崛起反应迟钝。尽管这完全可以理解，但却是个悲惨的错误。他们完全没有预料到局势的发展速度。德国政府和他们的邻居成了"野蛮人"，掠夺他们的财富、艺术品、庄园，甚至性命。后来，他们的艺术品和古董逐渐从私人收藏家手中浮出水面。一则有关 2 350 年前的、5 英尺高的无价青铜雕像《阿波罗与蜥蜴》的消息，引起了公众的极大关注。1941 年，这座雕像在法国消失，1994 年，它在民主德国被秘密卖掉，在接下来的十年里 4 次易手，最终被克利夫兰的一家博物馆买下。这个雕像的原主人后来提起诉讼，但当然没有人承认自己是掠夺者。

犹太人、亚美尼亚人、华人以及其他成功的少数族裔遭受经济迫害的悲惨故事一直重复发生。犹太人在伊拉克定居了几个世纪，变得非常富有，但是他们误判了局势。萨达姆·侯赛因在取得绝对权力后，快速无情地剥夺了他们的财富。一旦犹太人的财物被剥夺，以及犹太人开始外逃，潜在买家就会立即感受到他们的绝望，因此犹太人的财产、艺术品或公司的价格暴跌。同样的灾难也降临在印度尼西亚华人身上，他们没有预料到苏加诺政权的迅速垮台。

实现资产配置多元化需要放弃本国的高回报投资，而转向境外相对安全的低回报投资，这样做虽然令人难过，代价不菲，但必须被当成灾难险。历史告诉我们，没有什么东西是永恒不变的。政局不稳、恐怖袭击、金融体系崩溃随时可能发生。使持有的货币多元化也是必需的。你必须认真考虑持有哪些货币才能保持购买力。

现在，某些富裕的有产者选择在境外投资。新西兰已成为偏执的美国对冲基金大佬的投资首选地。俄罗斯富裕的有产者在伦敦、纽约和法国南部投资房产。尽管他们知道这些房产价格偏高，但他们的主要动机不是获得价值，而是将资金转移出境，实现资产配置的多元化。正如一位俄罗斯寡头所说，"我希望，我买错了东西"，这意味着他希望这份保险最终是多余的。

与此同时，一些发展中国家富裕的有产者在全球各大金融中心开设银行和投资账户。不仅是俄罗斯寡头，巴西、阿根廷、印度尼西亚、菲律宾等国富有的企业家和投资者都这样做。他们的首选地包括纽约、伦敦、新加坡、苏黎世和日内瓦。迪拜也想加入。为了让贫穷、人口众多的邻国不敢轻举妄动，迪拜应该与新加坡一样，需要一支空军，而不是一家航空公司。

富裕的有产者必须牢记，"没有什么东西是永恒不变的"，并且密切关注市场。市场所知道的比市场所说的要多。

第十六章

门口的野蛮人

有产者应该牢记灾难时期会再次到来，天启四骑士会再次降临，"野蛮人"会突然出现在门口。拥有财富会引起他人的嫉妒，并导致富人的自满。2 300多年前，亚里士多德曾说过："财富催生有钱的傻瓜。"

　　过去的半个世纪创造了巨大的财富。当然，拥有财富会遭人嫉妒，财富会被富二代和富三代糟蹋挥霍，以及被再分配主义政客削减。但本书的焦点是，在过去的几个世纪里，世界末日般的灾难不断发生，财富灰飞烟灭，这样的情形未来还会发生吗？西塞罗曾说道："历史是时代的见证，记忆的生命，生活的老师。"在二战期间，世界陷入混乱，财富随之毁灭，股市有先见之明。这段历史告诉我们，财富转瞬即逝，实现资产的多元分散必不可少，而且股市对重大的战争转折点表现出惊人的洞察力。俗话说，当那些即将发生的事情投下阴影时，往往会出现在纽约证券交易所。

　　自古以来，那些有产者，无论是持有房产、企业还是持有金融资产，都不断面临各种威胁，比如嫉妒、革命、入侵、自然灾害、瘟疫、饥荒、萧条和恶性通货膨胀等。当然，技术变革和创新也是一种威胁和破坏因素，但却是完全不同的类型。技术变革会淘汰那些跟不上时代变迁步伐的企业及其财富，而这是世界演化的方式。保持高度警觉和实现资产多元分散可以降低此类威胁的影响。

历史表明，对于财富而言，最致命的、最具破坏性的威胁是战争，尤其是在那些战败和被占领的国家。在欧洲历史上，财富湮灭的故事多如牛毛。如果一个人生活在美国内战时期的南方，那么他肯定见识过天启四骑士。谢尔曼的军队在佐治亚州的掳掠暴行堪比二战中的德军。

战争似乎是人类所特有的现象。在 20 世纪下半叶，人们仍然无法乐观。在经历了两次世界大战的剧痛后，在世界母亲们的促使下，人们应该拒绝战争，但新的冲突总是会出现。现在，所谓的文明世界面临着一种新的战争——极端恐怖主义。100 多年前，德国统帅毛奇伯爵对战争的必然性曾评价道："永久和平是一个梦想，甚至算不上是一个美好的梦想。战争是上帝赋予人类维持世界秩序的一个要素。没有战争，世界将停滞不前，并迷失在物质主义之中。"

对于毛奇的这番话，尼采的回应令人不寒而栗：

> 一旦人类忘记战争，那么众多的期望和梦想将化为泡影。为了打赢一场伟大的战争，人类可以说无所不用其极——靠军营训练出强健体格，靠仇恨点燃残虐怒火，靠冷血杀戮抹杀良知，靠消灭敌人激发民族狂热，对生命的丧失无动于衷，对自我本身的存在毫不在乎，对同胞的生死更是漠不关心，我们要的只是震天动地的欢腾，震撼灵魂的冲锋，因为一个民族如果失去了活力，就只能用这个方法来自救。

如果战争和灾难重复出现且不可避免，那么有产者又该如何应对呢？历史的经验是，在这个混乱脆弱的世界里，最安全的避风港是本国的土地和财产。最好的资产可能是一处不起眼的农场或农田，而非大庄园。房产可能被没收或炸毁，但土地永远都在。土地无法被掠夺或者运到其他地方。在第二次世界大战期间，在大多数被占领的国家，如果有一处可以实现自给自足的农场，那么就可以高枕无忧，幸运地等着灾难过去。即便是遇上饥荒，至少也不会缺食物，并且在法国和意大利葡萄庄园是很好的财富保值工具。

20 世纪标志着极端动荡时代的结束。然而，世界历史表明，无论是因为战争、瘟疫还是因为技术，财富毁灭一直是人类社会所特有的现象。截至目前，还没有迹象表明这会有所改变。财富在新世纪将面临哪些威胁呢？恐怖主义、宗教战争，或者金融衍生品暴雷导致的金融体系崩溃？无人知晓。但我们要保持警惕，"野蛮人"还会再来。

当然，恐怖主义是战争的另一种表现形式，同样会摧毁财富。自然或技术灾难也会造成类似的损失。比如，灾难不是一场大海啸，而是一场生态灾难，致使某个地区无法居住，或者是一场技术恐怖袭击，摧毁所有的金融财富记录和数据。灾难也可以是衍生品杠杆引发的金融海啸，导致大型金融机构破产。2007 年夏的次贷危机不就是一个警告吗？如果一家大型金融机构倒闭了，那些与之有关的其他金融机构能安然无恙吗？也许"野蛮人"下一次会扮成投资银行家、交易员和对冲基金经理。

至于财富如何保值和增值，没有简单的应对方案或结论。如果身处被征服、被占领或者遭受生态或技术灾难的国家，除非未雨绸缪，提前逃到安全的避难所，否则一个人的财富将蒙受巨大的损失。各种灾难，包括爆炸、停电和流行病等，都可能导致法律和秩序崩溃。坐等"野蛮人"上门绝非上策，你必须预计他们未来某天会乔装出现，并防患未然。我们面临的难题是，下一次出现的"野蛮人"相比上一次不仅看起来不同，而且做法也不同，但他们都贪得无厌、生抢硬夺。

警惕"黑天鹅"事件，这些往往是转折点

一位富有创造力的哲学家纳西姆·塔勒布在他的书《黑天鹅》中引入了黑天鹅的概念。黑天鹅是自然界的怪胎。人们在澳大利亚发现黑天鹅之前无法相信有黑天鹅存在。

> 这说明了，我们从观察或经验中学习有很大的局限性，并且从中得到的知识相当脆弱。单次事件就可以推翻数千年来观察数百万只白天鹅所得到的、普遍成立的结论。

塔勒布认为，黑天鹅是人们无法想象的异常事件，因为过去的经验无法证明它的存在。"黑天鹅"事件发生的可能性极低，但影响极大。尽管如此，人们却可以追溯其发生的可能性。换句话说，人们在"黑天鹅"事件发生后可以找到合理的解释。

"黑天鹅"事件完全不可预测，发生的可能性具有 20 倍的标准差，超乎人们的想象，但却足以改变世界。斐迪南大公遇刺、希特勒上台、珍珠港被偷袭、苏联解体、"9·11"事件以及 1987

年的股市崩盘都是"黑天鹅"事件。纽约市最高的两栋大楼在一个早上被夷为平地的可能性有多大？即便美国股市与宇宙的寿命一样长，根据股市回报率的正态分布，1987年，股市一天下跌22％的可能性也几乎不存在。

中途岛海战对美国是一起有利的"黑天鹅"事件，而对日本却是一起不利的"黑天鹅"事件。这场战役的结局是具有数倍标准差的事件。中途岛海战是太平洋战争和美国股市的转折点。除了一位毫不起眼的《巴伦周刊》市场分析人员以及投资者群体之外，没有人预料到美国股市已经触底。1942年深秋，当德军抵达莫斯科郊外的白桦林和灌木松林时，只有惨淡的德国股市洞察到巴巴罗萨计划以及希特勒的帝国美梦已达巅峰。

塔勒布没有告诉投资者如何应对"黑天鹅"事件。他正确地指出，投资者在评估风险时没有考虑"黑天鹅"事件。他还说道："人们不学习那些不知道的知识。"他认为，大多数投资者是"在行驶的压路机前捡硬币的交易员"，换句话说，他们为了蝇头小利而冒着生命危险。塔勒布的上述说法完全正确，但遗憾的是，他却没有告诉我们应该如何应对"黑天鹅"事件。他的观点似乎是人们无法提前做准备。塔勒布在他的著作中总结道："我应对'黑天鹅'事件的方法就是不对我的想法设限。我有一半时间过于保守；而另一半时间则过于激进。"笔者不太明白他的意思，不过他就是这么说的。

对于塔勒布和"黑天鹅"事件，13D研究公司的基里尔·索科洛夫认为，"如果你有足够的洞察力和直觉，就能预见大多数'黑天鹅'事件"。索科洛夫声称，发生的多起"黑天鹅"事件都在其他人和他的意料之中，然而，笔者对此持怀疑态度。猜中

"黑天鹅"事件并不难，但猜中发生的时间——比如一两年之内——却很不容易。猜不中发生的时间与完全猜错并无二致。

尽管如此，你可以试着想象一些不可思议的事情，并考虑防范成本。

1987年春，一位年轻聪明、擅长量化分析的投资银行（不是摩根士丹利）衍生品交易员开始相信（基于他的量化模型）正在飙升的美国股市可能大幅下挫，跌幅不是10%或15%，而是20%～25%。这起"黑天鹅"事件发生的可能性具有20倍标准差。此外，他认为此次股市暴跌仅维持数周，而不是一场漫长的熊市。他为公司和自己（约占自己身家的70%）买入标准普尔500指数看跌期权，到期时间为1987年底。显然，当股市崩盘时，公司和他都将大赚特赚。另外，公司给了他一笔巨额奖金。

接下来发生了什么呢？20年后，这位曾经年轻的交易员一直对股市持有强烈的看跌倾向。他的量化模型变得非常流行，错误地预测了1988—1998年的三起"黑天鹅"事件。1999年，他绝望地关闭了这个模型。从1988年至20世纪90年代中期，另外10～12名聪明年轻的交易员目睹了预测"黑天鹅"事件带给生活和职业的改变。他们在类似的交易中浪费了巨额资金。尽管笔者不确定，但笔者怀疑他们中的很多人在90年代后期不再痴迷于预测"黑天鹅"事件，并在2000年的科技股泡沫中跌落悬崖。

这有什么意义呢？"黑天鹅"事件及其发生时间完全不可预测，因此不能沉迷于预测"黑天鹅"事件。尼采曾说道："你盯着深渊，深渊也在盯着你。"有产者应该将5%的资金放在安全的避难所，用5%买入农场，再持有一部分通货膨胀保值债券。但在笔者看来，合适的投资比例是5%～10%，而不是50%。尼采也曾说道："忽视过去，你会瞎掉一只眼睛；沉迷于过去，你会双目失明。"

至于金融避难所，在写作本书时，笔者查阅了很多富有家族在战争年代的经历。当时，他们在瑞士的银行里都有存款。在多数情况下，父辈在战前秘密前往瑞士的银行为后辈存款，但这些银行在战后严格照章办事，要求取款者提供证明账户所有权的法律文件，否则无论如何都不准提取资金。

例如，有一位名叫约瑟夫·萨皮尔的华沙投资银行家，他的女儿叫作埃斯特尔·萨皮尔。他们家里摆满了精美的家具、银器和艺术品，还有住家仆人。[150] 当德军入侵波兰时，他们全家逃到了法国。后来，德军入侵法国，他们遭到拘捕。在监狱里，女儿隔着铁丝网与父亲道别。父亲说道："你不必为钱担忧，我们在瑞士有很多钱。"他说出了开户银行的名称，然后，他伸出一根手指穿过铁丝网，触碰女儿，让她复述一遍，确保她没有忘掉。一天后，他被送往马伊达内克死亡集中营，此后再无音讯。

埃斯特尔·萨皮尔在战争中幸存下来，并于 1946 年前往日内瓦的瑞士信贷银行，打算取走这些钱。银行工作人员拿出了一个标有"J. 萨皮尔"的文件袋，她出示了护照，以及她父亲手写的便条，上面有银行账户。但对方坚决声称，除非她提供父亲的死亡证明，否则不能提取这些钱。她沮丧地问道："您觉得我能从哪里拿到我父亲的死亡证明，难道从希特勒那里吗？"但对方仍然不依不饶。她 1946 年两次拜访银行，1957 年再度拜访，1996 年最后一次拜访，均无济于事。最后，1998 年，这家银行在美国政府的干预下被迫象征性地支付了 50 万美元，但埃斯特尔数月后就去世了，享年 73 岁。现在回想起来，这是因为当年她父亲签署了带有该条款的文件。

当时，如果储户多年没有联系银行，那么银行将照例将他们的存款转为储备金。这种做法激怒了许多人，有很多关于这方面的文章和书籍。例如，1997 年，汤姆·布劳尔出版了一本书，名叫《纳粹黄金：五十年的全景故事——瑞士与纳粹合谋偷盗欧洲犹太人的财富》。虽然笔者不相信银行会跟纳粹勾结，但银行却必须照章办事。这个故事告诉我们，对于作为避难所的银行账户，储户必须与银行商讨并制定灵活的未来身份识别方案，并且留意相关条款的详细内容。

如何在未来乱世中保住财富？无人知晓答案。不确定性意味着要实现资产的多元分散。谨慎投资者遵循的第一法则就是分散投资，把资产分散配置在股票、债券、私募股权、有收益的房产和实体企业上。几个世纪以来，撒哈拉以南的非洲人一直认为牛是最安全的财富保值工具。然而，直到大旱来临这种传统认知才被打破。

为了确保金融资产的安全，需要实现多元分散。不要把你所有的证券都记录在纽约、伦敦和苏黎世的大型银行和经纪公司的计算机数据库中。确保你的证券登记在你本人名下，而不是登记行号代名。投资金融衍生品就像抽烟一样，只要抽的时间够长，患癌的可能性就会很高。

查尔斯·达尔文在《物种起源》中写道：

> 能够生存下来的物种，并不是那些最强壮的，也不是那些最聪明的，而是那些对变化做出快速反应的。

这同样适用于财富的亘古长存。

人们应该一直密切关注投资者的群体智慧，仔细聆听股市的低声细语。尽管投资者的群体智慧并非万无一失，但远超专家和媒体。无论如何，我们要认识到，股市智慧更善于洞察市场的底部，而无法预测恐怖袭击、瘟疫或崩溃等事件。

股市对重大转折点的洞察力是不言而喻的。

伦敦股市

1940 年夏初，在敦刻尔克大撤退事件之后，以及不列颠之战正酣之际，伦敦股市不知何故觉察到德国的攻势已经达到巅峰。当时，没有任何记录表明任何有影响力的人相信这一点。战局糟糕透顶，英国孤立无援。正如本书第四章所述，丘吉尔曾在公开演讲中谨慎地强调"不列颠之战即将打响"。事实上，当时英国陆军和海军一败涂地，令他十分沮丧。

在 1940 年 6 月的最后一周，伦敦股市触底，几乎达到了 20 世纪 30 年代经济大萧条时期的低点，这是一次史无前例的绝佳买入机会，但只有投资者的群体智慧洞察到了这次良机，这一天是 1940 年 6 月 27 日。当天，丘吉尔警告罗斯福总统和加拿大总理："如果英国被侵略并被占领，将会成立卖国政府，并向敌人求和，那么在这种情况下，这个卖国政府的重要砝码将是英国皇家舰队。"同一天，乔治·马歇尔将军率领美国战争部的战略规划人员向罗斯福总统提交了结论："鉴于当前英国岌岌可危，美国不应再向英国出售或运送战争物资。"[151]大约与此同时，约翰·肯尼迪向孤立主义组织"美国优先"进行捐赠。一名驻伦敦的德国间谍守着唐宁街十号首相官邸的垃圾桶，清点里面的空酒瓶数量，以评估丘吉尔是否像希特勒怀疑的那样是个酒鬼。

如前所述，几乎与此同时，美国股市跌至 1940 年的低点，并在 1941 年和 1942 年继续走低。1940 年，只有巴黎股市没有触底，但在斯大林格勒战役后，巴黎股市开始觉察到，德意志第三帝国将不可能持续千年。1941 年，英国投资者也很有先见之明，即便在当年第四季度战局糟糕以及英军因战力低下而备受讥讽，但伦敦股市仍然上涨。伦敦投资者一定已经预见到了美国将参战，甚至后来发生的珍珠港事件，当然，这样说有些牵强附会。

柏林股市

随着战局的逆转，在日本和德国股价开始受到管制，出售股票被视为"不爱国"的表现，因此，有关日本和德国股市智慧的证据更是模糊不清。尽管如此，德国投资者仍然有先见之明。1941 年 11 月，巴巴罗萨行动在莫斯科受挫前，柏林股市达到了最高点。在一个新闻被严格控制的极权主义国家，这种先见之明令人惊叹。当时，希特勒手下的一些将军开始私下怀疑德军将被"苏联的广漠"所吞噬，但他们自己都不相信，怎么能指望别人相信。

日本股市

日本的情况大致相同。战争新闻被捂得更加严实，失利的消息要么不报道，要么被淡化。对于日本民众来说，战败是完全不可想象的。在整个 1942 年，日本民众都以为日军取得了珊瑚海海战、中途岛海战和瓜达尔卡纳尔岛战役的光荣胜利。如前所述，那些在珊瑚海海战和中途岛海战中沉没军舰上的船员不被允许回日本休假。人们经常谈到日本在东南亚建立的新兴富强帝国。

不知何故，日本投资者看穿了这些官方宣传的谎言。1942 年秋，日本实际股价达到顶峰。食物开始出现短缺。公园的铁栅栏被拆下来用于冶炼钢铁。也许，投资者是根据自己的饥饿感而非武士传统来做出投资决策。

美国股市

美国的情形同样跌宕起伏。1942 年春末，在珊瑚海海战和中途岛海战之前，美国股市达到了历史最低点。在珍珠港事件后的几个月里，美国官方媒体严重误报了太平洋战况，小规模的胜利被过分夸大。这不是出于政治宣传的需要，而是参与战斗的战士误将险些命中当成了命中。华盛顿方面愿意相信日本军舰像石头一样沉入了海底。美军士兵在潜望镜中看到鱼雷击中了一艘日军驱逐舰，激动地以为是战列舰。更加匪夷所思的是，一名美国海军飞行员报告击沉了一艘日军巡洋舰。事实上，当天云层低沉，光线灰暗，他错误地把一艘美军潜艇当成了日军巡洋舰。他不仅击沉了这艘美军潜艇，而且兴奋地误报了这一事件。随着战争的继续，双方统计人员都学会把飞行员未经证实的、预估的伤亡数字除以二，有时是除以三。

到了 1942 年中期，这种质疑变得非常普遍。美国民众不再相信被夸大的战争新闻。美国媒体猛烈抨击战争指挥方式和作战实力低下。在珍珠港和爪哇海战役失利后，美军作战实力低下引起热议，尤其是海军的。当时，有些人认为，麦克阿瑟应该受到军事法庭的审判，因为在珍珠港事件发生后，他所指挥的空军却在地面上被日军摧毁。美国新闻媒体报道珊瑚海海战是另一场失利，并着重强调美军在中途岛海战中损失了鱼雷轰炸机以及"约克镇"号航母。如前所述，日本宣布在中途岛海战中获胜，隆美尔的装甲部队刚刚攻占了利比亚的图卜鲁格，距离埃及的亚历山大港仅65英里。人们的绝望情绪四处弥漫，那些来自战场的消息令人沮丧。

结　论

股市是明智的。投资者群体蕴藏着伟大的直觉智慧。从长期来看，股市是完美的、冷静的和独立的。对于那些自称精英思想家，以及所谓的战争、经济、政治尤其是股市专家，他们的胡言乱语根本不值得理会。他们不过是一群徒有虚表、一无所知的人，并且陷入常规的思维模式之中。对于那些会改变社会环境的、发生可能性具有10倍标准差的意外事件，他们既没有先见之明，又缺乏预测的想象力和勇气。历史的进程通常不是有序渐进的，而是无序跃进的。

那些有产者应该假设，在不久或遥远的未来，重大危机还会出现，天启四骑士会再次降临，"野蛮人"会出乎意料地出现在门口。显然，下一次"黑天鹅"事件可能会导致当今文明社会以及社会和金融基础设施的彻底崩溃。

问题是，它以何种形式出现。在二战期间占领军引起的无政府状态可能会再次出现。一场扰乱经济数月甚至数年的大规模恐怖袭击或核袭击，长达数月的使现代经济陷入瘫痪的大面积停电，导致数亿人死亡的大规模瘟疫，或者导致世界财务会计系统崩溃的电子爆炸，都可能会引发下一次"黑天鹅"事件。无论以何种形式出现，都很可能令人猝不及防。世界上亡羊补牢的事例数不胜数。

我们该如何应对呢？简言之，保持资产的多元分散，无论是从资产类别还是从地理位置来看，尽可能预见可能发生的麻烦并关注市场动态。历史已经证明，从长期来看，股票能够增强资本的购买力。

尽管笔者的建议未必正确，但笔者认为家庭或个人应该拿出75％的资产投资股票。一个世纪的历史证明，股票应该是主要的投资选择，尽管并非唯一的。正如大卫·史文森所言，在当今世界通货膨胀已成为常态，因此投资者应该致力于成为股权所有者而非借款者。大部分资产应该投资于全球公开交易的股票，不要预测短期市场波动，而应抓住股票的复利效应。你可以选择倾斜的、更新的指数基金，甚至普通的指数基金。总的来说，不要迷信收费高的投资方案或者全球最佳的投资经理或对冲基金。去年的超级明星可能是明年的流浪汉。

另外，应该投入很小一部分资产，购入一处僻静但交通便利的农场或牧场，当作一份保险。对于发达国家的富裕人群来说，购入农场是一笔相当不错的分散化投资，并且可能长期表现优异。也许，农场只占你全部资产的5％。拥有农地是人类的本能，农地所有者可以从中得到很大的心理满足。没有什么比在夕阳下享用美酒、看着田野和奶牛更令人心情愉悦。

我们不知道多久才能找到下一处世外桃源。即使你在新西兰拥有一处美丽的庄园，如果交通不便，那也没有多大用处。首先，应该避免长途航空旅行。其次，避难所应该足够偏僻，从而免受无家可归者的骚扰。

即便基础设施崩溃，你在避难所也可以实现自给自足，并且能够种种粮食。种子、化肥、罐头、药品和衣服等应有尽有。有时间的话，去看看《瑞士的鲁滨逊一家》吧！社会法制的短暂崩溃也可能导致骚乱和叛乱。

笔者再次重申，历史表明，富裕的人几乎总是自负，抱有幻想，以为即便局势恶化，自己也有时间脱身，但现实却并非如此。事态恶化的速度比预计的要快得多。"野蛮人"在你能逃脱前可能就已经追上你。当然，"黑天鹅"事件是不可预见的。那些挽救财富的故事往往激动人心，但当你意识到需要采取行动时，通常已经太晚。尽管未雨绸缪要付出代价，但早做准备比迟迟不动要好得多。

子曰："温故而知新。"

注 释

第一章

［1］ "How does the weighted averaging get done?" Henry G. Manne, "The Welfare of American Investors," the *Wall Street Journal*, June 13, 2006.

［2］ "The efficient market hypothesis was based almost entirely on empirical observations..." Henry G. Manne, "The Welfare of American Investors," the *Wall Street Journal*, June 13, 2006.

第二章

［3］ "They reminded me of paintings I had seen of the Medusa..." William L. Shirer, *The Nightmare Years*, p. 127.

第四章

［4］ "1940 was the most splendid, most deadly year..." Winston Churchill, *Their Finest Hour*, p. 628.

［5］ "If the British Empire lasts for a thousand years..." Winston Churchill, *Their Finest Hour*, p. 628.

［6］ Victorian England's anthem cited by William Manchester, *The Last Lion Alone*.

［7］ "Churchill, if I was your wife..." James Humes, *The Wit and Wisdom of*

Winston Churchill，p. 64.

[8] "Winston，you are drunk again. . . " op. cit. ，p. 190.

[9] "Feeling a little standoffish are we today，Winston?" op. cit. ，p. 44.

[10] "He is an adolescent. . . " op. cit. ，p. 39.

[11] "Fifty percent of Winston is genius. . . " Clement Atlee，quoted in Lord Moran's，*Churchill：Taken from the Diaries of Lord Moran*，Houghton Mifflin，1966.

[12] "Fortune attended me lately in finances. " William Manchester，*The Last Lion Alone*，pp. 300—304；also Paul Johnson，*Modern Times*，pp. 230—231.

[13] "Occasionally he stumbles over the truth. . . " Winston Churchill remark；1936：Miriam Ringo，*Nobody Said it Better*，p. 183.

[14] "Must the right honorable gentlemen fall asleep. . . " op. cit. ，p. 56.

[15] "a half breed American. . . " op. cit. ，p. 60.

[16] "unsteady and drinking too much. " op. cit. ，p. 73.

[17] "Winston Churchill is 80 years of age today. . . " Lorn Moran，Lord，*Taken from the Diaries of Lord Moran*，Houghton Mifflin，1966.

[18] "Many beautiful women admired him. . . " John Lukacs，*The Duel*，p. 44.

[19] "Winston has always seen things in blinkers. " Clementine Churchill remark in 1945 to Lord Moran，op. cit.

[20] "I have nothing to offer but blood，toil，tears，and sweat. " Winston S. Churchill，*Never Give In! The Best of Winston Churchill's Speeches*，p. 206.

[21] "You ask，what is our policy?" Winston S. Churchill，*Never Give In! The Best of Winston Churchill's Speeches*，p. 206.

[22] "We must be very careful not to assign to this deliverance. . . " Speech to the House of Commons，on June 4，1940，Winston S. Churchill，*Never Give In! The Best of Winston Churchill's Speeches*，p. 214.

[23] "surrounded by generals and high officials" Countess Helene de Portie，H. Freeman Mathews comment；William L. Shirer，*The Collapse of the Third Republic*，p. 817；also Robert Wernick，*Blitzkreig*，p. 187.

［24］ "we have found it necessary to take measures. . . " Winston S. Churchill, *Never Give In*! *The Best of Winston Churchill's Speeches*, p. 217.

［25］ "the news from France. . . " Winston S. Churchill, *Never Give In*! *The Best of Winston Churchill's Speeches*, p. 218.

［26］ "disastrous military events. . . " Winston S. Churchill, *Never Give In*! *The Best of Winston Churchill's Speeches*, p. 221.

［27］ "the colossal military disaster" Winston S. Churchill, *Never Give In*! *The Best of Winston Churchill's Speeches*, p. 219.

［28］ "who are found to be consciously exercising. . . " Winston S. Churchill, *Never Give In*! *The Best of Winston Churchill's Speeches*, p. 234.

［29］ "rejects terror bombing and Goering's comment，but the Führer does not want to destroy the Empire. " From the diary of Josef Goebbels.

［30］ "Horrified by ghastly sight in the Tubes. " Comment by Rosemary Black as recounted by Leonard Mosely, *The Battle of Britain*, p. 145.

［31］ "The soul of the British people and race proved invincible. " Winston Churchill, *Their Finest Hour*, p. 610.

［32］ "The able-bodied male population. . . " William L. Shirer, *The Rise and Fall of the Third Reich*, pp. 782－783.

［33］ "Anyhow, sir, we're in the Final . . . " Winston Churchill, *Their Finest Hour*, p. 615.

第五章

［34］ "wanted to make history, not endure it. " Paul Johnson, *Modern Times*, p. 96，sourced Opera Ominia, p. 32.

［35］ "Well that's fair. Last time they were on our side. " James Humes, *The Wit & Wisdom of Winston Churchill*, p. 211.

［36］ "This whipped jackal, Mussolini . . . " Winston Churchill, speech, April 27, 1941, Guildhall, London.

［37］ "Dear Churchill: Wendell Wilkie will give you this." Winston Churchill, *The Grand Alliance*, pp. 26－27.

［38］ "At one of the rest centers . . . " Winston Churchill, *The Grand Alliance*, pp. 359－361.

［39］ "deluded and evil warmongers" Winston Churchill, *The Grand Alliance*, p. 50.

［40］ Corporal Hitler and this bloodthirsty guttersnipe and the repository of evil; June 22, 1941 speech.

［41］ "When I make a statement of facts . . . " Winston Churchill, *The Hinge of Fate*, pp. 497－499.

［42］ "If Hitler invaded the realms of hell . . . " John Colville, *The Fringes of Power*, p. 183.

［43］ "You are the pride of the navy." Hitler visiting Bismarck. William L. Shirer, *The Deadly Hunt*, p. 65.

［44］ "Ship unmaneuverable," Op. cit., p. 135.

［45］ "In a few weeks we lost . . . " Winston Churchill speech to the House of Commons, Winston Churchill, *The Grand Alliance*, p. 78.

第六章

［46］ "the battle of annihilation" (Hitler quoted); William L. Shirer, *The Rise and Fall of the Third Reich*, pp. 798－806.

［47］ "smash in the door . . . " Morin Bishop, *An Illustrated History of World War II*, p. 113.

［48］ "A German master sergeant . . . " John Toland, *Adolph Hitler*, p. 82. Also other sources.

［49］ "We Germans make the mistake of thinking . . . " Nicholas Bethel, *Russia Besieged*, p. 90.

［50］ "One final heave . . . " Hitler to General Jodl. William L. Shirer, *The Rise and Fall of the Third Reich*, p. 863.

［51］ "The Russian recovery and their winter offensive . . . " op. cit. , p. 183.

［52］ "Is it any less cold fifty miles back? " Quote from General Blumentritt. Alan Clark, *Barbarrossa*, p. 26.

［53］ "Hitler's fanatical order that the troops must hold fast . . . " Quote from General Blumentritt. Alan Clark, *Barbarrossa*, pp. 26－28.

［54］ "so disgraced the uniform," alleged comment by Hitler. Alan Clark, *Barbarrossa*, p. 246.

第七章

［55］ "a wise statesman" Winston Churchill, *The Grand Alliance*, pp. 190－191.

［56］ " . . . Eta Jima had been modeled on the British Royal Navy. " Evan Thomas, *Sea of Thunder*, pp. 28, 85.

［57］ "spirit bars" op. cit. , p. 205.

［58］ "a ferocious bushido ideologue . . . " Paul Johnson, *Modern Times*, p. 311.

［59］ " . . . the finest naval weapon in the world . " Ronald Spector, *Eagle Against the Sun*, pp. 33－50.

［60］ " . . . mortifying personal defeat. " Ronald Spector, *Eagle Against the Sun*, pp. 33－50.

［61］ The dive bombers came out of the sun . . . Ronald Spector, *Eagle Against the Sun*, p. 177.

［62］ "Looking around I was horrified . . . " Walter Lord, *Incredible Victory*, pp. 172,173.

［63］ "scratch one carrier. " U. S. Navy records, pilot source unknown.

［64］ "a great victory had been won. " John Toland, *Adolf Hitler*, p. 716.

［65］ "There are still eight carriers . . . " various sources, including Evan Thomas, *Sea of Thunder*, pp. 85－86.

第八章

为了获得本章全面的背景资料，笔者与约翰·奥尔凯尔进行了深入的交谈。

奥尔凯尔全家在战前、战时和战后都生活在日本。他还向笔者引荐了众多日本人，他们提供了丰富的信息。

［66］By mid-1942 Japan was virtually a planned economy . . . Jon Halliday and Gavan McCormack，*A Political History of Japanese Capitalism*（Monthly Review Press：1978），pp. 156—157.

［67］"Revenge by the Bull" *New York Herald Tribune*，February 5，1942. Also，Evan Thomas，*Sea of Thunder*，p. 49.

［68］"should give more attention to the ill-housed . . . " James Grant，*The Trouble with Prosperity*，pp. 77—87.

［69］"Courageous the pine . . . " James Webb，" The Emperor's General，" pp. 135—137.

［70］There was one other asset class in Japan . . . Data on Japanese housing and land prices，Stefan Rheinwald，*Polarisation and Extremes*，CLSA Research，June 25，2007，pp. 8—11.

第九章

［71］Hitler convened a meeting . . . Robert Herzstein，*The Nazis*，p. 43 .

［72］. . . dressed in a plain brown uniform . . . William L. Shirer，*The Rise and Fall of the Third Reich*，p. 325.

［73］"It used to be called plundering . . . " Robert Herzstein，*The Nazis*，p. 116.

第十章

［74］flaccid parliamentarism and regime of palaver；William L. Shirer，*The Collapse of the Third Republic*，pp. 922—927.

［75］So France，like its stock market，sulked listlessly . . . Robert Paxton，*Vichy France*；William L. Shirer，*The Collapse of the Third Republic*；Richard Vinen，*The Unfree French*；Gerhard Weinberg，*Life Under the Occupation*；and Norman Davies，*Europe at War*：1939—1945 *No Simple Victory*.

［76］"Vichy has done more reform in one year . . . " William L. Shirer, *The Collapse of the Third Republic*, p. 487.

［77］The three Rothschild brothers . . . *The Lost Museum*, Chapter 4.

［78］"His old age was a shipwreck. " Charles De Gaulle on Marshal Petain, Robert Paxton, *Vichy France*, p. 350. Also, Norman Davies, *Europe at War*: *1939—1945 No Simple Victory*.

第十一章

在整理本章前半部分的背景资料时，笔者参考了菲利普·摩根所著的《墨索里尼倒台》以及格哈德·温伯格的巨著《战争年代的世界》。

［79］"If I advance follow me . . . " Mussolini on himself, quoted in "Time Capsule," 1943. Miriam Ringo, *Nobody Said it Better*, p. 250.

［80］. . . he had 169 mistresses . . . Paul Johnson, *Modern Times*, p. 410.

［81］"One would have thought . . . " Malcolm Muggeridge, introduction to Galeasso Ciano's *Hidden Diaries*.

［82］"Even Michelangelo needed marble . . . " op. cit. , p. 236.

［83］. . . in the North, there was virtually a civil war . . . Philip Morgan, *The Fall of Mussolini*, p. 321.

［84］Once after the war at a dinner . . . James C. Humes, *The Wit & Wisdom of Winston Churchill*, p. 210.

［85］To understand the trauma of German wealth . . . George Bittlingmayer, "Output, Stock Volatility, and Political Uncertainty in a Natural Experiment: Germany 1880—1940," *Journal of Finance*, December 1998.

［86］When the Nazis invaded Poland . . . Lynn H. Nicholas, *The Rape of Europe*, Chapter 3.

［87］In desperation, Countess Matgozata Radziwill . . . Lynn H. Nicholas, *The Rape of Europe*, Chapter 3.

［88］"To Members of the Community . . . " Mirham Pressler, *Anne Frank*: *A*

Hidden Life，pp. 39－40.

［89］ "He ［Hitler］ understood nothing whatever about economics. " Schacht on Hitler in *The Warburgs*，p. 435，by Rob Chernow.

［90］ "fighting the war of our system . . . " Schacht to Morgan，in *The House of Morgan*，pp. 393－394，398，by Ron Chernow.

［91］ A similar fate befell the Bleichroder family . . . Fritz Stern，*Gold and Iron：Bismarck，Bleichroder，and the Building of the German Empire*，pp. 546－549.

［92］ "Friction produces warmth . . . " Paul Johnson，*Modern Times*，p. 277.

第十二章

［93］ "Once when a quite objective report . . . " Antony Beevor，*Stalingrad*，p. 123. Also，Alan Clark，*Barbarossa*，pp. 109－112.

［94］ "If he has an arm left . . . " Descriptions of partisan war behind German lines. Nicholas Bethel，*Russia Besieged*，pp. 88－95.

［95］ "The progress of the columns . . . " Alan Clark，*Barbarossa*，p. 205.

［96］ German communiqués，"wild beasts" " barbarians "；Description of "Wehrmacht at high tide. " Alan Clark，*Barbarossa*，p. 222.

［97］ "Today's conferences with the Führer . . . " William L. Shirer，*The Rise and Fall of the Third Reich*，pp. 53－55. Also，John Keegan，*The Mask of Command*，p. 272.

［98］ "Animals flee this hell . . . " Alan Clark，*Barbarossa*，p. 238.

［99］ "The first tenuous link on the choke chain . . . " Alan Clark，*Barbarossa*，p. 248.

［100］ "The Russians are at the door of our bunker. " On the circumstances of the German surrender，Antony Beevor，*Stalingrad*，pp. 381－385.

［101］ Hitler is insane. John Toland，*Adolf Hitler*.

［102］ "His left hand trembled . . . " Alan Clark，*Barbarossa*，p. 297.

［103］ . . . he was heckled by angry shouts . . . John Toland，*Adolf Hitler*.

［104］ "We are in the position of a man who has seized a wolf . . . " Alan Clark，*Barbarossa*，p. 275.

[105] "the vastness of Russia devours us." Guderian, letter to his wife. Alan Clark, *Barbarossa*.

[106] "The table was elegantly set." John Keegan, *The Mask of Command*, p. 308.

第十三章

除了下面所列的资料，笔者还参考了其他文献，包括理查德·科利尔的《沙漠战争》，亚瑟·布莱恩特的《潮头转变》，约翰·科尔维尔的《权力的边缘》。

[107] The training of a Japanese soldier. Arthur Zich, *The Rising Sun*, p. 89.

[108] "I must admit to being staggered by your telegram." Winston Churchill, *The Hinge of Fate*, p. 100.

[109] Wavell messaged Churchill . . . Winston Churchill, *The Hinge of Fate*, pp. 99—105.

[110] Percival reported his forces . . . . Winston Churchill, *The Hinge of Fate*, pp. 99—105.

[111] "stand fast in the citadel." Winston Churchill, *The Hinge of Fate*, pp. 105—107.

[112] "Thus, by one of the great ironies of history . . ." Paul Johnson, *Modern Times*, pp. 468—469.

[113] "there is nothing else that can fill the gap." Winston Churchill, *The Hinge of Fate*, pp. 160—161.

[114] "I know you will keep up your optimism . . ." op. cit., p. 201.

[115] "Moreover, difficulty of Russian convoys . . ." op. cit., p. 259.

[116] "The Prime Minister always refers to a defeat . . ." speech, November 12, 1942, and disparaging comments. Miriam Ringo, *Nobody Said it Better*, p. 190.

[117] "I do not suffer from any desire to be relieved . . ." op. cit., p. 190.

[118] Randolph "a cad" William Manchester, Winston Spencer, *Churchill Alone* p. 254.

[119] "what a pity to remove the one part . . ." op. cit., p. 254.

[120] Pamela affair with Harriman and family quarrel, John Mecham, *Winston and Franklin*.

[121] "The booty was gigantic . . . " Winston Churchill, *The Hinge of Fate*, p. 419.

[122] Disparaging remarks about Cripps from Marion Ringo, *Nobody Said it Better*, pp. 194—195.

[123] Letter exchanged between Churchill and Cripps. Winston Churchill, *Hinge of Fate*, pp. 558—560.

[124] " . . . tell the Lord Privy Seal I am locked in a privy . . . "; op. cit. , p. 208.

[125] "A piece of Poland, a piece of . . . " James Humes, *The Wit & Wisdom of Winston Churchill*, p. 297.

[126] "It may almost be said . . . " Churchill after Alamein: op. cit. , p. 603.

[127] "in battle invincible, in defeat . . . " Winston Churchill's description of General Montgomery Hume, p. 157. Also, Miriam Ringo, *Nobody Said It Better*, p. 323.

第十四章

[128] Descriptions of the Korean order of battle, Richard K. Betts, *Surprise Attack*, p. 55.

[129] "Stand or die!" Order issued by General Walton Walker on July 29, 1950. David McCullough, *Truman*, p. 788.

[130] "The concept of limited warfare never entered our councils . . . " (General Ridgeway) . Richard K. Betts, *Surprise Attacks*, p. 52.

[131] The invaders achieved complete surprise. Also, citing Dean Acheson speech to National Press Club, Dean Rusk, etc. Also, David McCullough, *Truman*, p. 777.

[132] The Attack by North Korea. William Manchester, *American Caesar*, pp. 545—546.

[133] "a great thinker and theoretician . . . " David McCullough, *Truman*, p. 780.

[134] Every morning he rose at 5 a. m . . . . op. cit. , pp. 857—858.

[135] "Only a mile away I could see the towers . . . " Douglas MacArthur, *Rem-*

inscences .

[136] ... they went up in huge blasts ... William Manchester, *American Caesar*, p. 555.

[137] Description of the retreat. op. cit. , p. 787. Also, author's conversations with Marines involved.

[138] "If I should die, think only this of me ... " Young marine officer's note to his wife, quoting from Rupert Brooke's poem (told to the author) .

[139] "stand or die" and "You dumbheads stand or die. " Author's conversations with Marines. Also alluded to by David McCullough, *Truman*, pp. 788 – 789.

[140] Pusan beachhead description. William Manchester, *American Caesar*, p. 561. Also, as described in Marine training manuals.

[141] "the riskiest plan I have ever heard of. " David McCullough, *Truman*, p. 797.

[142] At the meeting the military experts resisted the Inchon plan ... Douglas MacArthur, *Reminiscences*, pp. 349 – 350. Also, direct transcript of what happened at council, confirmed and expanded on to author by Frank Pace.

[143] "chilled me to the marrow of my bones" Douglas MacArthur, *Reminiscences*, p. 352; reply, p. 353.

[144] "Mr. Hume: I've just read your lousy review ... " op. cit. , p. 829.

第十五章

[145] "thoroughly obsessed with the idea ... " Michael Beschloss, *Presidential Courage*, p. 182 (quoting John Boettiger, March 3, 1941, Franklin Roosevelt Papers; Harold Ickes diary, July 3 and September 5. 1938) .

[146] The city of Vilnius in Poland ... Norman Davies, *Europe at War*, p. 407.

[147] As recounted to author by Polish American which corroborated above about Vilnius.

[148] The saga of Andras, an aristocratic Hungarian. Recounted in detail to author by the son of Andras.

[149] In 1939，the aristocratic . . . Lobcowitz friend of the family as told to author.

第十六章

[150] For example，Estelle Sapir was the daughter . . . Stuart E. Eizenstat，*Imperfect Justice*：*Looted Assets*，*Slave Labor*，*and Unfinished Business of World War* Ⅱ，p. 78.

[151] Comments on what happened on June 27，1940. John Lukacs，pp. 141－143，150.

参考文献

二战的资料来源——历史、传记和小说

Bailey, Ronald H. *Partisans and Guerillas*. New York: Time-Life Books, 1977.

——. *Prisoners of War*. New York: Time-Life Books, 1981.

Beevor, Antony. *Stalingrad: The Fateful Siege 1942—1943*. Harmondsworth, England: Penguin Books, 1998.

Beschloss, Michael. *Presidential Courage: Brave Leaders and How They Changed America 1789—1989*. New York: Simon & Schuster, 2007.

Bethell, Nicholas. *Russia Besieged*. New York: Time-Life Books, 1980.

Betts, Richard K. *Surprise Attack*. Washington, DC: Brookings Institution, 1982.

Bishop, Morin. *An Illustrated History of World War II Crisis and Courage*. New York: Barnes & Noble Publishing, 2006.

Black, Conrad. *Franklin Delano Roosevelt, Champion of Freedom*. New York: Public Affairs, 2003.

Botting, Richard. *The Second Front*. Alexandria VA: Time-Life Books, 1978.

——. *The U-Boats*. Alexandria, VA: Time-Life Books, 1979.

Bryant, Arthur. *The Turn of the Tide 1939—1943*. London: Collins, 1957.

Churchill, Winston. *Blood, Sweat, and Tears*. New York: G. R Putnam's Sons, 1941.

——. *Closing the Ring*. Boston: Houghton Mifflin, 1951.

——. *The Gathering Storm*. Boston: Houghton Mifflin, 1948.

——. *The Grand Alliance*. Boston: Houghton Mifflin, 1950.

——. *The Hinge of Fate*. Boston: Houghton Mifflin, 1950.

——. *Never Give In*! *The Best of Winston Churchill's Speeches*. Selected by his grandson Winston S. Churchill. New York: Hyperion, 2003.

——. *Their Finest Hour*. Boston: Houghton Mifflin, 1949.

——. *The Wit & Wisdom of Winston Churchill*. Compiled by James C. Humes. New York: HarperCollins, 1994.

Clark, Alan. *Barbarossa—The Russian-German Conflict 1941—1945*. New York: Morrow, 1965.

Collier, Richard. *The War in the Desert*. New York: Time-Life Books, 1977.

Colville, John. *The Fringes of Power*: *10 Downing Street Diaries 1939—1955*. London: Hodder and Staughton Ltd. , 1985.

Davies, Norman. *Europe at War 1939—1945* : *No Simple Victory*. London: Macmillan, 2006.

Ellson, Robert T. *Prelude to War*. Alexandria, VA: Time-Life Books, 1976.

Gilbert, Martin. *Churchill*: *A Life*. New York: Henry Holt, 1991.

Halberstam, David. *The Coldest Winter*: *America and the Korean War*. New York: Hyperion, 2007.

Herzstein, Robert Edwin. *The Nazis*. New York: Time-Life Books, 1980.

Hoopes, Townsend, and Douglas Brinkley. *Driven Patriot*: *The Life and Times of James Forrestal*. New York: Vintage Books, 1993.

Johnson, Paul. *Modern Times*. New York: Harper & Row, 1983.

Jones, James. *From Here to Eternity*. New York: Charles Scribner's Sons, 1951.

Keegan, John. *The Mask of Command*. Middlesex, England: Penguin Books, 1987.

——. *The Price of Admiralty*. New York: Penguin Group, 1988.

Kerr, Walter. *The Secret of Stalingrad*. Chicago: Playboy Press, 1979.

Koestler, Arthur. *Darkness at Noon*. New York: Bantam Books, reissue edition 1993.

Lord, Walter. *Incredible Victory*. New York: Harper & Row, 1967.

Lukacs, John. *The Duel: The Eighty Day Struggle between Churchill & Hitler.* New Haven, CT: Yale University Press, 1990.

MacArthur, Douglas. *Reminiscences.* New York: McGraw-Hill, 1964.

MacLean, Alistair. H. M. S. *Ulysses.* New York: Doubleday, 1955.

Manchester, William. *American Caesar: Douglas MacArthur 1880—1964.* Boston: Little, Brown, 1978.

——. *The Last Lion: Winston Spencer Churchill: Visions of Glory.* Boston: Little, Brown, 1983.

——. *Winston Spencer Churchill Alone.* Boston: Little, Brown, 1988.

Marnham, Patrick. *The Death of Jean Moulin: Biography of a Ghost.* London: John Murray, 2000.

McCullough, David. *Truman.* New York: Simon & Schuster, 1992.

Mecham, John. *Franklin and Winston: An Intimate Portrait of an Epic Friendship.* New York: Random House Audio, 2003.

Miller, Russell. *The Commandoes.* New York: Time-Life Books, 1981.

——. *The Resistance.* New York: Time-Life Books, 1979.

Monsaratt, Nicholas. *The Cruel Sea.* Springfield, NJ: Burford Books, 2000.

Mosley, Leonard. *The Battle of Britain.* New York: Time-Life Books, 1977.

Nagorski, Andrew; *The Greatest Battle.* New York: Simon & Schuster, 2007.

Paxton, Robert O. *Vichy France: Old Guard and New Order 1940—1944.* New York: Columbia University Press, 1972.

Presler, Mirjam. *Anne Frank: A Hidden Life.* New York: Puffin Books/Penguin Books, 2001.

Ringo, Miriam. *Nobody Said It Better.* Chicago: Rand McNally, 1980.

Russell, Francis. *The Secret War.* New York: Time-Life Books, 1981.

Salisbury, Harrison E. *The 900 Days: The Siege of Leningrad.* New York: Harper & Row, 1969.

Service, Robert. *A History of Modern Russia.* London: Penguin Books, 1997.

Shirer，William L. *The Collapse of the Third Republic*. New York：Simon &. Schuster，1969.

——. *The Deadly Hunt：The Sinking of the Bismarck*. New York：Random House，1962.

——. *The Nightmare Years*，Boston：Little，Brown，1984.

——. *The Rise and Fall of the Third Reich*. New York：Simon &. Schuster，1960.

Snyder，Louis L. ，and Richard B. Morris. *A Treasury of Great Reporting*. New York：Simon &. Schuster，1949.

Spector，Ronald H. *Eagle Against the Sun：The American War with Japan*. New York：Free Press，1984；Vintage Books，1985.

Speer，Albert. *Inside the Third Reich：Memoirs*. New York：Macmillan，1970.

Spooner，Rick. *The Spirit of Semper Fidelis*. Williamstown，NJ：Phillips Publications，2004.

Stern，Fritz. *Gold and Iron：Bismarck，Bleichroder，and the Building of the German Empire*. New York：Vintage Books，Random House，1977.

Stevenson，William. *A Man Called Intrepid*. New York：Harcourt Brace Jovanovich，1976.

Thomas，Evan. *Sea of Thunder*. New York：Simon &. Schuster，2006.

Toland，John. *Adolf Hitler*. Garden City，NY：Doubleday，1976.

——. *But Not in Shame：The Six Months after Pearl Harbor*. New York：Random House，1961.

Tooze，Adam. *The Wages of Destruction：The Making and Breaking of the Nazi Economy*. London：Allen Lane，2006.

Tuchman，Barbara W. *Stilwell and the American Experience in China*. New York：Macmillan，1970.

Vinen，Richard. *The Unfree French：Life under the Occupation*. London：Penguin/ Allen Lane，2006.

Webb，James. *The Emperor's General*，New York：Broadway Books，1999.

Weinberg，Gerhard L. *A World at Arms：A Global History of World War* Ⅱ. Cambridge：Cambridge University Press，1994.

Wenick，Robert. *Blitzkreig.* New York：Time-Life Books，1976.

Wouk，Herman. *The Winds of War.* Boston：Little，Brown，1969.

Young，Desmond. *Rommel：The Desert Fox.* New York：Harper & Brothers，1950.

Zich，Arthur. *The Rising Sun.* Alexandria，VA：Time-Life Books，1977.

有关金融市场、财富和时代的资料

Alletzhauser，Albert J. *The House of Nomura：The Inside Story of the Legendary Japanese Financial Dynasty.* New York：Arcade Publishing，1990.

Auchincloss，Louis. *The Embezzler.* Boston：Houghton Mifflin，1966.

Beinhocker，Eric D. *The Origin of Wealth.* Boston：Harvard Business School Press，2006.

Bitthngmayer，George. "Output，Stock Volatility，and Political Uncertainty in a Natural Experiment：Germany 1880—1940." *Journal of Finance* (December 1981).

Bower，Tom. *Nazi Gold：The Full Story of the Fifty Year Swiss-Nazi Conspiracy to Steal Billions from Europe's Jews and Holocaust Survivors.* New York：Harper-Collins，1997.

Chernow，Ron. *The House of Morgan：An American Banking Dynasty.* New York：Atlantic Monthly Press，1990.

——. *The Warburgs：The Twentieth Century Odyssey of a Remarkable Jewish Family.* New York：Vintage Books，1993.

Dimson，Elroy，Paul Marsh，and Mike Staunton. *The Millennium Book* Ⅱ：*A Century of Investment Returns.* London：ABN-Amro and London Business School，2001.

Eizenstat，Stuart. *Imperfect Justice：Looted Assets，Slave Labor，and the Unfinished Business of World War* Ⅱ. New York：Public Affairs，2003.

Felicano, Hector. *The Lost Museum*. New York: Basic Books, 1997.

Grant, James. *Bernard Baruch: The Adventures of a Wall Street Legend*. New York: Simon & Schuster, 1983.

——. *The Trouble with Prosperity: The Loss of Fear, the Rise of Speculation and the Risk to American Savings*. New York: Times Books, Random House, 1996.

Ibbotson, Associates. *Stocks, Bonds, Bills, and Inflation Yearbook*. Chicago: Ibbotson Associates, 2006.

Mauboussin, Michael J. *More Than You Know: Finding Financial Wisdom in Unconventional Places*. New York: Columbia University Press, 2006.

Mayer, Martin. *Wall Street: Men and Money*. New York: Harper & Brothers, 1955.

Menschel, Robert. *Markets, Mobs, and Mayhem*. New York: John Wiley & Sons, 2002.

Morgan, Ted. *FDR: A Biography*. New York: Simon & Schuster, 1985.

Morton, Frederic. *The Rothschilds: A Family History*. Philadelphia: Curtis Publishing Company, 1962.

Nicholas, Lynn H. *The Rape of Europa*. New York: Alfred A. Knopf, 1994.

Rheinwald, Stefan. "Polarization and Extremes CLSA Japan Market Research." June 25, 2007.

Sobel, Robert. *The Big Board: A History of the New York Stock Market*. New York: Free Press, 1965.

Surowiecki, James. *The Wisdom of Crowds*. New York: Anchor Books, 2005.

Taleb, Nassim Nicholas. *The Black Swan*. New York: Random House, 2007.

Tetlock, Philip. *Expert Political Judgment: How Good Is It? How Can We Know?*. Princeton, NJ: Princeton University Press, 2006.

图书在版编目（CIP）数据

财富、战争与智慧：二战股市风云录 /（美）巴顿
·比格斯著；张恒斌译. --北京：中国人民大学出版
社，2025.1
书名原文：Wealth，War，and Wisdom
ISBN 978-7-300-32784-6

Ⅰ．①财… Ⅱ．①巴… ②张… Ⅲ．①股票市场—经
济史—世界 Ⅳ．①F831．9

中国国家版本馆 CIP 数据核字（2024）第 112170 号

财富、战争与智慧——二战股市风云录

[美] 巴顿·比格斯　著

张恒斌　译

Caifu、Zhanzheng yu Zhihui——Erzhan Gushi Fengyunlu

出版发行	中国人民大学出版社		
社　　址	北京中关村大街 31 号	**邮政编码**	100080
电　　话	010 - 62511242（总编室）	010 - 62511770（质管部）	
	010 - 82501766（邮购部）	010 - 62514148（门市部）	
	010 - 62511173（发行公司）	010 - 62515275（盗版举报）	
网　　址	http://www.crup.com.cn		
经　　销	新华书店		
印　　刷	北京联兴盛业印刷股份有限公司		
开　　本	890 mm×1240 mm　1/32	**版　　次**	2025 年 1 月第 1 版
印　　张	13.25　插页 2	**印　　次**	2025 年 7 月第 3 次印刷
字　　数	270 000	**定　　价**	118.00 元

版权所有　侵权必究　　印装差错　负责调换

金融帝国贝莱德

【德】海克·布赫特（Heike Buchter）著

石建辉 译

被《财富》誉为"华尔街过去 10 年中最大的成功"

万亿规模全球资产管理巨头成长史

看懂金融世界如何运行

贝莱德是全球最大的资产管理公司之一，2022 年所管理的资产约为 8.6 万亿美元。本书展现了贝莱德的成长史及其创始人拉里·芬克的起落沉浮，呈现了贝莱德崛起背后华尔街的变化，以及美国和欧洲经济金融事件千丝万缕的联系。

在 2008 年金融危机中很多金融机构倒闭或凋零，贝莱德却抓住机遇迅猛扩张。华尔街的金融人士如何实现阶层攀登？美国资本如何影响欧洲？养老金投资如何成为新的大生意？普通人的生活如何受到影响？《金融帝国贝莱德》是一本能够助你看懂金融世界如何运行的书。

投资大师

［美］约翰·特雷恩（John Train） 著

陶　青 译

一本书看清 17 位投资大师的"手艺"

　　本书作者特雷恩深度采访了 17 位投资大师，这些投资大师都在很长时间内经受住了市场的检验，取得了优异的投资业绩。这 17 位投资大师是沃伦·巴菲特、保罗·卡伯特、菲利普·卡雷特、菲利普·费雪、本杰明·格雷厄姆、马克·莱特鲍恩、彼得·林奇、约翰·内夫、T. 罗·普莱斯、理查德·雷恩沃特、朱利安·罗伯逊、吉姆·罗杰斯、迈克尔·斯坦哈特、约翰·邓普顿、拉尔夫·旺格、罗伯特·威尔逊等。

　　本书呈现了丰富的内容：这些投资大师是如何推理的？他们从哪里获得信息？这些信息在多大程度上取决于事实，在多大程度上取决于心理？他们选择股票的标准是什么？他们买过哪些股票？为什么？

　　书中还包括巴菲特谈债券、老虎基金投资日本银行、量子基金投资报告等真实的一手资料附录。

　　本书作者也有丰富的投资经验，因此能够抓住每位大师的投资精髓。读本书有利于了解不同投资大师的风格，理解穿越周期的真谛，找到自己的投资方法。